Elisabeth Gentner

Interkulturelles Lernen im Geschichtsunterricht

W0236504

Elisabeth Gentner

Interkulturelles Lernen im Geschichtsunterricht

**WOCHEN
SCHAU**
GESCHICHTE

Bibliografische Information der Deutschen Nationalbibliothek

Die Deutsche Nationalbibliothek verzeichnet diese Publikation in der Deutschen Nationalbibliografie; detaillierte bibliografische Daten sind im Internet unter http://dnb.d-nb.de abrufbar.

Die Qualität der in dieser Reihe erscheinenden Bände wird vor der Publikation in einem offenen Peer-Review-Verfahren durch das Herausgebergremium – gegebenenfalls in Verbindung mit externen, vom Herausgebergremium benannten Gutachtern – geprüft.

Die Reihe „Methoden historischen Lernens"
wird herausgegeben von
Michele Barricelli
Peter Gautschi
Christine Gundermann
Martin Lücke
Vadim Oswalt

Die Reihe wurde gegründet von Klaus Bergmann, Ulrich Mayer, Hans-Jürgen Pandel und Gerhard Schneider

©   WOCHENSCHAU Verlag,
    Dr. Kurt Debus GmbH
    Frankfurt/M. 2019

www.wochenschau-verlag.de

Titelgestaltung: Ohl Design
Titelbild: afxhome, adobe stock
Gesamtherstellung: Wochenschau Verlag
Gedruckt auf chlorfrei gebleichtem Papier
ISBN 978-3-7344-0808-3 (Buch)

Inhalt

6

1. Einführende Bemerkungen

„Der ‚Normalfall Vielfalt' ist im Klassenzimmer längst eingetreten, ohne dass die Aus- und Weiterbildungskonzepte für Lehrer entsprechend angepasst wurden"[1], so ist auf „SPIEGEL ONLINE" (6. September 2016) zu lesen. Immer wieder wird im Hinblick auf den Umgang mit der Heterogenität der Schülerinnen und Schüler explizit auf die Schlüsselfunktion des Faches Geschichte verwiesen. Auf die Frage, wie sich eine Schule konkret interkulturell öffnen kann, antwortete 2013 Yasemin Karakaşoğlu, Turkologin und Erziehungswissenschaftlerin, in einem Interview mit bildungsklick.de, einer digitalen Bildungsplattform, wie folgt:

„Für Schulbücher bedeute es, dass – egal in welchem Fach – sich die Vielfalt der Namen, der Lebensentwürfe, der Hintergründe von Kindern und Jugendlichen in Texten und Bildern widerspiegeln. Dass es bei den Inhalten – etwa im Fach Geschichte – verschiedene Sichtweisen gibt, in denen sich auch die Kinder mit Familien aus unterschiedlichen Herkunftsländern wiederfinden können."[2]

Jedoch stellt die Herbert-Quandt-Stiftung, eine Unternehmensstiftung der BMW AG, die in der Vergangenheit Schulenwettbewerbe zum „Trialog der Kulturen" ausgeschrieben hat, 2011 ernüchtert fest: Interkulturelle Geschichte ist „noch weit davon entfernt, ein ‚Mega-Thema' zu sein"[3]. Etwas schleppend vollzieht sich ein Wandel in den Bildungsplänen der einzelnen Bundesländer: Im Bildungsplan 2016 von Baden-Württemberg stellt z.B. „Bildung für Toleranz und Akzeptanz von Vielfalt" (BTV) eine wichtige Leitperspektive dar, denn „in der modernen Gesellschaft begegnen sich Menschen unterschiedlicher Staatsangehörigkeit, Nationalität, Ethnie, Religion oder Weltanschauung, unterschiedlichen Alters, psychischer, geistiger und physischer Disposition sowie geschlechtlicher Identität und sexueller Orientierung"[4]. Diese Leitperspektive erfährt eine weitere Verankerung und Konkretisierung in den jeweiligen Fachcurricula. Für das Fach Geschichte wird ganz speziell der zentrale Stellenwert dieser Leitperspektive hervorgehoben, denn „die Geschichte der Menschheit ist seit ihren Anfängen sowohl durch vielerlei wechselseitige Kultureinflüsse als auch durch Konflikte zwischen Angehörigen verschiedener Kulturen geprägt". Das Fach Geschichte präsentiere sich gleichsam als eine Ansammlung von „Beispielen für Intoleranz, aber auch für gegenseitigen Respekt und Akzeptanz von Vielfalt"⁵. Dies impliziert, dass die Geschichte eine Fundgrube interkultureller Begegnungen ist, die für den Geschichtsunterricht erschlossen und fruchtbar gemacht werden muss. Hierfür ist es notwendig, im Fach Geschichte die kulturelle Zugehörigkeit, d. h. die kulturelle Bedingtheit, von Individuen und Personengruppen, die Heterogenität ihrer Denk- und Handlungsweisen sowie die daraus resultierenden Folgen verstärkt in den Blick zu nehmen. Dem Anderen in der Geschichte immer wieder aufs Neue mit Interesse und Neugierde zu begegnen und den Blick über den Tellerrand zu wagen, darin kann eine besondere Quelle der Motivation für Schülerinnen und Schüler begründet liegen.

Karakaşoğlu weist auf die zentrale Schwierigkeit beim interkulturellen Lernen hin, eine ausgewogene Balance zu finden und mit Fingerspitzengefühl vorzugehen: „Das Ignorieren von Unterschiedlichkeit ist ein Problem, das andere ist die Überbetonung oder stereotypisierende Behandlung von nationalen oder religiösen Herkünften."⁶ In diesem Dilemma findet sich interkultureller Geschichtsunterricht wieder, der im größeren Kontext eines diversitätssensiblen Geschichtslernens zu verankern ist. Bei der Umsetzung im Klassenzimmer steht interkulturelles Geschichtslernen vor zahlreichen Herausforderungen: Wie lassen sich konkret Settings des interkulturellen Lernens im Geschichtsunterricht schaffen? Was heißt es, eine interkulturelle Brille im Geschichtsunterricht aufzusetzen? Zunächst kann festgestellt werden: Der interkulturelle Geschichtsunterricht muss Mittel und Wege finden, um für die Gegenwart und Zukunft ein hohes Maß der Bedeutsamkeit zu haben und der „Allgegenwart von Geschichte" Rechnung zu tragen. Darin liegt eine besondere Chance für den interkulturell sensiblen Geschichtsunterricht und einer globalgeschichtlich orientierten Betrachtungsweise.

Gerade der „global turn" der 1990er Jahre hat interkulturelles Lernen verstärkt in den Blick genommen und wichtige Impulse gesetzt. Für die folgenden Betrachtungen sei festgehalten: Globalgeschichtlich orientierte Ansätze und interkulturell angelegter Geschichtsunterricht bereichern sich gegenseitig und müssen zusammengedacht werden. Im Folgenden soll in einem ersten Teil insbesondere aufgezeigt werden, wie sich interkulturell sensibler Geschichtsunterricht zur Auslotung seines Potenzials mit geschichtsdidaktischen und methodischen Prinzipien sinnvoll verknüpfen lässt. Im zweiten Teil des Buches soll schließlich anhand von Fallbeispielen interkulturelles Lernen veranschaulicht und sollen geeignete Themenbereiche vorgestellt werden, um es mit konkreten historischen Fachinhalten und Fragestellungen zu verbinden. Eine „interkulturelle" Profilierung des Geschichtsunterrichts kann dabei auf einer Inhaltsebene erfolgen und von einer geeigneten Materialauswahl sowie einer methodisch-didaktischen Schwerpunktsetzung und Akzentuierung begleitet sein.

An vielen Stellen des Buches werden Theorie und Praxis wechselseitig aufeinander bezogen. Dadurch soll verdeutlicht werden, dass interkultureller Geschichtsunterricht mehr als die Beschäftigung mit interkulturellen Phänomenen und Ereignissen der Vergangenheit umfasst. Auch wenn die jeweiligen kulturellen Voraussetzungen der Lernenden und damit die kulturellen Unterschiede einer Lerngruppe nicht primär im Fokus stehen, wird an geeigneten Stellen darauf eingegangen und verwiesen. Denn eine kulturell heterogene Schülerschaft muss unterschiedliche Zugänge zur Geschichte finden können, sodass sich Jugendliche mit zentralen Fragestellungen aus Vergangenheit und Gegenwart gemeinsam auseinandersetzen können und sich z.B. Schülerinnen und Schüler mit Migrationshintergrund nicht ausgeschlossen fühlen. Ein kulturell segregiert stattfindender Geschichtsunterricht kann nicht Ziel interkulturellen Lernens sein.

2. Wozu interkulturelles Geschichtslernen?

2.1 Ein bildungspolitisches Muss und eine gesellschaftliche Notwendigkeit?

Interkulturelles Lernen ist ein bildungspolitisches und pädagogisches Leitprinzip, gleichsam eine Querschnittsaufgabe schulischer Bildung, und beschränkt sich nicht nur auf den Geschichtsunterricht. Der Ansatz der „Interkulturellen Erziehung" entstand in den 1980er Jahren und sah als Adressaten Kinder sowohl der Minderheitengruppen als auch der Mehrheitsgesellschaft vor. Ursprünglich hat sich interkulturelles Lernen aus der „Ausländerpädagogik", die bereits in den 1970er Jahren aufgekommen war, entwickelt; diese hatte gezielt die schulische Ausbildung der Kinder von Arbeitsmigranten in den Blick genommen. Die Notwendigkeit einer interkulturell sensiblen Pädagogik und Fachdidaktik ist in einem Beschluss der Kultusministerkonferenz, der auf das Jahr 1996 zurückgeht, festgehalten. Darin ist zu lesen:

„Vor dem Hintergrund einer durch Globalisierung, Migration, das Zusammenwachsen Europas, Fluchtbewegungen etc. bewirkten kulturellen Pluralisierung unserer Gesellschaft einerseits und der ausländerfeindlichen Ausschreitungen Anfang der 90er Jahre andererseits hat sich die Kultusministerkonferenz den Herausforderungen und Fragen gestellt, die sich aus diesen Entwicklungen und Ereignissen für Bildung und Erziehung in der Schule ergaben, und 1996 erstmals „Empfehlungen zur Interkulturellen Bildung und Erziehung in der Schule" formuliert. In diesem Orientierungsrahmen für die gemeinsame interkulturelle Bildung und Erziehung aller Schülerinnen und Schüler wurde interkulturelle Bildung als Querschnittsaufgabe von Schule definiert."[7]

Diese Empfehlung enthält vor allem auch eine Begründung für die Notwendigkeit interkulturellen Lernens und eine Darlegung des soziopolitischen Kontextes Mitte der 1990er Jahre. Wieso sprach also 1996 die Kultusministerkonferenz diese Empfehlungen aus? Bestand hierfür eine besondere gesellschaftliche Notwendigkeit? Nach der deutschen Wiedervereinigung war in der Bundesrepublik Deutschland eine ausländerfeindliche Grundstimmung, die in diesem Ausmaß bisher noch nicht zutage getreten war, zu beobachten: Im sächsischen Hoyerswerda wurden 1991 Asylsuchende aus ihren Unterkünften vertrieben und mit Steinen beworfen. In Rostock wurden ein Jahr später die Unterkünfte von Asylbewerbern in Brand gesetzt. Es folgten die Brandanschläge von Mölln (1992) und Solingen (1993), die auf türkische Familien verübt wurden. So kam gerade in den 1990er Jahren vor dem Hintergrund fremdenfeindlicher und rechtsextremer Tendenzen, die vor allem bei Jugendlichen zu beobachten waren, verstärkt die Forderung nach interkultureller Bildung in der Bundesrepublik Deutschland auf. Interkulturelles Lernen sollte einen wichtigen Beitrag zum „Abbau von Vorurteilen", zur „Förderung von Toleranz" und zur „Entwicklung von Kompetenzen für die Einwanderungsgesellschaft"[8] leisten und war insbesondere als eine konkrete Präventionsmaßnahme gegen Rechtsextremismus und Fremdenfeindlichkeit gedacht.

Seit vielen Jahrzehnten ist Deutschland bereits ein Einwanderungsland – ohne dass dies jedoch so klar im Bewusstsein der Deutschen verankert ist. Mit dem Thema eines multi- und interkulturellen Miteinanders in Deutschland befasste sich vom 21. Mai bis 16. Oktober 2016 eine Ausstellung im Deutschen Historischen Museum. Die Ausstellung zum Thema „Immer bunter. Einwanderungsland Deutschland" (englischer Titel: „Multicultural. Germany, a Country of Immigration") skizzierte den historischen Verlauf der Migrationsbewegungen in Deutschland, beschäftigte sich aber auch mit aktuellen und „heikleren" Fragestellungen wie dem „Umgang mit fremden Kulturen und Religionen und nationaler Identität [sowie] Parallelgesellschaften, Fremdenfeindlichkeit und Islamophobie"[9]. Dabei sollte den Besuchern der Ausstellung vor Augen geführt werden, dass die Bundesrepublik Deutschland auf eine facettenreiche Immigrationsgeschichte zurückschaut: Mitte der 1950er Jahre kam es aufgrund des schnellen Wirtschaftswachstums und im Zuge des Wirtschaftswunders zu einem Arbeitskräftemangel. Darin ist auch die Ursache dafür zu suchen, dass die damalige Bundesrepublik dazu überging, aktiv im Ausland Arbeitskräfte, die sogenannten „Gastarbeiter", anzuwerben. Hinzu kam, dass mit dem Mauerbau von 1961 auch der bis dahin andauernde Arbeitskräftezustrom aus der DDR endete. Der erste Anwerbevertrag wurde 1955 mit Italien geschlossen. Im Jahr 1960 folgten dann Abkommen mit Spanien und Griechenland sowie mit der Türkei (1961), Marokko (1963), Portugal (1964), Tunesien (1965) und Jugoslawien (1968). Die 1960er Jahre bis zum Anwerbestopp 1973 gelten als die Boomjahre der Anwerbung ausländischer Arbeitskräfte. Ursprüngliches Ziel der Gastarbeiter war es, nur ein paar Jahre in Deutschland zu bleiben, um dann in ihre Heimat zurückzukehren. Auf der Basis eines Rotationsprinzips sollten Gastarbeiter nach einer gewissen Zeit wieder in ihre Heimatländer zurückkehren und durch andere ersetzt werden. Dies ist auch ein Grund dafür, dass die Gastarbeiter in Deutschland recht provisorisch meistens in Baracken und Wohnheimen lebten und zunächst zeitlich befristete Arbeitsverträge eingingen. Mit dem Anwerbestopp entschieden sich aber viele ehemalige Gastarbeiter dazu, nun dauerhaft in Deutschland zu bleiben. Erst recht spät stellte man sich in der Bundesrepublik daher Fragen zur aktiven Integrationspolitik sowie zu einem gelingenden interkulturellen Miteinander. Lange war zu beobachten, wie die Gastarbeiter und ihre Familien, die sie allmählich nachholten, „auf sich gestellt – ohne Perspektive im Niemandsland zwischen zwei Kulturen"[10] lebten.

Zu Beginn der 1990er Jahre erlebte das wiedervereinigte Deutschland einen erneuten Anstieg von Zuwanderung. Aufgrund erleichterter Ausreisebedingungen kamen bereits seit den 1980er Jahren verstärkt Angehörige von deutschen Minderheiten als Aussiedler bzw. Spätaussiedler aus den (ehemaligen) Sowjetrepubliken, aus Rumänien und Polen nach Deutschland. Außerdem suchten während des Balkankonflikts in den 1990er Jahren viele Menschen aus dem ehemaligen Jugoslawien Asyl. Mit der EU-Osterweiterung trat ab 2004 eine weitere spezifische Form der Migration ein, die auch als Arbeitsmigration bzw. Pendelmigration bezeichnet wird. All diese Faktoren trugen in ihrer Gesamtheit zu einer wachsenden kulturellen Pluralisierung der Bundesrepublik Deutschland und zu einer Heterogenisierung der Schülerinnen und Schüler in deutschen Klassenzimmern bei.

Eine wichtige grundlegende Zielsetzung von interkulturellem Lernen im Geschichtsunterricht ist daher, das Bewusstsein dafür zu schärfen, dass die Bundesrepublik auf eine jahrzehntelange Einwanderungsgeschichte zurückblickt und sich damit zu einem Einwanderungsland entwickelt hat. Interkulturelles Lernen möchte diesen Entwicklungen Rechnung tragen und auch auf kulturelle Mischformen, d.h. auf Hybridität, hinweisen. Dass Menschen Mehrfachzugehörigkeiten und eine daraus resultierende plurale Rollenidentität besitzen, ist dabei eine Selbstverständlichkeit.

Mit der Wiedervereinigung beider deutscher Staaten stellte sich aber auch die dringliche Frage nach einheitsstiftenden Identitätsentwürfen im Deutschland der 1990er Jahre. In diesem Kontext sollte interkulturelles Lernen also auch zum Ziel haben, den eigenen kulturellen Horizont zu reflektieren, zu erweitern sowie den Blick auf neue Sichtweisen zu ermöglichen. „Im Spannungsfeld zwischen der Anerkennung und der Abgrenzung von anderen Identitäten" können Jugendliche ihr Bewusstsein für ihre Identität schärfen und schließlich ihre eigene Identität entwickeln.[11] Damit erhebt interkulturelles Lernen auch den Anspruch, zu einer umfassenden Identitäts- und Persönlichkeitsentwicklung beizutragen. Mit der zunehmenden europäischen Integration hat des Weiteren eine verstärkte Auseinandersetzung mit einer europäischen Identitätsbildung und einem europäischen Bewusstsein zu erfolgen.

In der überarbeiteten Fassung der Kultusministerkonferenz vom 5. Dezember 2013 wird hinsichtlich interkulturellen Lernens insbesondere auf den „Umgang mit Vielfalt" im Kontext der Globalisierung hingewiesen und entsprechend ergänzt:

„Mit der wachsenden sozio-kulturellen Vielfalt und den damit verbundenen Anforderungen an eine gleichberechtigte Teilhabe aller in jedem Bereich des gesellschaftlichen Lebens sind die interkulturelle Öffnung und der Abbau struktureller Diskriminierung zu besonderen Herausforderungen geworden. Schulen stehen vor der Aufgabe, allen Kindern und Jugendlichen unabhängig von ihrer Herkunft umfassende Teilhabe an Bildung und Chancen für den größtmöglichen Bildungserfolg zu eröffnen, zur erfolgreichen Gestaltung von Integrationsprozessen und damit zu einem friedlichen, demokratischen Zusammenleben beizutragen und Orientierung für verantwortungsbewusstes Handeln in der globalisierten Welt zu vermitteln."[12]

Ein Augenmerk – so die weiteren Ausführungen – sollte beim interkulturellen Lernen auf die „Fähigkeit, sich selbstreflexiv mit den eigenen Bildern von Anderen auseinanderzusetzen und dazu in Bezug zu setzen sowie gesellschaftliche Rahmenbedingungen für die Entstehung solcher Bilder zu kennen und zu reflektieren", gelegt werden.

Inzwischen haben Themen wie Migration, Fluchtursachen, Integration und Heimat(en) eine ganz neue Aktualität und Relevanz erhalten. Im Jahr 2015 sahen sich Deutschland und Europa mit der Zuwanderung von Flüchtlingen vor allem aus Syrien, dem Irak, Afghanistan, Afrika, Pakistan und Ländern des ehemaligen Jugoslawiens konfrontiert. So kamen im „langen Sommer der Migration" 2015 mehr als 900.000 Flüchtlinge nach Deutschland. Heribert Prantl bezeichnet in einem Artikel der *Süddeutschen Zeitung* vom 17. August 2015 die Flüchtlingsfrage als ein „Jahrhundertproblem": Es ist „nicht nur ein Problem des Sommers 2015; es ist das Problem des 21. Jahrhunderts."[13] Enorme Integrationsleistungen von den aufnehmenden Staaten und Gesellschaften sind notwendig, damit die Zuwanderer eine neue Heimat in Deutschland und in Europa finden können. Flüchtende und aufnehmende Gesellschaften stehen dabei vor neuen Herausforderungen und Aufgaben, die weit in die Zukunft reichen werden. Der ehemalige Bundespräsident Joachim Gauck stellte dies in einer Rede am 7. April 2016 anlässlich der Eröffnung des Symposiums „Flüchtlinge in Deutschland: Integration ermöglichen – Zusammenhalt stärken" wie folgt heraus:

„Unser Land verändert sich, nicht ganz über Nacht, aber doch in einem ungewohnten Ausmaß. Menschen, die vor kriegerischen Konflikten und Verfolgung fliehen oder die einfach wegen der wirtschaftlichen Not, die sie zu Hause erleiden, herkommen, sie werden unsere Nachbarn, manche vorübergehend und andere auf Dauer."[14]

In Anbetracht dieser Veränderungen forderte Gauck auch zu einer aktiven Integrationspolitik, zu einem politischen Diskurs, zur Empathie, zu einem gegenseitigen Interesse und einer Offenheit auf, betont aber auch im Besonderen den hohen Stellenwert von interkulturellem Wissen und Lernen. Vor dem Hintergrund der Fluchtzuwanderung von 2014 und 2015 haben außerdem die Kultusministerkonferenz, Migrantenselbstorganisationen und Bildungsmedienverlage in einer gemeinsamen Veröffentlichung erklärt, dass die „Grundlagen für Offenheit und Respekt frühzeitig zu legen" seien, „damit Schulen dazu beitragen können, Diversität und Migration als gesellschaftliche Selbstverständlichkeit zu verankern"[15]. Gerade in Anbetracht von fremdenfeindlichen Ausschreitungen und nationalistisch-völkischen Bewegungen, wie sie z.B. im August 2018 in Chemnitz auftraten, gewinnen solche Forderungen eine ganz aktuelle Tragweite.

Es wird deutlich, dass interkulturelles Lernen eine komplexe Aufgabe für die Zukunft darstellt, derer sich gerade auch die Schulen mit pädagogischen und methodisch-didaktischen Neuausrichtungen zu stellen haben. Daher ist es an Schulen wichtig, den Blick für den Umgang mit kultureller Vielfalt zu schärfen und interkulturelle Kommunikation einzuüben.[16]

Mit der Finanz- und Schuldenkrise in Europa, neu entstehenden europakritischen Bewegungen, neuen europäischen Nationalismen, dem Brexit und den Forderungen nach mehr Transparenz und Partizipation in der Europäischen Union geht auch eine Skepsis gegenüber der europäischen Idee und dem europäischen Projekt bei den Bürgerinnen und Bürgern der EU-Mitgliedstaaten einher. In Anbetracht dieser zahlreichen politischen und wirtschaftlichen Herausforderungen ist die Frage berechtigt: Quo vadis, Europa? Da auch der Geschichtsunterricht sich dieser zentralen Fragestellung widmen muss, darf interkulturelles Lernen deshalb nicht nur eine Auseinandersetzung mit außereuropäischer Geschichte bedeuten, sondern muss sich auch Fragen nach europäischen Prozessen und Identitäten – in ergebnisoffener Form – zuwenden, ohne einem Eurozentrismus zu verfallen. In diesem Zusammenhang wird aktuell die Forderung nach einem Mehr an „Europakompetenz" laut. Darunter ist zu verstehen, dass die Schülerinnen und Schüler „sprachliche, kulturelle, historische, ökonomische und politische Kompetenzen ausbilden, die es ihnen ermöglichen, im wachsenden europäischen Einigungsprozess erfolgreich zu partizipieren". Daher müssen die Schülerinnen und Schüler „interkulturelle Kompetenzen erwerben" – möglichst im interdisziplinären Zusammenwirken unterschiedlicher Unterrichtsfächer –, worunter „ein tieferes Verständnis und Empathie für unterschiedliche Weltanschauungen und Lebensstile in einem Europa der kulturellen Vielfalt" zu verstehen ist. Denn ein „europäisches Geschichtsbewusstsein, das jedem Einzelnen ermöglicht, ein individuelles retrospektives Konstrukt zu erarbeiten und begründet zu urteilen sowie Standpunkte zu den zentralen Fragen einzunehmen, ist unverzichtbar"[17]. Jedoch kann „nur im Vergleich mit außereuropäischen Kulturen […] nach möglichen Spezifika der europäischen Entwicklung gefragt werden"[18]. Hier spielt der interkulturelle Vergleich eine zentrale Rolle.

Kulturelle Verflechtungen nehmen im Zuge der Globalisierung eher zu. Moderne Kommunikationsmedien wie das Internet befördern die Globalisierung zusätzlich. Es mag daher nicht verwundern, dass die Bertelsmann-Stiftung die interkulturelle Kompetenz schlichtweg als die Schlüsselkompetenz für das 21. Jahrhundert bezeichnet.[19] Darunter wird im Bericht der Stiftung allgemein die „Fähigkeit einzelner Personen" verstanden, „mit der wachsenden Heterogenität in einer globalisierten Welt umzugehen", sich darin zurechtzufinden und sich gleichzeitig kritisch damit auseinanderzusetzen. Interkulturelles Lernen hat in diesem Zusammenhang die Zielsetzung, „to become a citizen of the world instead of a puppet or even a victim of globalization" und „to navigate in a globalizing world"[20]. Voraussetzung für ein interkulturell sensibles Agieren ist eine politische und soziokulturelle Mündigkeit, ein kritisches Reflexions- und Urteilsvermögen sowie die Bereitschaft, Verantwortung zu übernehmen. Durch den Aufbau eines reflektierten Geschichtsbewusstseins sollen junge Menschen dazu befähigt werden, „sich ihres eigenen zeitgenössischen Standortes bewusst" zu werden und „diesen historisch einzuordnen verstehen" sowie „gleichzeitig durch Wissen über die Vergangenheit und den fachlich adäquaten Umgang damit zu einer demokratisch fundierten […] Gegenwarts- und Zukunftsanalyse" zu gelangen.[21]

Im Jahr 2003 hielt die UNESCO in einer „Erklärung über interkulturelle Bildung im neuen europäischen Umfeld" fest, dass in Europa die „Vielfalt unserer Gesellschaften im Hinblick auf Herkunft, Kultur, Sprache, Religionen und Bildungssysteme" groß sei, und ist sich des „beunruhigenden Fortbestehens fremdenfeindlicher und rassistischer Praktiken, der Gewalt und Intoleranz" bewusst.[22] Bereits 2001 wies die UNESCO in ihrer „Allgemeinen Erklärung zur kulturellen Vielfalt" auf die Bereicherung durch kulturelle Vielfalt hin: „Als Quelle des Austauschs, der Erneuerung und der Kreativität ist kulturelle Vielfalt für die Menschheit ebenso wichtig wie die biologische Vielfalt für die Natur."[23] Kulturelle Vielfalt wird in diesem Zusammenhang sogar als Motor gesellschaftlicher Entwicklung betrachtet.

Pluralismus ist zu einer gesellschaftlichen Realität in ganz unterschiedlichen Bereichen und Dimensionen geworden und beschränkt sich nicht nur auf Personen unterschiedlicher Nationen und Ethnien: Eine Heterogenisierung der Gesellschaft findet deshalb auch jenseits der Einwanderungsgesellschaft statt und führt insgesamt zu einer Individualisierung und Pluralisierung von Lebensentwürfen und geistigen Dispositionen. Interkulturelles Lernen soll sich daher – im Sinne eines diversitätssensiblen Ansatzes – zum Ziel setzen, Vielfalt im Allgemeinen als eine Bereicherung für eine Gesellschaft herauszustellen sowie Respekt und Wertschätzung gegenüber Verschiedenheit entgegenzubringen. Soziokulturelle Unterschiede können sich auf eine Vielzahl unterschiedlicher Faktoren beziehen: Menschen unterschiedlicher Staatsangehörigkeit, Nationalität, Ethnie, Religion oder Weltanschauung, unterschiedlichen Alters und Geschlechts, unterschiedlicher psychischer, geistiger und physischer Disposition begegnen sich in der modernen Gesellschaft und interagieren miteinander.

2.2 Interkulturelles Lernen als Demokratiebildung und Extremismusprävention

Im Zentrum der Demokratiebildung, der sogenannten Citizenship Education, steht das Konzept des mündigen Bürgers, der über die Fähigkeit des kritisch-reflexiven Selbstdenkens verfügt.[24] Eine Schlüsselrolle fällt hierbei sicherlich dem Politik- und Geschichtsunterricht zu. Im Sinne eines freiheitlich-demokratischen Bildungsauftrags ist Schule im Speziellen auch als ein wichtiger Handlungsraum für Extremismusprävention zu verstehen. Jeglicher Form von schulischer Extremismusprävention ist gemeinsam, dass sie eine Prävention von menschenabwertenden und antidemokratischen Haltungen vorsieht und einen konstruktiven Umgang mit Pluralität und Differenz einfordert. Eine „Gesellschaft […], in der sich alle, die in Deutschland leben, wahrgenommen und vertreten fühlen" – diese Vision skizziert der ehemalige Bundespräsident Joachim Gauck in seiner Rede vom 7. April 2016. Sich dieser Aufgabe und Herausforderung zu stellen, ist umso wichtiger, wenn man bedenkt, dass die „Verbreitung fremden- und demokratiefeindlicher Parolen […] längst nicht vor den Schultoren"[25] haltmacht.

Gleichzeitig ist festzustellen, dass das Migrationsgeschehen in der Folge zu xenophoben Tendenzen und zu einem Erstarken rechtspopulistischer Parteien in Europa geführt hat. Für Deutschland sind z.B. relativ starke Wahlerfolge für die AfD (Alternative für Deutschland) zu verbuchen; besonders bei der Altersgruppe der unter 30-Jährigen ist eine wachsende Anhängerschaft für die AfD mit Besorgnis festzuhalten. Es zeigt sich die Tendenz, Antworten auf die Fragen der Zeit in einer „nationale[n] Selbsthilfe" bzw. einem „Rückzug in die feste Burg des autoritären Staates"[26] zu suchen. Es können sogar „neo-rassistische Praktiken" beobachtet werden, „die in der Mitte und nicht am Rand unserer Gesellschaft ausgetragen werden"[27]. Im Zentrum dieses Neorassismus, der eine Kombination von Fremdenfeindlichkeit und Populismus ist, steht die Vorstellung einer strikten Trennung zwischen dem Eigenen und dem Fremden und einer eigenen kulturellen Hegemonie. Für Multikulturalismus in einer Gesellschaft der Vielfalt bleibt dabei kaum mehr Platz; stattdessen rücken einfache Antworten und Identitätsangebote, die auf nationalen Konzepten beruhen, in den Vordergrund. Interkulturelles Lernen muss umso mehr die Suche nach Identität begleiten, Denkanstöße und Identitätsangebote liefern sowie eine Abgrenzung und eine Identifizierung ermöglichen. Sich aktiv mit dem Fremden auseinanderzusetzen, ist im 21. Jahrhundert also nicht mehr nur eine „bildungsbürgerliche Marotte", sondern eine „gesellschaftliche und ökonomische Notwendigkeit"[28]. Eine wichtige Säule interkulturellen Lernens muss daher auch eine konkrete Auseinandersetzung mit den Ängsten beim Umgang mit kultureller Andersartigkeit bilden.

Gleichzeitig sehen sich die Schülerinnen und Schüler in ihrem Alltag einer akuten Bedrohung durch islamistisch motivierten Terror ausgesetzt. Zielgruppe interkulturellen Lernens sind deshalb auch sich radikalisierende Jugendliche, die anfällig für menschenverachtende und gewaltbejahende Ideologien sind. Denn wenn „aus der Undurchschaubarkeit der realen Welt Gefühle von Bedrohtheit, Angst und Ohnmacht folgen, wächst die Neigung zur Flucht: zur Flucht in einfache Weltbilder, in Fundamentalismus und Extremismus oder gar in offene Gewalt"[29]. Daher rückt die schulische Prävention von salafistischen Ideologien zunehmend in den Fokus, was sich auch an den zahlreichen Publikationen und schulischen Präventionsprojekten z. B. auf Länderebene ablesen lässt. In solch einem Kontext kann der Islam per se vorschnell unter Generalverdacht geraten und als eine Gefahr für Menschenrechte und Demokratie wahrgenommen werden. Da der politische Diskurs zum Islam eine zunehmende Polarisierung erfahren hat, kann auch die Ausbildung einer Islamophobie in Deutschland und in Europa wahrgenommen werden. Diese Islamfeindlichkeit beruht auf einer Abwertung von Menschen aufgrund von ethnisch-kulturellen bzw. religiösen Merkmalen. Interkulturelles Lernen müsste hier die Schülerinnen und Schüler zu einer differenzierten Sichtweise auf den Islam in Vergangenheit und Gegenwart befähigen, Berührungsängste abbauen sowie den interkulturellen und interreligiösen Dialog befördern. Ein Präventionskonzept zum Islam hat deshalb zwei Stoßrichtungen: Es muss sowohl den Salafismus als auch islamophobe Einstellungen adressieren.[30]

2.3 Interkulturelles Lernen an Schulen: Eine Zusammenfassung

Im Hinblick auf interkulturelles Lernen in einem schulischen Setting stand an deutschen Schulen zunächst der fächerübergreifende bzw. projektorientierte Unterricht im Vordergrund. Als übergeordnete Leitmotive und prinzipielle Ziele interkultureller Bildung nennt Georg Auernheimer[31]:

- das Eintreten für die Gleichheit aller ungeachtet der Herkunft,
- die Haltung des Respekts für Andersheit,
- die Befähigung zum interkulturellen Verstehen,
- die Befähigung zum interkulturellen Dialog.

Darüber hinaus nennt Helmut Essinger als Prinzipien für das interkulturelle Lernen noch die „Erziehung zur Empathie", die ein „Einfühlungsvermögen in andere Kulturen, in die Situation anderer Menschen wie z.B. der Flüchtlinge" bedeutet, und die „Erziehung zur Solidarität" und zur Zivilcourage, wodurch ein „Eintreten für all diejenigen, die in unserer Gesellschaft verfolgt, diskriminiert werden", befördert werden soll.[32]

Damit geht einher, dass die Schülerinnen und Schüler eine Neugier und eine Offenheit für Neues entwickeln und dazu angeregt werden, ihren eigenen Standpunkt zu reflektieren und kulturelle Vielfalt aktiv als Bereicherung wahrzunehmen und zu verstehen. Durch die enge Verquickung von Kognition und Emotion bei den Lernzielen bedeutet interkulturelles Lernen in allen Fächern immer auch ein möglichst ganzheitliches Lernen. Schulen werden dabei als Orte verstanden, „in denen Heranwachsende – anders als sonst in der Gesellschaft [...] – Identitätsentwürfe unbefangen präsentieren und erproben können"[33]. Nicht zuletzt muss der Erwerb interkultureller Kompetenzen als ein „kontinuierlicher, dynamischer Prozess"[34] verstanden werden.

Interkulturelles Lernen an Schulen bezieht sich aber nicht nur auf schulorganisatorische und pädagogische Maßnahmen, sondern ist inzwischen vor allem eine Angelegenheit der einzelnen Unterrichtsfächer und deren curricularer Ausgestaltung geworden. Vor allem seit den 1990er Jahren befassen sich die Didaktiken unterschiedlicher Fächer verstärkt mit den Möglichkeiten und Bedingungen interkulturellen Lernens. Richtungsweisend war hier die Veröffentlichung des Handbuchs „Fachdidaktik interkulturell" (2000)[35], in dem eine konsequent fachdidaktische Perspektive eingenommen wird und fachspezifische Umsetzungen des interkulturelles Lernen entwickelt werden. Interkulturelles Lernen in den Unterrichtsfächern sollte sich nicht nur auf „folkloristische Elemente" und exotische Themenfelder beschränken.[36] „Multikulti" scheint zwar „in" zu sein, jedoch nur so lange, wie sich das Fremde als „genießbar" und „verdaulich"[37] präsentiert. Denn interkulturelles Lernen ist weit mehr als die Verinnerlichung eines bestimmten Lifestyles oder ein Bewusstsein für globale Brennpunkte. So bedeutet interkulturelles Lernen an Schulen gerade auch die Beschäftigung mit kulturellen Abweichungen, kulturell bedingten Irritationen,

Ängsten und Spannungen sowie die Förderung eines Empathievermögens. Ein Hauptziel besteht folglich darin, die irrationale Angst vor Fremdem zu vermindern und damit eine pluralistisch-liberale Haltung zu befördern. Dies kann gelingen, indem Stereotypisierungen und Pauschalurteile bewusst gemacht, als Konstrukte entlarvt und aufgebrochen werden.

2.4 Interkulturelles Geschichtslernen im Speziellen

Seit Mitte der 1990er Jahre beschäftigt sich auch die Geschichtsdidaktik zunehmend mit dem Thema des interkulturellen Lernens und kann interkulturelles Lernen als integraler Bestandteil von historischem Lernen betrachtet werden. Die Dissertation von Bettina Alavi (1998)[38] gilt hierzu als wegweisend. Historisches Lernen bedeutet unweigerlich eine Auseinandersetzung mit der Vergangenheit und damit einer Form der Fremdheit und der gewissen Andersartigkeit. Entsprechend weist Bodo von Borries 2001 darauf hin: „Geschichte ist per se Fremdverstehen – übrigens auch per se interkulturell.“[39] Denn die Erfahrung von Andersartigkeit (Alterität) bzw. eine „Differenzerfahrung“[40] ist ein konstitutives Element von Geschichte. Das Fach Geschichte beschäftigt sich mit Themenfeldern, die eine mehr oder weniger große zeitliche Entfernung aufweisen. Nicht nur die Geschichte fremder Völker bedeutet daher z. B. eine Begegnung mit einer fremden Welt und mit Andersartigkeit, sondern auch eine Beschäftigung mit dem Leben im Mittelalter kann den Schülerinnen und Schülern Einblicke in eine ihnen völlig fremde Welt gewähren. Interkulturelles Geschichtslernen vereint in sich also sowohl eine diachrone als auch eine synchrone Fremderfahrung, wodurch Schülerinnen und Schüler eine „doppelte Fremdheit des Fremden“ erfahren – quasi eine Multi-Alterität von Vergangenem und Fremdem.[41]

Indem beim interkulturellen Geschichtslernen – im Unterschied zu anderen Fächern – der Umgang mit dem Anderen via Umweg über die Geschichte erfolgt, eröffnen sich viele Chancen und Möglichkeiten: Anhand eines reichhaltigen Pools an kulturellen Kontaktsituationen können diachrone Vergleiche gezogen, Kontinuitäten bzw. Diskontinuitäten zwischen Vergangenheit und Gegenwart herausgestellt sowie Entwicklungsprozesse aufgezeigt werden.[42] Dadurch wird der Aufbau eines vernetzten Geschichtswissens befördert. Ein weiterer Vorteil ist, dass die zu behandelnden Themenfelder eine entsprechende zeitliche Distanz aufweisen. Damit gehen eine geringere emotionale Involviertheit und eine geringere direkte Betroffenheit einher. Daher ist es im

Gegensatz zu gegenwärtigen interkulturellen Themengebieten besser möglich, sich vorbehaltloser und offener auf „interkulturelle Gedanken-experimente" einzulassen und „interkulturelle Phänomene" zu analysie-ren. Interkulturelles Geschichtslernen bedeutet daher auch, eine ausge-wogene Balance zwischen emotionaler Anteilnahme und rationaler Analyse zu finden. Der interkulturelle Geschichtsunterricht kann den Schülerinnen und Schülern unterschiedliche Möglichkeiten, Bedin-gungen und Spielräume menschlichen Denkens und Handelns in Ge-schichte und Gegenwart aufzeigen. Durch den Vergleich bzw. die Be-zugnahme auf unterschiedliche „kulturelle Settings" werden den Schülerinnen und Schülern unterschiedliche historische Handlungsal-ternativen vermittelt und können kulturelle Begegnungen als ein prin-zipielles Miteinander und Gegeneinander wahrgenommen werden.

Es besteht durchaus eine Tradition, sich im Geschichtsunterricht mit außereuropäischen Kulturen und Gesellschaften zu beschäftigen. Dies geschah aber oftmals unter anderen Vorzeichen; denn Unter-schiede zu europäischen Entwicklungen wurden eher kontrastiv her-ausgestellt und Bezüge zu außereuropäischen Kulturen eher sporadisch eingeflochten: Eine eher untergeordnete Rolle spielte, Verbindungsli-nien der wechselseitigen Beeinflussungen aufzuspüren.[43] Durch eine stärkere Beachtung einer globalen, europäischen, nationalen und regi-onalen Ebene und durch eine Neuperspektivierung vieler Themenfel-der können Ereignisse in einer größeren Vernetztheit behandelt wer-den. Ziel ist dabei, „promoting and developing a new form of (world) consciousness"[44]. In der Geschichtsdidaktik fehlt bisher jedoch noch eine engere Verzahnung von interkulturellem Geschichtslernen und globalgeschichtlichen Betrachtungsweisen, die sich im Zuge des „glo-bal turn" entwickelten.

Vor dem Hintergrund einer Migrationsgesellschaft gerät zuneh-mend in den geschichtsdidaktischen Fokus, wie in deutschen Klassen-zimmern Jugendliche mit Migrationshintergrund „historische Narra-tionen und Geschichtsbilder" subjektiv verarbeiten, wie sie ihre eigene Geschichte entdecken und in den „Dimensionen […] nationaler Ge-schichts- und Erinnerungskultur" interpretieren. Indem – ausgehend von einer Pluralität von Geschichtsbildern – neue historische Bezüge hergestellt und „Räume für Überschneidungen und Überkreuzun-gen"[45] entstehen, erfährt Geschichte ein „Crossover". So lautet auch der Titel des von Viola B. Georgi und Rainer Ohliger 2009 herausge-gebenen Sammelbandes. Zielsetzung interkulturellen Lernens, das auch verstärkt im Kontext des inklusiven Lernens zu betrachten ist, muss dabei sein, „to educate minorities", was als „essential for citizen integration" zu erachten ist, aber auch „to educate majorities", was ein „learning from other cultures, understanding them better" umfasst.[46]

Unsere moderne Lebenswelt des 21. Jahrhunderts ist multikulturell und global geprägt. Da die Gegenwart auch immer historisch Gewordenes ist, muss sich der Geschichtsunterricht mit interkulturellen Fragestellungen beschäftigen und muss sich auch der interkulturell sensible Geschichtsunterricht immer wieder neu erfinden. So beschreibt Jürgen Kocka in seinem Aufsatz zum Thema „Wozu Geschichte?" (1972) die gegenwarts- und gesellschaftsbezogenen Funktionen von Geschichte bereits folgendermaßen: „Historische Erkenntnis ist für das Verständnis, für die Erklärung und für die richtige praktische Behandlung einzelner Gegenwartsphänomene unentbehrlich, weil sie deren historische Ursachen und Entwicklung aufdeckt."[47] Jede Deutung, jede Konstruktion und jede Wahrnehmung von Geschichte erweist sich als kulturabhängig. Denn „Wahrnehmung, Kenntnis und Bewertung historischer Phänomene" stellen keine „anthropologische Konstante" dar, sondern sind „in hohem Maße kulturabhängig"[48]. Geschichte entpuppt sich unweigerlich als eine kulturspezifische Narration über Vergangenes. Im Geschichtsunterricht wird folglich der Umgang mit den verschiedenen Narrativen von Geschichte eingeübt: Diese werden konstruiert, miteinander verglichen, dekonstruiert, schließlich beurteilt und wieder neu konstruiert. Daraus ergibt sich die Notwendigkeit, dass gerade der interkulturell sensible Geschichtsunterricht sich die „Entwicklung einer angemessenen Hermeneutik"[49] zur Aufgabe machen muss. In Anbetracht unserer multikulturell zusammengesetzten Lerngruppen muss der jeweils hergestellte Gegenwarts- und Zukunftsbezug für die Schülerinnen und Schüler bedeutsam sein – unabhängig von ihrer jeweiligen kulturellen Herkunft. Jugendliche mit Migrationshintergrund sollten nicht den Eindruck erhalten, erinnerungspolitisch ausgeschlossen zu sein, weil sie nicht am gleichen kulturellen Gedächtnis teilhaben.[50]

Vorsicht ist jedoch davor geboten, die eigene Kultur und die andere Kultur als Entitäten zu verstehen. Gerade der Konstruktcharakter von kulturellen Vorstellungen muss selbst immer wieder Gegenstand der Geschichtsbetrachtung sein. Außerdem darf sich interkultureller Geschichtsunterricht nicht nur mit Best-Practice-Beispielen des kulturellen Miteinanders beschäftigen. Er hat auch gegenläufige Entwicklungen zu thematisieren, wozu neben dem kulturellen Gegeneinander z.B. auch die Herausbildung eines Nationalismus und damit verbundene Bestrebungen einer kulturellen Homogenisierung gehören.

Interkulturelles Lernen im Geschichtsunterricht macht nicht die Konzeption völlig neuer Curricula notwendig; vielmehr soll es darum gehen, bisherige Inhalte mit neuen zu verknüpfen, gegebenenfalls neue Fragestellungen aufzuwerfen und Inhalte neu zu akzentuieren. Ähnlich wie globalgeschichtliche Ansätze sieht interkulturelles Geschichtslernen in der Geschichtsdidaktik weniger eine Gegenüberstellung von National- und „Weltgeschichte" vor, sondern verfolgt eher einen integrativen Ansatz, bei dem die Geschichte der eigenen Gesellschaft und Kultur als Teil der globalen Geschichte verstanden wird. Dies impliziert eine permanente „thematische Modernisierung zu Gunsten aktueller Orientierungsbedürfnisse" der Schülerinnen und Schüler.[51] Für das interkulturelle Geschichtslernen soll schließlich noch herausgestellt werden, dass sich Kultur und Gesellschaft gegenseitig bedingen und man nicht die „soziologischen Tatsachen aus den Augen" verlieren sollte.[52] Interkulturelles Geschichtslernen darf kein Entweder-Oder zwischen Sozial- und Kulturgeschichte bedeuten. Durch diese Verquickung beider Bereiche kann einer Überbewertung des Kulturellen gegenüber anderen gesellschaftlichen Faktoren, d.h. einem Kulturalismus, entgegengewirkt werden.

Interkulturelles Lernen erfolgt in der Praxis nicht als Inseln – immer mal wieder in einzelnen Stationen –, sondern ist integraler Bestandteil des Geschichtsunterrichts. Dies setzt eine enge Verquickung von inhaltlichen und methodisch-didaktischen Aspekten voraus: Bisherige Ansätze, Inhalte und Methoden müssen neu perspektiviert werden.

3. Begriffe und Debatten im Blickfeld von interkulturellem Lernen

3.1 Intrakulturell – multikulturell – interkulturell – transkulturell?

Intrakulturell

Dieser Begriff bezeichnet eine kulturelle Vielfalt innerhalb einer Gesellschaft, die sich auf unterschiedliche Religionen, auf verschiedene Generationen und Altersgruppen, auf unterschiedliche soziale Gesellschaftsschichten oder auch auf genderspezifische Aspekte beziehen kann. Insbesondere den „Subaltern Studies" liegt die Idee zugrunde, dass sich eine fiktive „ganze" Gruppe in Teilbereiche, d. h. unterschiedliche Subkulturen, ausdifferenziert. Mitunter verlaufen die Grenzen zwischen Interkulturalität und Intrakulturalität fließend. Ein interkulturell sensibler Geschichtsunterricht sollte nicht Gefahr laufen, gerade die intrakulturelle Vielfalt aus dem Blick zu verlieren und die interkulturelle Perspektive überzubetonen. Inter- und intrakulturellen Ansätzen ist gemeinsam, dass sie nicht auf dem Konzept klar umrissener soziokultureller Grenzen basieren und eine diversitätssensible Betrachtungsweise zum Ziel haben.

Multikulturell

Multikulturelle Ansätze widmen sich vor allem Fragestellungen zum Zusammenleben unterschiedlicher soziokultureller Gruppierungen innerhalb einer Gesellschaft, d. h. dem Neben- oder Miteinander verschiedener Kulturen in einer Gesellschaft. Unter einer „multikulturellen" Gesellschaft versteht man zunächst eine viele Kulturen umfassende Gemeinschaft; dort leben unterschiedliche „kulturelle Gruppen" weitestgehend gleichberechtigt nebeneinander und sind nicht miteinander verschmolzen. In kulturell heterogenen Gesellschaften stellt sich die Frage, inwiefern die unterschiedlichen gesellschaftlichen Gruppierungen voneinander getrennt leben, d. h. in welchem Maße sie miteinander agieren und was sie miteinander verbindet. Multikulturelle Ansätze können für die Komplexität kulturell gemischter Gesellschaften sensibilisieren. Dem Konzept des Multikulturalismus wird jedoch oft – in Abgrenzung zum Transkulturalismus – vorgeworfen, noch zu stark von klar voneinander abgrenzbaren Kulturen sowie von einem zu positiv gezeichneten Ideal des kulturellen Miteinanders auszugehen. Ein weiterer Vorwurf besteht darin, dass er das „bloße Nebeneinander" quasi isolierter Kulturen bedeutet und sich zu wenig für ein gelingendes Miteinander öffnet.[53]

Interkulturell

Als „interkulturell" können „Beziehungen, in denen Eigenheit und Fremdheit, Identität und Andersartigkeit, Familiarität und Bedrohung, Normalität und Neues" aufeinandertreffen und erfahren werden[54], bezeichnet werden. Im Speziellen sind darunter Kontakte zwischen Kulturen, die zu Veränderungen bei allen Beteiligten führen, zu verstehen. Auch wenn das Präfix „inter" den Eindruck entstehen lassen mag, dass der Blick auf binär konstruierte Kulturen gelenkt wird, eine prinzipielle Differenz der Kulturen besteht und klar zwischen verschiedenen Kulturen unterschieden werden kann, soll der hier verwendete Begriff „interkulturell" vielmehr Interaktionen, Formen der Kommunikation, Beziehungsgeflechte zwischen Kulturen und kulturelle Grenzüberschreitungen beschreiben. Durch eine Fokussierung auf gegenseitige Veränderungsprozesse negiert Interkulturalität die „Universalisierung" bzw. Verabsolutierung einer bestimmten Kultur.[55] Dies gilt es auch, im Folgenden besonders herauszustellen, da sonst kulturelle Unterschiede in gewissem Maße sogar noch verstärkt oder gar zementiert werden können. Interkulturelle Betrachtungsweisen dürfen auch nicht nahelegen, dass es problemlos möglich ist, zwischen verschiedenen Kulturen zu switchen.

Statt interkulturell doch eher transkulturell?

Kennzeichen postmoderner Gesellschaften sind sowohl ein Pluralismus der Kulturen als auch kulturelle Gemeinsamkeiten, die über Gesellschaftsgrenzen hinaus bestehen können. Kulturen befinden sich in permanenter Veränderung und können daher als ein Prozess wahrgenommen werden. Die Übernahme gewisser Kulturelemente in die eigene Denk- und Handlungsweise kann als „transkulturell" bezeichnet werden; eine Folge davon ist die Vernetzung vielfältiger kultureller Identitäten oder gar das Verschwimmen kultureller Grenzen sowie die Fusion unterschiedlicher kultureller Elemente. Insbesondere transkulturelle Ansätze betonen die Fluidität von Kulturen und ihre Uneinheitlichkeit.[56] Durch sozial-, alltags-, mentalitäts-, geschlechter- und umweltgeschichtliche Zugänge im Geschichtsunterricht eröffnen sich neue Chancen einer transkulturellen Ausrichtung. Diese Zugänge können dann mit globalgeschichtlichen Fallbeispielen gefüllt und veranschaulicht werden.[57]

Der Philosoph Wolfgang Welsch betont, dass in sich schon heterogene Kulturen miteinander in Kontakt stehen, sich gegenseitig durchdringen und sich durch Mischungen auszeichnen. Damit negiert Welsch das lange übliche Kugelmodell von Kulturen, das davon ausgeht, dass Kulturen mit Kugeln verglichen werden können, da sie sich nicht gegenseitig durchdringen, sondern „einander abstoßen und bekämpfen" müssten. Dies bedeutet, dass die Beschaffenheit von Kulturen *jenseits* der alten, kugelhaften Verfassung liegt" und dass die „kulturellen Determinanten nunmehr *quer* durch die Gesellschaften *hindurchgehen*"[58]. Bereits im Zuge eines „transcultural turn" Ende des 20. Jahrhunderts manifestierte sich eine Ablehnung eines „formerly pervasive model of container culture in favour of a more fluid and transient paradigm of relations between societies"[59]; die Existenz klar definierter „Kulturen" wurde infrage gestellt. Das Konzept der Transkulturalität nimmt dabei nicht die Abgrenzung von anderen Kulturen, sondern die Verflechtungen und Gemeinsamkeiten unterschiedlicher Kulturen sowie die Herausbildung von Netzwerken in den Fokus.[60] Das Individuum, dessen kulturelle Identität sich als eine „Patchwork-Identität" gestaltet, wird dadurch in einer zunehmenden Hybridität wahrgenommen. In der Konsequenz kann nicht mehr zwischen eigenen und fremden Elementen klar unterschieden werden. Der transkulturelle Ansatz nimmt also dezidiert Abstand von den Dichotomien „eigen" und „fremd" bzw. „selbst" und „anders"[61].

Eine besondere Stärke von Transkulturalität liegt sicherlich darin, kulturübergreifende Analysekategorien und Mechanismen in den Blick zu nehmen, wie Marc Ullrich festhält.[62] Transkulturell ausgerichtete Geschichtsdidaktik beschäftigt sich daher mit „Darstellungen von analogen, also von im Kern vergleichbaren historischen Themen- und Akteurskonstellationen"[63], wie bereits in dem Aufsatzband „Transkulturelle Fachdidaktik" (2008), der transkulturell didaktisierte Unterrichtsvorschläge präsentiert, dargelegt wird. Darunter können z.B. folgende – auch für den Geschichtsunterricht ergiebige – Fragestellungen fallen:
- Wie werden Eigen- und Fremdbilder konstruiert?
- Wie kann ein Prozess des „Othering" aussehen? In welchen Stufen erfolgt Inklusion und Exklusion?
- Wie entstehen Heldenvorstellungen?
- Wie sieht der Umgang mit nationalen Minderheiten aus?
- Wie gestaltete sich koloniale Herrschaftspraxis?

Durch die Beschäftigung mit solchen Fragestellungen kann historisches Denken „flexibilisiert" und können im Geschichtsunterricht vorgenommene transkulturelle Betrachtungsweisen für die Gegenwartsorientierung fruchtbar gemacht werden.[64] Denn das „Aufgreifen anthropologischer Grundpositionen" rückt historische Themenfelder in die Erfahrungswelt der Lernenden und trägt daher zu einem schülerorientierten Geschichtsunterricht bei.[65]

Wie wird aus einer interkulturellen eine transkulturelle Betrachtungsweise? Bei der Auseinandersetzung mit dem kulturell Anderen können übergeordnete kulturelle Perspektiven eingenommen und gesellschaftliche Schlüsselprobleme auf einer transkulturellen Ebene diskutiert werden. Dadurch kann auch der Geschichtsunterricht auf eine Metaebene gehoben werden. Nur auf transkulturelle Ansätze zu setzen, wäre aber eine einseitige Schwerpunktsetzung. So lässt sich im Hinblick auf einen kultursensiblen Geschichtsunterricht festhalten:

- Die Übergänge zwischen interkultureller und transkultureller Geschichtsbetrachtung verlaufen fließend. Interkulturalität und Transkulturalität sind nicht als Gegensatzbegriffe zu verstehen.
- Interkulturelle und transkulturelle Ansätze in der Geschichtswissenschaft und Geschichtsdidaktik befruchten sich gegenseitig – ein Entweder-Oder wäre viel zu eng gegriffen.
- Überwiegend transkulturelle Geschichtsbetrachtungen würden im Geschichtsunterricht Gefahr laufen, zu abstrakt auf Schülerinnen und Schüler zu wirken.
- Transkulturelle Ansätze lassen die Grenzen zwischen Eigenem und Fremdem verschwimmen, was eine Identitätsfindung – gerade bei Jugendlichen – durch die fehlende Alteritätserfahrung erschweren mag.
- Interkulturelle Ansätze haben einen stärker ausgeprägten normativen Ansatz, indem sie sich an den Menschenrechten, Gleichheitsgrundsätzen sowie Prinzipien der Toleranz und Humanität orientieren.

In den folgenden Ausführungen wird es nicht für notwendig erachtet, sich vom Begriff des interkulturellen Geschichtslernens zu distanzieren. So räumt auch Welsch ein, dass zwischen interkulturellen und transkulturellen Ansätzen nur ein gradueller Unterschied besteht, sofern nicht am bisherigen Kugelmodell festgehalten und eher der Netzcharakter von Kulturen in den Vordergrund gerückt wird.[66] Unter der Voraussetzung, dass sich interkulturelle Ansätze eines erweiterten und modifizierten Kulturbegriffs bedienen (vgl. auch Kapitel 3.4) und Betrachtungen auf der Metaebene mitberücksichtigt werden, soll am Begriff „interkulturell" festgehalten werden. Für einen interkulturellen Ansatz sprechen außerdem folgende Gesichtspunkte:

- Kulturelle Austauschprozesse werden nicht marginalisiert oder relativiert, sondern als konstitutives Element von Geschichte und als strukturierendes Moment von Geschichtsunterricht verstanden.
- Interkulturelle Betrachtungsweisen sind – wie bereits dargelegt – als eine Querschnittsaufgabe aller Fächer zu verstehen und haben dadurch eine in hohem Maße überfachliche Relevanz. Fragestellungen und Arbeitsfelder werden im Zusammenspiel unterschiedlicher Fachrichtungen und Fachdidaktiken entwickelt. Jedoch wären eine stärker interdisziplinär orientierte Ausrichtung der interkulturellen Fachdidaktiken und ein intensiverer interdisziplinärer Dialog wünschenswert. Darüber hinaus sind interkulturell ausgerichtete Fachdidaktiken im größeren Zusammenhang eines Konzepts einer „interkulturellen Pädagogik" zu verorten. Dadurch besteht zudem eine Anschlussfähigkeit zu den Debatten der Fachdidaktiken anderer Fächer.
- Da sich das Konzept der Interkulturalität und die Notwendigkeit interkulturellen Lernens in den verschiedenen KMK-Empfehlungen klar formuliert finden, besteht für interkulturelles Lernen bereits eine Verankerung in den Bildungsplänen und es ist bereits Bestandteil von Lehrerfortbildungen. Die konkrete Ausgestaltung variiert jedoch noch stark von Bundesland zu Bundesland.[67]

3.2   Ein Kampf der Kulturen?

Das kulturelle Miteinander bzw. Gegeneinander sowie Fragen nach der kulturellen Identifizierung stehen im Fokus zahlreicher Diskussionen. Für den US-amerikanischen Politikwissenschaftler Samuel P. Huntington befindet sich die globale Politik nach dem Ende des Kalten Krieges in einem Zustand der Desintegration und des Konflikts. Kulturelle Identität definiert sich nach Huntington vor allem über die religiöse Zugehörigkeit von Menschen, Sprache, Geschichte, Sitten und Werte. Anstelle der bisherigen politischen Ideologien würden Kulturen zunehmend die Weltordnung prägen und bestimmen. In logischer Konsequenz definiert Huntington die Konflikte der Zukunft als weitestgehend kulturell bedingt. Seit dem Ende des 20. Jahrhunderts entwickle sich die politische Weltordnung zunehmend multipolar und multikulturell. Huntington unterscheidet als jeweils eigenständige Kulturkreise den Westen (mit Europa, den USA, Kanada, Australien und Neuseeland), Japan, China, Indien, die islamische Kultur, die orthodoxe, die lateinamerikanische und die afrikanische. Gemäß Huntingtons Vorstellung von einer Neugestaltung der Weltpolitik im 21. Jahrhundert verliere der Westen an Einfluss, indem asiatische Kulturen zunehmend an wirtschaftlicher, militärischer und politischer Bedeutung gewinnen und muslimische Länder eine Bevölkerungsexplosion erleben. Ein weltweiter Konflikt der Kulturen entstehe durch die universalistischen Ansprüche des Westens und das selbstbewusste Auftreten nichtwestlicher Kulturen. Auf lange Sicht werde der Islam „das Rennen machen", weil er sich durch „Bekehrung und Reproduktion" ausbreite.[68] Durch einen solchen Kampf der Kulturen würden sich die islamisch geprägte Welt und der Westen zunehmend entzweien.

Huntingtons Thesen, die erstmals 1993 veröffentlicht und in seinem 1996 erschienenen Werk „The Clash of Civilizations" weiter ausgeführt wurden, haben eine äußerst kontrovers geführte Debatte angestoßen. Unbestreitbar ist sicherlich, dass unser Denken und Handeln in hohem Maße kulturabhängig ist und dass die Ausbildung einer kulturellen Identität von enormer Bedeutung ist. Anhänger von Huntingtons Thesen verweisen bei ihrer Argumentation auf die Anschläge des 11. September 2001, die oftmals als offensichtlicher „Kampf der Kulturen" gedeutet werden. Einer kritischen Betrachtung muss jedoch vor allem Huntingtons Einteilung der Kulturkreise, der nicht klar nachvollziehbare Kriterien zugrunde gelegt werden, unterzogen werden. In diesem Zusammenhang stellt sich auch die Frage, ob Menschen überhaupt nach ihrer kulturellen Zugehörigkeit klassifiziert werden können. Denn dies führe gemäß Amartya Sen zwangsläufig zu einer Reduktion des Menschen, da dieser nicht vorrangig als Mitglied der einen oder anderen Kultur klassifiziert werden kann, und schließlich zu einer eindimensionalen Betrachtungsweise.[69] Kultur stellt kein „homogenes Attribut" dar, denn „auch innerhalb ein und desselben allgemeinen Milieus kann es große Abweichungen geben". Dies macht eine diversitätssensible Betrachtungsweise zwingend notwendig.

3.3 Eine „Leitkultur" für Deutschland?

Während Ansätze, die das Zusammenspiel unterschiedlicher Kulturen berücksichtigen und von einem flexiblen Kulturbegriff ausgehen, kulturelle Vielfalt als eine gesellschaftliche Bereicherung betrachten, befürworten Anhänger eines eher starren und statischen Kulturbegriffs eine „Leitkultur" für Deutschland bzw. Europa, d.h. einen gesellschaftlichen Wertekonsens. Der Begriff „Leitkultur" geht ursprünglich auf den Politikwissenschaftler Bassam Tibi zurück. Hinter der Debatte zu einer „Leitkultur" steht der Wunsch, verbindende und gegebenenfalls verbindliche Werte für das Zusammenleben einer Gesellschaft zu definieren. Gemeinsame Kernwerte, die eine sogenannte „Leitkultur" bilden, sollen dabei als ein Fixpunkt einer gemeinsamen Identität fungieren; insbesondere Migranten – so die Verfechter einer „Leitkultur" – sollten sich an diesen Leitlinien orientieren und sich an eine spezifische Kultur der Empfängergesellschaft anpassen.

Die in Deutschland nunmehr seit Jahrzehnten geführte Debatte um eine solche „Leitkultur" zeigt deutlich, wie wichtig und notwendig es ist, kulturelle Prägungen, Kulturkontakte in Geschichte und Gegenwart, den Wandel kultureller Werte sowie die Integration von Migranten offen zu thematisieren. Schule ist dabei ein wichtiger Ort, um Diskursräume über kulturellen Wandel und kulturelle Identität zu schaffen. Denn Schule bedeutet auch Enkulturation, d.h. das Hineinwachsen eines jungen Menschen in kulturelle Rahmenbedingungen und Maßstäbe, die bewusste und unbewusste Übernahme von Kulturtechniken einer Gesellschaft sowie die kritische Auseinandersetzung mit dem eigenen kulturellen Kontext. Dies bedeutet aber nicht, dass das Individuum sich auf eine bestimmte Kultur festlegt oder in der Schule eine bestimmte Kultur – im Sinne eines Top-down-Prozesses – zu vermitteln ist. Denn gerade das Verhältnis zwischen Individuation und Enkulturation erweist sich als prozesshaft und in weiten Teilen als spannungsgeladen; dies ist schon dadurch bedingt, dass das Individuum in einem regelmäßigen Austausch und einer intensiven Auseinandersetzung mit der kulturellen Umwelt steht. Vielmehr muss Kultur immer wieder aufs Neue verhandelt und ausgehandelt werden. Kultursensibles Agieren ist hierfür eine wichtige Voraussetzung!

3.4 Der Begriff „Kultur" – eine Annäherung

Von einer dogmatischen Definition von Kultur soll hier in mehrerlei Hinsicht bewusst Abstand genommen werden. Unter Kultur sollen zunächst einmal nicht nur hochkulturelle Elemente wie Literatur, Musik und bildende Kunst, sondern auch gemeinsame Denk- und Handlungsmuster, d.h. Traditionen, in einer umfassenden Bedeutung verstanden werden. So kann Kultur als „unser Repertoire an Kommunikations- und Repräsentationsmitteln"[70] bzw. im Sinne von Gerhard Maletzke als die „Art und Weise, wie die Menschen leben und was sie aus sich selbst und ihrer Welt machen"[71], definiert werden. Dabei kommt Kultur, indem sie sowohl materielle als auch immaterielle Güter umfasst, eine zentrale identitäre Funktion sowie eine Orientierungsfunktion zu. In diesem Sinne definiert die UNESCO „Kultur" in ihrer „Allgemeinen Erklärung zur kulturellen Vielfalt" (2001) wie folgt:

„Die UNESCO-Generalkonferenz […] bekräftigt, dass Kultur als Gesamtheit der unverwechselbaren geistigen, materiellen, intellektuellen und emotionalen Eigenschaften angesehen werden sollte, die eine Gesellschaft oder eine soziale Gruppe kennzeichnen, und dass sie über Kunst und Literatur hinaus auch Lebensformen, Formen des Zusammenlebens, Wertesysteme, Traditionen und Überzeugungen umfasst […]."[72]

Als ein weiteres grundlegendes Charakteristikum von Kulturen kann angesehen werden, dass sie einer steten Veränderung unterworfen sind. Der schwedische Kulturanthropologe Ulf Hannerz prägte sogar die Vorstellung von „Kultur als Fluxus"[73]. Darunter ist zu verstehen, dass Kulturen nicht als statische, fest umrissene und klar voneinander abgrenzbare Größen greifbar sind, d.h. nicht als containerartige Gebilde zu verstehen und als essenzialistische Größe zu denken sind; sie unterliegen vielmehr einer gewissen Dynamik, durchdringen sich gegenseitig und werden vor allem relational wahrgenommen. Sie sind nicht autonom, denn jede Kultur lässt sich als eine Mischform verstehen, d.h. eine Reinform von Kultur entpuppt sich als bloße Fiktion bzw. ist nach Stephen Greenblatts Definition ein Konstrukt.[74] Bei einem statischen Kulturbegriff würde z.B. ein Schüler mit türkischem Migrationshintergrund einer klar definierten „türkischen Kultur" zugeordnet werden – ungeachtet der Tatsache, ob der Schüler in der Türkei geboren ist, wie er sich in Deutschland integriert hat und welche anderen soziokulturellen Zugehörigkeiten für ihn identitätsstiftend sind. Hinzu kommt, dass es bei Weitem nicht die *eine* türkische Kultur gibt. In der modernen Welt ist die „Interpenetration von Kulturen" gleichsam zum „Normalfall"[75] geworden. Aufgrund von Migrationsbewegungen, Handelsbeziehungen und Kommunikationsprozessen treten Lebenswelten nicht isoliert auf, sondern sind als das Produkt interkultureller Verflechtungen zu betrachten. Analog ist Kulturtransfer als ein reziproker Vorgang, der sowohl die Aufnahme- als auch die Referenzkultur verändert, und damit als „ein auf Mehrdeutigkeit basierendes multiplexes Verfahren des Austauschs von Informationen, Symbolen und Praktiken, im Laufe dessen permanent Uminterpretation und Transformation stattfinden"[76], zu verstehen. Neue Elemente können in eine Kultur aufgenommen bzw. bisherige Elemente verändert werden. Deshalb ist mitunter eher die Rede von „kulturellen Transfers" bzw. „kulturellen Austauschprozessen".

Daher soll für die weiteren Ausführungen zum interkulturellen Geschichtslernen von einem flexiblen Kulturbegriff ausgegangen und insbesondere auf die Definition von Jürgen Straub zurückgegriffen werden: Dieser definiert Kulturen als „offene, historisch veränderliche, dynamische Systeme, die den Zugehörigen ein eben auch kulturspezifisches praktisches Orientierungswissen zur Verfügung stellen, welches das Denken und Fühlen, Wünschen und Wollen, Erleben und Handeln aller fundiert und strukturiert, ordnet und leitet"[77].

Durch friedliche, aber auch spannungsgeladene Kulturbegegnungen in Geschichte und Gegenwart sind Kulturen unweigerlich miteinander vernetzt. Für das Individuum ergibt sich daraus, dass es „verschiedenen kulturellen Formationen zugehörig"[78] ist und am Schnittpunkt unterschiedlicher kultureller Zugehörigkeiten steht. Über Kultur wird zwar die identitäre Zugehörigkeit zu einer kulturellen Gruppe definiert; darunter sind aber bei Weitem nicht nur Nationalkulturen zu verstehen. Denn auch die Zugehörigkeit zu Subkulturen erweist sich als äußerst prägend und identitätsstiftend. Um einen Kulturalismus zu vermeiden und damit einer Essenzialisierung des Kulturbegriffs entgegenzuwirken, muss deshalb im Rahmen einer Definition herausgestellt werden, dass Staat bzw. Nation und Kultur keine deckungsgleichen Einheiten sind sowie kulturelle Identität weder mit staatlicher Identität gleichgesetzt werden kann noch im Singular existiert.[79] Insbesondere das Konzept der kulturellen Hybridität negiert eine homogene Kultur und sieht vor, „kulturelle und ethnische Prozesse als fließend und unabgeschlossen zu verstehen und die Annahme von Grenzen und klar zuschreibbaren Gruppenidentitäten zu problematisieren"[80]. Abschließend lässt sich festhalten: Indem der hier gewählte Kulturbegriff sehr offen gefasst ist, setzt er weniger auf Einheit und Einigkeit, sondern definiert sich als ein klares Bekenntnis zur Vielfalt.

3.5   Ein „cultural turn"

Eine disziplinübergreifende wissenschaftliche Neuorientierung setzte in den 1990er Jahren ein, indem Kultur als eine „zentrale Dimension" menschlicher Denk- und Handlungsweisen definiert wurde:

„Der Vielfalt der zeitgenössischen Entwicklungen können wir nur gerecht werden, wenn Kultur als zentrale Dimension anerkannt und in ihrer Komplexität und Widersprüchlichkeit erfaßt wird. Kultur war immer schon das Produkt von Beziehungen und ist auch in unserer globalisierten Welt einem kontinuierlichem Wandel ausgesetzt."[81]

Menschliches Denken, Handeln und Interagieren werden dabei im Kulturellen verortet und können prinzipiell in lokalen, regionalen, nationalen oder transnationalen Kulturen erfolgen.[82] Mit dieser Neuorientierung können neue Perspektiven auf menschliches Denken und Handeln gewonnen werden: „They have shifted perspectives, introduced new focuses and, as a result, opened up previously unexamined cross-disciplinary fields of inquiry"[83]. Mit dem „cultural turn" setzte ein gestiegenes „Interesse an historischen Wahrnehmungs- und Sinnstiftungsweisen" ein, was gleichzeitig epistemologische Fragestellungen aufwarf.[84] Ein zentrales Anliegen ist dabei, sichtbar zu machen, wie lange Zeit der „westliche europäische Blick das Erscheinungsbild anderer Kulturen eingefärbt und verzerrt hat"[85]. Dies geschah mit dem Ziel, „to break free of any limitation to the European canon of knowledge"[86].

Kennzeichnend für die neue Form der „Cultural History" ist die interdisziplinäre internationale Ausrichtung: Für die Geschichtswissenschaft bedeutet dies, dass weniger die nationale Geschichte als vielmehr die kulturelle Zugehörigkeit zu einem Bezugspunkt historischen Denkens wird. Mit dem „cultural turn" setzte weiterhin eine Hinwendung zur Alltagsgeschichte, die auch als Mikrogeschichte bezeichnet wird, ein. Der Blick wurde auf die kulturelle Ausdifferenzierung der eigenen Gesellschaft, „a pluralization instead of a unification of meanings, attitudes, and modes of perception and articulation"[87], gelenkt. Der kulturell ausgerichtete Ansatz in der Geschichtswissenschaft sollte verstärkt auch eine „Geschichte von unten" einfordern, sodass man sich in diesem Zusammenhang Fragen der Rasse, der Ethnizität und des Geschlechts zuwandte. Diese wissenschaftliche Neufokussierung beinhaltete auch eine Hinwendung zu den „neuen Medien" und stellte die Kategorie „Geschlecht" als eine kulturelle Konstruktion dar. Die kulturelle Wende („cultural turn") ging außerdem Hand in Hand mit der linguistischen Wende („linguistic turn"), in deren Zusammenhang das Medium der Sprache zur Konstruktion und Narration von Geschichte in den Vordergrund rückte. Es erfolgt einerseits eine zunehmende Rückbesinnung auf das kulturelle Erbe, andererseits aber auch eine kritische Reflexion und Diskussion über Geschichte und Historiographie selbst. Da nicht eine „positivistische Faktenvermittlung, sondern die Erkenntnis von Geschichte als Prozess der Deutung von Vergangenheit in einer Gegenwart" im Mittelpunkt steht[88], gewinnt auch die Metaebene an Bedeutung. Hierbei richtet sich das Augenmerk verstärkt auf den Prozesscharakter von Geschichtsschreibung.

Mit dem „cultural turn" hielt schließlich auch ein erweiterter Quellenbegriff Einzug in die Geschichtswissenschaft: Historische Romane, Historienfilme, Abbildungen und historische Karten wurden stärker berücksichtigt. Quellen werden als kulturelle Überlieferung, Geschichtsdarstellungen als kulturell bedingte Rekonstruktionen wahrgenommen; geschichtskulturelle Produkte, die eine Brückenfunktion zwischen Vergangenheit und Gegenwart einnehmen, rücken in den Fokus der Geschichtsbetrachtung. Geschichte selbst wird dadurch zu einem kulturgeschichtlichen Prozess kollektiver Sinnstiftung. Ein radikaler Kulturalismus würde jedoch Gefahr laufen, den politisch gesellschaftlichen Kontext historischer Phänomene aus dem Blick zu verlieren, kulturelle Sonderwege zu konstruieren und einen radikalen erkenntnistheoretischen Relativismus zu betreiben. Festzuhalten ist auch: Interkulturelles Geschichtslernen verdankt zwar wichtige Impulse dem „cultural turn", erstreckt sich aber bei Weitem nicht nur auf kulturgeschichtliche Inhalte. Denn grundsätzlich lassen sich „alle Gegenstandsbereiche der Geschichte interkulturell profilieren"[89].

4. Interkultureller Geschichtsunterricht: Zwischen Geschichtswissenschaft und Geschichtsdidaktik

„Über Grenzen" – unter diesem Motto stand der Historikertag von 2010. Im Zentrum der Veranstaltung waren Fachbeiträge zum Überwinden von Grenzen, zu Grenzziehungen und Grenzüberschreitungen sowie Ansätze einer globalen bzw. inter- und transkulturellen Geschichte. Zunächst muss festgestellt werden, dass eine praktizierte Interkulturalität als eine anthropologische Grundkonstante der Geschichte betrachtet werden muss. Das Zusammentreffen unterschiedlicher Kulturen, der Wissens- und Gütertransfer sowie der Austausch von Erfindungen waren ein wesentlicher Bestandteil der Menschheitsgeschichte und konnten als Motor einer Fortentwicklung soziokultureller, wirtschaftlicher und wissenschaftlicher Gegebenheiten – quasi als Motor der Modernisierung – fungieren. So bezeichnet bereits William H. McNeill in seinem Werk „The Rise of the West" (1963) den Kontakt zwischen verschiedenen Gesellschaften und kulturellen Traditionen, d.h. einen „cultural interchange", der mit einem Austausch von Ideen einherging, als einen Schlüsselfaktor in der Geschichte: „A region where trade and urbanization permit men of diverse cultural backgrounds to meet and mingle" biete den optimalen Nährboden für „cultural creativity"[90].

In der Geschichtswissenschaft gibt es kein spezielles Pendant zum interkulturellen Geschichtslernen. Um eine geeignete Themenwahl für den interkulturellen Geschichtsunterricht zusammenstellen sowie Themenfelder definieren und didaktisch profilieren zu können, muss zu einem großen Teil auf transnationale und globalgeschichtliche Themenbereiche zurückgegriffen werden. Hinzu kommen inter- und transkulturelle Vergleichsstudien, geschichtswissenschaftliche Untersuchungen zu kulturellen Transfers und Kulturkontakten sowie zur Migration in der Geschichte.

4.1 Transnationale Geschichte

Für ca. 200 Jahre hat die „Nation" in Europa eine wichtige Bezugsgröße zur kollektiven Sinndeutung und eine Leitkategorie der Geschichte dargestellt. Geschichtswissenschaft und Geschichtsunterricht hatten lange vornehmlich die Nationalgeschichte im Blick. Die Geschichtsschreibung wurde gleichsam als eine nationale Aufgabe definiert, indem es lange galt, nationale Besonderheiten herauszustellen und zu tradieren. Eine wichtige Aufgabe des Geschichtsunterrichts bestand darin, zu einem nationalstaatlich orientierten Denken beizutragen. Die Nation kann als ein Ordnungsmodell betrachtet werden, das im Zuge der Französischen Revolution entstand und im 19. und 20. Jahrhundert an Bedeutung gewann. Damit kann die Entstehung des Nationalismus zwar in Europa verortet werden; es handelt sich dennoch – wenn auch mit gewissen Einschränkungen – um eine global auftretende Erscheinung.

Transnational orientierte Ansätze in der Geschichtswissenschaft nehmen zwar die eigene Nation nicht mehr als vorrangige Bezugsgröße und als Fixpunkt der Geschichtsnarration; Ziel ist vielmehr ein „Transzendieren der Nation als einer Ordnungskategorie der Geschichtsschreibung"[91]. Historisches Denken findet aber dennoch vornehmlich in „nationalen" Kategorien statt, denn der Nationalstaat dient überwiegend als kategoriale Einheit. So „nimmt der Nationalstaat oder zumindest ein Nationalgefühl eine zentrale und definierende Position für die transnationale Geschichte ein"[92]. Transnationale Geschichte wird oft als eine Unterkategorie von Globalgeschichte betrachtet bzw. auch als Wegbereiterin einer Globalgeschichte eingestuft. Denn sie legt einen Fokus auf die Darstellung grenzüberschreitender Verflechtungsbeziehungen und insbesondere bilateraler Verbindungen bzw. binationaler Zusammenhänge. Kritisch ist anzumerken, dass eine Verwendung des Begriffs „transnationale Geschichte" vor der Gründung von Nationalstaaten im 19. Jahrhundert anachronistisch wirkt. Hinzu kommt, dass dem Begriff streng genommen auch eine eurozentrische Sichtweise innewohnt, denn die Kategorie „Nation" wird hier als Richtschnur der historischen Betrachtung genommen.

Transnationale Geschichtsbetrachtungen bieten jedoch wertvolle Impulse vor allem für die binationale Schulbucharbeit sowie für Betrachtungen zu den Verwebungen der deutschen Geschichte mit der unserer Nachbarn, indem z.B. die deutsch-französische Geschichte, die deutsch-polnische Geschichte und die deutsch-tschechische Geschichte in den Blick genommen und Grenzen überschritten werden.

4.2 Histoire croisée

Auch die Histoire croisée bietet wichtige Ansätze, die „Begrenzungen und Zirkelschlüsse einer nationallastigen Sozialgeschichte [zu] überwinden"[93]. Die Histoire croisée ist ein Konzept, das in den 1990er Jahren entwickelt wurde und seinen Ausgang von der Analyse deutsch-französischer Beziehungen nahm. Histoire croisée versucht,

Kontakte, Transfers, Beziehungen sowie transnationale Phänomene zu erfassen. Nationale Geschichten werden unweigerlich als miteinander verwoben erachtet.[94] Inspiriert wurde die Histoire croisée von postkolonialen Ansätze; so postuliert Edward Said: „Alle Kulturen sind […] ineinander verstrickt; keine ist vereinzelt und rein, alle sind hybrid, heterogen, hochdifferenziert und nichtmonolithisch."[95] Mit ihrer Schwerpunktsetzung auf beziehungsgeschichtliche Aspekte nimmt die Histoire croisée vor allem den Transfer von Ideen, Gütern und Menschen in den Blick; in der Regel geht man von einem wechselseitigen Prozess mit gegenseitiger Interaktion zweier oder mehrerer Vergleichsobjekte aus. Die Histoire croisée ist sich der Vielschichtigkeit von Verflechtungsprozessen und der Notwendigkeit einer Multiperspektivität bewusst. Man ist daher darum bemüht, sich dem historischen Gegenstand bzw. der Problemstellung aus unterschiedlichen Perspektiven anzunähern, wodurch sich Bedeutungen neu konstituieren. Eine große Stärke der Histoire croisée liegt des Weiteren darin, dass „der Prozess der Beobachtung Bestandteil des Erkenntnisdispositivs"[96] ist. Damit kann die Histoire croisée wichtige methodologische Impulse für eine interkulturelle Geschichtsbetrachtung liefern.

4.3 Globalgeschichte

Globalgeschichte hat in den vergangenen Jahren einen anhaltenden Boom in der Geschichtswissenschaft erlebt. „Die Sonne kreist nicht um die Erde, und die Geschichte längst nicht mehr nur um die Nation, Europa oder den ‚Westen'"[97]. So lauteten die Eingangsworte des Historikers Jürgen Osterhammel beim Festvortrag von Angela Merkels 60. Geburtstag. Im Vergleich zu globalgeschichtlichen Ansätzen kann eine nationalgeschichtlich orientierte Meistererzählung nur wie ein Tunnel auf die Geschichte des eigenen Landes zurückblicken.[98] Bereits mit der „sozialwissenschaftlichen Wende" in den 1960er- und 1970er Jahren und der damit einhergehenden stärkeren Berücksichtigung von demokratie-, sozial-, alltags-, mentalitäts-, geschlechter- und umweltgeschichtlichen Prinzipien kam es zu einer grundlegenden Neuorientierung der Geschichtswissenschaft und einer Zurückdrängung nationaler Geschichte.[99] Die sich neu entwickelnde Globalgeschichte hat sich vor allem zum Ziel gesetzt, außereuropäische Themenfelder stärker zu berücksichtigen und die europäische Kultur zu relativieren, indem nationalgeschichtliche Perspektiven und eurozentrische Sichtweisen überwunden werden. Ein Minimalanspruch besteht zumindest darin, über den westeuropäischen Tellerrand zu blicken. Wichtig ist aber immer die Rückkoppelung von globalem Geschehen an die europäische bzw. deutsche Geschichte.

Die von der Globalgeschichte behandelten Themen und Probleme sind zwar oftmals „global in ihrer Verflochtenheit, aber sie sind nicht notwendigerweise allumfassend"[100]. Denn es geht keineswegs darum, Geschichte in ihrer Totalität zu verstehen und zu konstruieren oder eine umfassende Geschichtsphilosophie zu entwickeln, wie dies z.B. heute noch bei marxistisch-leninistischen Geschichtsdarstellungen der Fall sein mag. Globalgeschichte ist vor allem die „Geschichte der Kontakte und Interaktionen zwischen diesen Zivilisationen"[101]. Aus diesen Interaktionen können Netzwerke entstehen.[102]

Obgleich sich Globalgeschichte bisher noch einer klaren Definition entzieht, lässt sich festhalten, dass ein „spezifischer Zugang, der Verknüpfungen und den Vergleich zwischen der Geschichte verschiedener Weltregionen betont"[103], im Mittelpunkt steht. Der Blick auf die Geschichte weitet sich von den vermeintlichen Zentren des Weltgeschehens auf bisherige Randbereiche des historischen Geschehens – jenseits des nordatlantischen Raumes – aus. Globalgeschichte ist also viel mehr und eben nicht eine Makrogeschichte, d.h. eine Welt- oder Universalgeschichte, oder gar nur eine Addition von Nationalgeschichten. Globalgeschichtlich relevante, d.h. weltumspannende, Fragestellungen und Probleme können vielmehr anhand einer spezifischen Region untersucht werden: „Das Globale wurde durch das Lokale geprägt und umgekehrt. Die neue Globalgeschichte schaut auch auf das Kleine."[104] Der Raum – in Abgrenzung von den Kategorien „Staat" und „Nation" – wird ein neues mögliches Gliederungsprinzip. Globalgeschichte ist außerdem „in erster Linie eine Perspektive"[105], die im Umgang mit der Geschichte ihre Anwendung findet.

Global- und Regionalgeschichte schließen einander nicht aus, sondern können vielmehr eine enge Verzahnung miteinander eingehen und sich gegenseitig gut ergänzen. Dies gelingt, indem Makro- und Mikrogeschichte wechselseitig zueinander in Bezug gesetzt werden. Dafür wurde der Begriff „Glokalisierung" geprägt; der Blick auf Geschichte erfolgt unterhalb und oberhalb der nationalen Geschichte. Global- und Regionalgeschichte ist daher gemeinsam, dass der Nationalgeschichte eine geringere Bedeutung beigemessen wird. So kann man sich z.B. die Frage stellen, wie sich globalgeschichtliche Prozesse auf lokaler Ebene manifestieren. Lokale Vorgänge können Wirkungen zeigen, die eine größere Reichweite haben; aber auch internationale Vorgänge bzw. globale Entwicklungen können sich im Umkehrschluss auf lokaler Ebene manifestieren und konkretisieren: So veränderte im Zeitalter des Kolonialismus z. b. der Import von Kolonialwaren das Konsumverhalten der Europäer, indem Luxuswaren wie Kaffee und Seide nun breiteren Bevölkerungsschichten zugänglich waren.

Sebastian Conrad geht von fünf Charaktereigenschaften von Globalgeschichte aus, die teilweise mit einem Paradigmenwechsel in der Geschichtswissenschaft verbunden sind[106]:

„spatial turn"	• grundsätzliche Bindung des geschichtlichen Denkens an einen Raum • verstärkte Orientierung am Raum als kultureller Größe • Relativierung des Faktors Zeit • enge Verquickung der beiden Analysekategorien von Raum und Zeit • Absage an eine teleologisch ausgerichtete Modernisierungstheorie
relationale Geschichte	• Betonung einer Interaktion zwischen den Regionen und Nationen bei der Herausbildung moderner Gesellschaften • Relativierung der Rolle Europas bei Modernisierungsprozessen
Synchronizität	• Fokus auf die Gleichzeitigkeit gewisser historischer Entwicklungen • gegenseitige Befruchtung gewisser Entwicklungen auch über große Distanzen hinweg
Nation	• Rekonstruktion globaler Horizonte nationaler Geschichten • Verständnis von Nationalstaat als Produkt globaler Prozesse
Positionalität	• Sensibilisierung für die Perspektivität und Adressatenorientierung von Geschichtsschreibung

Im Zuge des „spatial turn" hat die Kategorie „Raum" eine besondere Bedeutung erlangt und es wird untersucht, wie räumliche Faktoren historische Prozesse beeinflussen können. Raum wird jedoch weniger als objektive Gegebenheit, sondern als Produkt von Sinnzuschreibungen – als ein kulturelles Konstrukt – verstanden. Räumlich auseinanderliegende Orte werden nicht länger als „getrennte Untersuchungsgegenstände", sondern eher als „ein einziges analytisches Feld" gedacht.[107]

Durch eine Neuausrichtung auf „relationale Geschichte" sollte der Eurozentrismus, der die bisherige Geschichtsschreibung dominiert hat, aufgebrochen werden. Der Eurozentrismus geht gemäß Robert Marks von Europa als dem Ursprung des historischen Fortschritts und damit von einer europäischen Überlegenheit aus. Europa wird als der „einzig aktive Gestalter der Weltgeschichte" betrachtet:

„Europa hat gestaltende Kraft, der Rest der Welt ist passiv. Europa macht Geschichte, der Rest der Welt besitzt keine, bis er mit Europa in Kontakt tritt. Europa ist das Zentrum, der Rest der Welt seine Peripherie. Nur Europäer sind in der Lage, Wandlungen oder Modernisierung einzuleiten, der Rest der Welt ist es nicht."[108]

Damit verbunden ist ebenfalls die Auflösung eines „West-Rest-Denkens"[109], das auf der Vorstellung basiert, dass die westliche bzw. europäische Entwicklung losgelöst vom sogenannten „Rest der Welt" stattgefunden hat. Westliche Universalitätsansprüche werden aufgebrochen, was sogar zur Aufforderung führen kann, „Europa [zu] provinzialisieren", wie dies von Chakrabarty und anderen postkolonialen Historikern formuliert wird. Dabei soll der eurozentrische Universalismus nicht nur nicht auf das Andere, sondern auch nicht auf das Eigene übertragen werden.

Durch „einseitige Fokussierungen auf traditionelle Geschichtsräume" können „falsche historische Gewichtungen"[110] entstehen. Daraus ergibt sich die Notwendigkeit, Akteure aus verschiedenen Regionen der Welt stärker in die Geschichtsschreibung miteinzubeziehen. Eine weitere Stoßrichtung geht dahin, das westliche Narrativ kritisch zu reflektieren und aufzubrechen. Gleichzeitig darf man jedoch nicht Gefahr laufen, die dominante Rolle Europas und der Vereinigten Staaten zu bagatellisieren und zu suggerieren, dass z.B. Kolonialismus und Imperialismus sich als ein gleichberechtigtes Miteinander europäischer und außereuropäischer Kulturen gestalteten.

Der Eurozentrismus muss im größeren Kontext eines Ethnozentrismus betrachtet werden. Beim Ethnozentrismus werden die eigenen Normvorstellungen zum Standard aller Beurteilungen – zum „Maßstab aller Dinge" – erhoben; daraus kann schnell ein Überlegenheitsdenken gegenüber anderen kulturellen Gruppen resultieren. Nach Jörn Rüsen ist unter Ethnozentrismus eine „kulturelle Praxis der Weltdeutung und Selbstverständigung unter vielen anderen zu verstehen, nämlich diejenige, die auf die Einheit eines bestimmten sozialen Gebildes abhebt und dabei Zugehörigkeit an scheinbar objektive naturale Kriterien bindet"[111]. Gleichermaßen kritisch müssen deshalb auch andere „Formen kulturellen Überlegenheitsdenkens" wie z.B. der Sinozentrismus oder der Russozentrismus bewertet werden.[112] So mag es sich als wenig sinnvoll erweisen, den Eurozentrismus durch eine andere Form des Ethnozentrismus zu ersetzen. Voraussetzung gewinnbringender globalgeschichtlicher Ansätze sind die internationale Vernetzung von Historikern und die adäquate Berücksichtigung insbesondere asiatischer und afrikanischer Forschungsergebnisse.

Globalgeschichtliche Ansätze verhalfen auch der nationalen Geschichte zu neuen Erkenntnissen und haben zu Neuausrichtungen von historischen Narrativen geführt: Denn sie erheben einen Anspruch auf eine vollständigere Geschichtsschreibung, tragen zu einem besseren Verständnis von historischen Zusammenhängen bei und berücksichtigen den besonderen Kontext für einzelne konkrete historische Phänomene in einem höheren Maße. Auch die deutsche Kolonialgeschichte konnte z.B. durch globalgeschichtliche Ansätze eine Neubewertung erfahren: In der Folge wird sie weniger als „deutscher Sonderweg" oder gar als „Weg in den Nationalsozialismus" gedeutet, sondern erfährt eine verstärkte Einbettung in die Globalisierung der Weltgeschichte und kann daher als „Teil eines welthistorischen Vorgangs"[113] verstanden werden.

4.4 Kulturelle Kontakte: Klassifizierungen

Den folgenden Klassifizierungen liegt die Vorstellung zugrunde, dass es keine chronologische Abfolge von Kulturen gibt, sondern parallele Entwicklungen von Kulturen, die sich oftmals in einem gegenseitigen Austauschprozess befanden. Exemplarisch sollen im Folgenden die Klassifizierungen des Schweizer Historikers Urs Bitterli und des Globalhistorikers Jürgen Osterhammel betrachtet werden.

Die Klassifikation von Kulturkontakten nach Urs Bitterli

Die Begegnung von Angehörigen unterschiedlicher Kulturkreise kann in ganz unterschiedlichen Formen erfolgen und sogar als eine anthropologische Konstante bezeichnet werden; das geht vom friedlichen Austausch bis hin zu gewaltsamen Auseinandersetzungen. Urs Bitterli unterscheidet folgende Formen der kulturellen Begegnung:[114]

1. Kulturberührung	• ein zeitlich begrenztes, einmaliges (oder seltenes) Zusammentreffen von Europäern mit Vertretern einer überseeischen Kultur • Neugierde auf das Fremde, das sowohl reizvolle als auch bedrohliche Charakterzüge hat • zufälliger Kontakt von kurzer Dauer *Beispiel: Entdeckungsfahrten des 15./16. Jahrhunderts*
2. Kulturkontakt	• ein dauerhaftes Verhältnis wechselseitiger Beziehungen, basierend auf machtpolitischem Gleichgewicht • keine Absicht auf Landnahme und Kolonisation; wichtige Rolle von Handel und Mission *Beispiel: Begegnung mit Japan und China; Sklavenhandel*
3. Kulturzusammenstoß	• ein Umschlagen friedlicher Kulturberührung in eine aggressive und gewaltsame Begegnung • Ausnutzung der militärisch-technischen Überlegenheit durch die Europäer • Bedrohung oder gar Auslöschung der kulturellen Existenz des militärisch Schwächeren *Beispiel: Vertreibung, Vernichtung und Versklavung der indigenen Bevölkerung*
4. Kulturverflechtung	• komplexe Akkulturationsprozesse und länger dauerndes Zusammenleben und Zusammenwirken von Bevölkerungsgruppen verschiedener Kulturen im selben geographischen Raum • intensive gesellschaftliche Durchdringung, beidseitiger Transfer von Kulturelementen • Herausbildung einer neuen Mischkultur • Bewusstsein eines verpflichtenden Aufeinanderangewiesenseins

Kulturelle Kontakte werden in Bitterlis Taxonomie je nach Dauer, Intensität und Grad der Gewaltsamkeit kategorisiert. Natürlich ist zu beachten, dass die Übergänge sich oft fließend gestalten. Mithilfe dieser Klassifizierung können Schülerinnen und Schüler interkulturelle Begegnungen als dynamisch und vielschichtig – sowohl in ihrer Bereicherung als auch mit ihrem ganzen Konfliktpotenzial – erfahren.

Das Konzept der „kulturellen Grenzen" nach Jürgen Osterhammel

Osterhammel nimmt folgende Einteilung und Abstufung der kulturellen Kontakte vor:[115]

1. Inklusion/ Integration	• friedliche Aufnahme des Fremden, strukturelle (nicht unbedingt auch gesinnungsmäßige) Toleranz, ethnisch-kultureller Pluralismus
2. Akkommodation	• beide Seiten stellen sich unter Beibehaltung der eigenen Identität aufeinander ein
3. Assimilierung	• die Angleichung des Fremden an das Eigene, mitunter bis hin zur Auflösung einer eigenen Identität der Fremdgruppe
4. Exklusion	• die Abschottung der eigenen Gesellschaft durch Abwehr von Fremden
5. Segregation	• die Ausgrenzung des Fremden, seine Isolierung von der einheimischen Umwelt – typischerweise unter Bedingungen rechtlicher und materieller Benachteiligung
6. Extermination	• (fast) völlige Vernichtung des Fremden z. B. durch Pogrome und Genozid

Diese Klassifizierung nimmt vor allem in den Blick, welche Abgrenzungspraktiken im Umgang mit dem Fremden angewandt werden.

4.5 Interkulturelles Geschichtslernen vs. Globalgeschichte?

In welcher Beziehung stehen nun Globalgeschichte und interkulturelles Geschichtslernen? Thomas Maissen definiert „global history" vornehmlich als eine Geschichte der Interdependenzen und Interaktionen von Gesellschaften und Kulturen[116]. Indem sich Globalgeschichte somit vor allem als eine „Interaktionsgeschichte innerhalb weltumspannender Systeme", als eine „Geschichte von Beziehungen und Korrespondenzen", eine Geschichte von „Wirkungen, die durch Kontakt hervorgerufen werden", definiert[117], spielen interkulturelle Austausch- und Kontaktsituationen vorrangig eine Rolle. Daher ist Globalgeschichte und interkulturellem Geschichtslernen gemeinsam, dass sie „Interaktionen zwischen Regionen und Nationen, aber auch zwischen Europa und der außereuropäischen Welt"[118] in den Blick nehmen. Ähnlich wie beim interkulturellen Geschichtslernen wird auch bei der Globalgeschichte der „analytisch ausgeleuchtete Rahmen über kulturelle Grenzen hinweg erweitert"[119]. Indem globalgeschichtliche Elemente in die Geschichtsbetrachtung eingeflochten werden und eine räumliche Weitung der Perspektive erfolgt, können die eigenen kulturellen Grenzen überschritten und (inter-)kulturelle Zusammenhänge aufgezeigt werden. Anhand dieser Definitionen zeigt sich eine große Schnittfläche zwischen Globalgeschichte und interkultureller Geschichtsbetrachtung; beide Felder der Geschichtsbetrachtung können nicht eindeutig voneinander unterschieden werden. Sowohl interkulturelle als auch globalgeschichtliche Zugriffe auf die Geschichtsbetrachtung haben zum Ziel, eine „vergleichsorientierte Fragehaltung"[120] aufzubauen und dem komparatistischen Prinzip einen entsprechend hohen Stellenwert beizumessen. Dadurch können der Lauf der Geschichte und die Genese historischer Phänomene noch stärker als ein Zusammenspiel sowohl endogener als auch exogener Faktoren wahrgenommen werden. Aus diesen Überlegungen heraus ergibt sich die Notwendigkeit, kultursensible Perspektiven mit den neuen globalgeschichtlichen Ansätzen zu verbinden und für den interkulturellen Geschichtsunterricht fruchtbar zu machen. Die Herausforderung des interkulturellen Geschichtsunterrichts liegt darin, unter Berücksichtigung globaler Bedingungen und mit Blick auf „global questions" interkulturell relevante und entsprechend didaktisch aufbereitete Themenfelder zu beleuchten sowie mit geeigneten methodisch-didaktischen Ansätzen zu verknüpfen. Im Vergleich zu den globalhistorischen Ansätzen geht es beim interkulturellen Geschichtslernen noch stärker um eine Veränderung der Perspektivenauswahl und -thematisierung und nicht so sehr um eine Veränderung oder eine Ausweitung der Thematisierungen.[121]

So lässt sich festhalten: Interkulturelles Geschichtslernen versucht insbesondere, globalgeschichtliche Austauschprozesse zu thematisieren, möglichst vernetzungsgeschichtlich zu denken und immer wieder historische Phänomene in Relation zum eigenen nationalen oder europäischen Kulturkreis zu setzen. Interkulturelles Lernen hat noch einen stärker vergleichenden Ansatz und geht konsequenter beziehungs- und transfergeschichtlichen Fragestellungen nach. Es besitzt einen klaren Adressaten- und Gegenwartsbezug, indem es das Geschichtslernen für Schülerinnen und Schüler in deutschen Klassenzimmern im Blick hat. Sowohl interkulturelle als auch globalgeschichtliche Ansätze erlauben nicht zuletzt einen weniger dogmatischen, weniger festgefahrenen und damit einen stärker experimentellen Zugriff auf Geschichte. Dies mag motivierend für Schülerinnen und Schüler sein, denn Geschichte präsentiert sich für die Lernenden noch stärker als eine „Spielwiese" und als ein „Denkfach".

4.6 Intersektionalität und der Diversity-Ansatz

Menschen gehören nicht nur einer Kultur an. Da es sich oftmals als schwierig erweist, zwischen einer intra- und interkulturellen Betrachtungsweise zu unterscheiden, wird zunehmend von einem Diversity-Ansatz gesprochen. Bei einer diversitätssensiblen Geschichtsbetrachtung können sich verschiedene Differenzkategorien überlagern. Der Diversity-Ansatz fußt auf dem Gedanken einer „Anerkennung des Rechts auf eine selbstbestimmte individuelle Lebensführung im Kontext der heutigen Pluralisierung von Lebensentwürfen, aber auch der gesellschaftlichen Machtverhältnisse und Ungleichheiten"[122].

In diesem Sinne muss interkulturelles Geschichtslernen im größeren Kontext einer „diversitätssensiblen und intersektionalen Zugangsweise"[123] zur Geschichte gesehen werden. Kultursensibles Lernen bedeutet deshalb auch, dass interkulturelles Lernen sich nicht nur auf Nationalität oder Ethnizität bezieht bzw. das Kulturverständnis ausschließlich an Staaten und Nationen festmacht, sondern auch auf Geschlecht, sexuelle Orientierung, soziale Herkunft, Religion, Behinderungen etc. eingegangen wird. Jedes Individuum zeichnet sich durch Mehrfachzugehörigkeiten zu verschiedenen Bereichen aus. Die verschiedenen Kategorien stehen aber nicht in einem additiven Verhältnis. Der Begriff „intersectionality" entstand im anglo-amerikanischen Kontext des „Black Feminism" und wurde 1989 erstmals von der US-amerikanischen Juristin Kimberlé Crenshaw eingeführt, die auf der Basis juristischer Fallanalysen aufzeigte, dass schwarze Frauen sowohl sexistische als auch rassistische Diskriminierung erfahren.

Damit haben wir es auch im Geschichtsunterricht unweigerlich mit einer Pluralität von Geschichten zu tun: Im Zuge einer Berücksichtigung von Diversität und Intersektionalität im Geschichtsunterricht wird Geschichte nicht mehr nur im Singular gedacht und verwendet. Vielmehr kann das Individuum sich am Schnittpunkt („intersection") mehrerer Kategorien befinden. Intersektionale Betrachtungsweisen nehmen dabei insbesondere das Zusammenwirken und die Interdependenzen unterschiedlicher Formen von Ungleichheit und Differenz, d.h. das Zusammenspiel unterschiedlicher Differenzkategorien, in den Blick. Man geht der Frage nach, wie gesellschaftliche Kategorien miteinander verwoben sind und sich miteinander verschränken. Der Intersektionalitätsansatz untersucht daher Phänomene, bei denen soziale Ungleichheiten aufeinandertreffen, und analysiert daraus resultierende gesellschaftliche Hierarchisierungen.

Während die Diversity- und Intersectionality Studies in den Politik-, Sozial- und Gesellschaftswissenschaften schon seit geraumer Zeit einen Boom erleben, setzt sich die Geschichtsdidaktik erst jüngst mit diesen Forschungszugängen auseinander – gerade Aspekte der Intersektionalität sind bisher noch kaum von der Geschichtsdidaktik aufgegriffen worden. Jedoch sieht Martin Lücke vor allem in den Strukturvorgaben, die die Diversity- und Intersectionality Studies liefern können, ein großes fachdidaktisches Potenzial. Als „heuristische Sehhilfe" können sie zum einen historisches Wissen ordnen[124], indem Herrschaftsstrukturen, Ungleichheiten und soziale Differenzierungen analysiert, aber auch Schnittstellen, an denen sich die unterschiedlichen Kategorien kreuzen, offengelegt werden. Bei den Schülerinnen und Schülern kann ein Kategorienbewusstsein, d.h. die „Fähigkeit zu erkennen, mittels welcher Differenzkonzepte soziale Ungleichheiten hergestellt wurden", gestärkt werden.[125] Zum anderen stellt sich für die Geschichtsdidaktik aktuell auch die Frage nach der geeigneten Themenfindung, auf die in diesem Kapitel ebenfalls kurz eingegangen werden soll.

Welche Formen einer soziokulturellen Ungleichheit gibt es? Der hier ausgewählte Ansatz des Bielefelder Sozialwissenschaftlers Wilhelm Heitmeyer geht über die „klassische" Trias „race", „class" und „gender" hinaus. Er unterscheidet folgende Kategorien der sogenannten „Gruppenbezogenen Menschenfeindlichkeit"[126]:

> **Fremdenfeindlichkeit** ist die Abwertung von Menschen, die als ethnisch oder kulturell ‚fremd' oder ‚anders' kategorisiert werden.
>
> **Rassismus** umfasst jene Einstellungen und Verhaltensweisen, die Abwertungen mit einer konstruierten ‚natürlichen' oder ‚biologisch fundierten' Höherwertigkeit der Eigengruppe bzw. einer Minderwertigkeit einer identifizierten Fremdgruppe begründen.
>
> **Antisemitismus** wird als feindselige Mentalität gegenüber Juden in all ihren Facetten definiert.
>
> **Islamfeindlichkeit** benennt ablehnende Einstellungen gegenüber Muslimen, ihrer Kultur und ihren öffentlich-politischen wie religiösen Aktivitäten.
>
> **Etabliertenvorrechte** bezeichnen die Befürwortung einer Vorrangstellung von Alteingesessenen im Vergleich zu Neuankömmlingen, gleich welcher Herkunft. Neuankömmlingen werden gleiche Rechte vorenthalten und somit wird der Grundsatz der Gleichwertigkeit unterschiedlicher Gruppen verletzt.

Sexismus betont die Unterschiede zwischen den Geschlechtern im Sinne einer Demonstration der Überlegenheit des Mannes und die Befürwortung einer traditionellen Rollenverteilung zu Lasten der Gleichwertigkeit von Frauen.

Homophobie bezeichnet feindselige Einstellungen gegenüber Homosexuellen aufgrund eines „normabweichenden" sexuellen Verhaltens und die Verweigerung gleicher Rechte.

Abwertung von Behinderten bezeichnet feindselige Einstellungen gegenüber Menschen mit körperlichen oder geistigen Besonderheiten, die dadurch als von einer „Normalität" abweichend betrachtet werden.

Abwertung von Obdachlosen zielt in feindseliger Absicht auf jene Menschen, die Normalitätsvorstellungen eines geregelten Lebens nicht nachkommen.

Abwertung von Langzeitarbeitslosen: Die Gruppe der Langzeitarbeitslosen wird unter dem Gesichtspunkt mangelnder Nützlichkeit für die Gesellschaft in den Fokus der Abwertung gerückt.

Im Geschichtsunterricht geht es nicht darum, ein additives Nebeneinander dieser verschiedenen Kategorien zu etablieren und diese isoliert voneinander zu untersuchen, sondern entstehende Synergien zu nutzen sowie ein komplexes und vernetztes Geschichtsdenken zu befördern. Der Ansatz einer Intersektionalität negiert daher auch eine klare Trennung in homogene Gruppen und eine damit verbundene Bipolarität, wodurch eine Klassifizierung in „Wir" und „die Anderen" unmöglich wird. Gleichermaßen wird eine eindimensionale Perspektive auf ein Phänomen abgelehnt. Anhand der für dieses Buch ausgewählten Praxisbeispiele für interkulturelles Geschichtslernen werden nach Möglichkeit Felder der Intersektionalität aufgezeigt.

Der Diversity-Ansatz beinhaltet auch eine Warnung davor, vereinfachte Klassifikationen für historische Phänomene zur Anwendung zu bringen. Er geht Fragestellungen zur Konstruktion und Wahrnehmung von „Andersheit" nach. Intersektionale Ansätze nehmen insbesondere in den Blick, wie Differenzierungskategorien wie Geschlecht, Behinderung und Ethnie miteinander verwoben sind und sich dadurch soziale Ungleichheiten ergeben und sogar potenzieren können. Als Beispiele für kultur- und diversitätssensible Themenbereiche sei kurz auf die Gender Studies und die Disability Studies eingegangen.

Bereits in den 1970er Jahren wurde von Geschichtsdidaktikern gefordert, die sogenannte Frauengeschichte in den Geschichtsunterricht zu integrieren und den bisherigen Geschichtsunterricht einer Revision zu unterziehen. Jedoch lief man mit der Zeit Gefahr, Frauengeschichte als eine Geschichte von Benachteiligung und Diskriminierung zu erzählen und Frauen in einer Opferrolle festzuschreiben. Dies hatte eine Auseinanderentwicklung von Fachwissenschaft und Fachdidaktik Mitte der 1980er Jahre zur Folge.[127] 2001 forderte Susanne Popp einen geschlechtersensiblen und geschlechtergeschichtlich ausgerichteten Geschichtsunterricht, der Gender als historisch wandelbare Kategorie in den Blick nimmt.[128] Zu Beginn des 21. Jahrhunderts bestand die Weiterentwicklung der sogenannten Frauengeschichte besonders darin, Geschlecht in seiner Historizität wahrzunehmen. Aus der ursprünglichen Frauengeschichte hat sich so die Geschlechtergeschichte herausentwickelt, die sich zum Ziel setzt, verstärkt die Geschlechterperspektiven miteinzubeziehen und ein Genderbewusstsein zu schaffen. Dabei „rücken nicht nur Männer und Frauen als Personen ins Blickfeld, sondern zugleich auch das Verhältnis der Geschlechter zueinander, deren soziale Platzierung und Handlungsräume, wie auch die Geschlechterdifferenz mit allen daran geknüpften Berechtigungen, Zuschreibungen und Machtverhältnissen"[129], wie Brigitte Dehne in ihrer 2007 veröffentlichten Monographie festhält. Eine enge Verzahnung von Theoriemodellen und Praxisbeispielen bietet der Sammelband „Gender in Geschichtsdidaktik und Geschichtsunterricht" (2016)[130], der auch das weite Feld des gendersensiblen Geschichtsunterrichts absteckt. Darin wird aufgezeigt, wie sich gendersensible Geschichte zunehmend mit dem Themenfeld „sexuelle Vielfalt" beschäftigt. Dabei werden genderspezifische Normen und Traditionslinien als historisch geworden und damit als Konstrukte entlarvt.[131] Auch die Queer Studies, die in der Geschichtsdidaktik bisher noch kaum Berücksichtigung finden, sind hier zu verorten. Immer noch stellt es jedoch ein Desiderat dar, die vorliegenden geschichtswissenschaftlichen Ergebnisse der Geschlechtergeschichte für den Geschichtsunterricht umfassend didaktisch fruchtbar zu machen.

Bereits 2004 wies Bettina Alavi auf die Notwendigkeit hin, im Geschichtsunterricht „Männlichkeiten im Plural" zu denken.[132] Der Sammelband „Helden in der Krise. Didaktische Blicke auf die Geschichte der Männlichkeiten" (2013)[133] nimmt sich des Themenfeldes der Männlichkeitengeschichte ausführlich an und entwirft hierfür didaktische Perspektiven: Dabei werden insbesondere der Umgang mit devianten Männlichkeitstypen in der Geschichte, die Auseinandersetzung der Schülerinnen und Schüler mit unterschiedlichen Rollenentwürfen und -alternativen für Jungen und Männer im Wandel der Zeit sowie der Konstruktcharakter eines männlichen Idealtypus als didaktisch besonders reizvoll erachtet. Während jedoch z.B. in der fachwissenschaftlichen Forschung das Thema der männlichen Homosexualität gut erschlossen ist, führt es im Geschichtsunterricht bisher – mit Ausnahme der Verfolgung in der Zeit des Nationalsozialismus – noch ein Nischendasein. Daher mag es nicht verblüffen, dass die Konzeption von entsprechenden Unterrichtsmaterialien noch in den Kinderschuhen steckt. Martin Lücke nennt drei zentrale Gründe, warum die Beschäftigung mit männlicher Homosexualität jedoch ein Must-have des Geschichtsunterrichts ist: Sexuelle Identitätsentwürfe der Gegenwart können als historisch gewachsen und damit als historische Konstrukte entlarvt werden, wodurch scheinbar Natürliches dekonstruiert werden kann. Des Weiteren kann die Betrachtung von Homosexualität in Geschichte und Gegenwart „das Bewusstsein für Perspektivität schärfen und gleichzeitig die historische Dimension gesellschaftlicher Stigmatisierungsprozesse aufzeigen". Schließlich gilt es – im Sinne einer Orientierungsfunktion –, die „historische Vielfalt von Männlichkeitsentwürfen" z.B. im Kontext der männlichen Prostitution in den Blick zu nehmen.[134]

Lernmodule, wie sie etwa auf queerhistory.de zu finden sind, sind erste konkrete Angebote für den Geschichtsunterricht zum Thema der sexuellen und geschlechtlichen Vielfalt.[135] Das online-basierte Angebot stellt Unterrichtsmaterialien z.B. zu folgenden Themenbereichen zur Verfügung: Verbotene Liebe heute und verbotene Liebe im Mittelalter, Verfolgung schwuler Männer durch Paragraf 175, Homosexualität in der DDR, Empfängnisverhütung im 20. Jahrhundert etc. Weitere unterrichtspraktische und konkret ausgestaltete Module stellt das „Archiv der anderen Erinnerungen" in Form von Videointerviews zu Lebensgeschichten von Lesben, Schwulen, Bisexuellen, Transgender, trans- und intersexuellen/-geschlechtlichen Menschen (LSBTTI) zur Verfügung.

Ähnlich wie das „Fremde", das „Schwache" oder das „Andere" markiert Behinderung „eine gesellschaftlich marginalisierte Position" und hat „entweder soziale Ungleichheit begründet oder aber als Legitimation für die Aufrechterhaltung gesellschaftlicher Hierarchien gedient"[136]. Daher kann Behinderung – ähnlich wie genderspezifische Konstrukte – auch als das „Produkt kultureller Werte"[137] betrachtet werden. Unter den Disability Studies versteht man unter anderem den „Versuch, die gesellschaftlichen Ausgrenzungs- und Diskriminierungsmechanismen zu erkunden, die eine bestimmte soziale Randgruppe, nämlich Menschen, die als ‚behindert' gelten, überhaupt erst haben entstehen lassen"[138]. Dabei widmet man sich sozial- und kulturwissenschaftlichen Fragestellungen nach der Wahrnehmung von „Andersheit" und „Normalität", dem Konstruktcharakter von Behinderung und Mechanismen der gesellschaftlichen Exklusion und Inklusion. Die Disability History untersucht im Speziellen Zusammenhänge von Gesellschaft und Behinderung in der Geschichte. Als ergiebige und repräsentative Themenfelder für den Geschichtsunterricht, die sich an bisherige Curricula gut andocken lassen, schlägt Heike Wolter folgende Themenbereiche vor:[139]

- Umgang mit körperlich beeinträchtigten Menschen (insbesondere Neugeborene) in Sparta,
- Ausschluss von Behinderten aus der mittelalterlichen Ständegesellschaft; soziale Fürsorge durch christliche Armenfürsorge,
- Errichtung von Anstalten in der Frühen Neuzeit,
- Entdämonisierung von Behinderung in der Aufklärung, Entstehung der Psychiatrie im 20. Jahrhundert,
- Behinderungen im Zuge des Ersten Weltkriegs,
- Rassenhygiene im NS-Staat,
- Umgang mit den Opfern des Contergan-Skandals.

Die Schulbuchforschung hat gezeigt, dass die „Dimensionen von Differenz (etwa Alter, Behinderung, Geschlecht) [...] im Spiegel der bisherigen Forschung durch die Fixierung auf Kultur ins Abseits"[140] geraten und weniger Aufmerksamkeit erlangt haben. Daraus ergibt sich die Notwendigkeit, dass interkulturelles und diversitätssensibles Geschichtslernen zusammengedacht werden müssen. Wie soll nun mit dem Anderen als Sujet im Geschichtsunterricht umgegangen werden?

Einer Beschäftigung mit dem Anderen – in einer weitestmöglichen Definition – können die folgenden Leitprinzipien zugrunde gelegt werden:

1. Das Andere sollte nicht als eine in sich homogene Gruppe dargestellt werden. Wie intersektionale Ansätze betonen, muss auch den Anderen eine Pluralität von Rollen zugestanden werden. Es gibt keine klar umrissenen Differenzierungskategorien, sondern vielmehr kulturelle Verflechtungen und eine Überlagerung der Analysekategorien bei den einzelnen Subjekten.

2. Es gilt zwar, Exklusions- und Marginalisierungsmechanismen zu untersuchen und den „Prozess des Othering"[141] intensiv zu beleuchten. Gleichzeitig sollte den „anderen" Gruppen aber nicht eine ausschließlich passive Rolle zugewiesen werden. Vielmehr ist

ein Perspektivwechsel zu vollziehen, um die Anderen auch als handelnde Subjekte in der Geschichte wahrnehmen und ihr Handlungspotenzial adäquat ausloten zu können.

3. Die Geschichte der Anderen sollte im Geschichtsbuch und im Geschichtsunterricht nicht zu einem bloßen Additum – z. B. in Form von Exkursen und Wahlmodulen – werden. Ein solcher Umgang mit den „anderen Geschichten" hätte eine bloße Alibifunktion.

4. Bei der Auseinandersetzung mit dem Eigenen und dem Fremden ist es notwendig, eine konsequent multiperspektivische Betrachtungsweise anzuwenden.

5. Im Rahmen des Geschichtsunterrichts gilt es, Fremdverstehen bei den Schülerinnen und Schülern zu befördern, durch den Sichtwechsel eine permanente Selbstreflexion anzustoßen und dadurch die „vermeintliche" Normalität stets kritisch zu hinterfragen. Sowohl „Normalität" als auch eine Zuweisung zur Gruppe der Anderen sind ein kulturelles Konstrukt und sind in ihrer Historizität zu begreifen.

6. Dadurch können „andere Geschichten" erzählt und ein Prozess des „Neuschreibens" von Geschichte angestoßen werden. Das Narrativieren von Geschichte basiert gleichsam auf einem „Ringen um Geschichtsdeutungen".

7. Die Geschichte der Anderen sollte von der Lebenswelt der Jugendlichen ausgehen und Bedeutung für die Lebenswirklichkeit junger Menschen haben.

Im Hinblick auf die konkrete Unterrichtspraxis sei hier auf einen weiteren zentralen Aspekt des Diversity-Ansatzes hingewiesen: Ein diversitätssensibler Geschichtsunterricht berücksichtigt auch die Heterogenität im Klassenzimmer, das als „Kontaktzone der Geschichtsvermittlung" verstanden wird. Dort treffen unterschiedliche soziale und kulturelle Positionen aufeinander.[142] In der logischen Konsequenz ist es notwendig, subjektorientierte Zugänge für das Lernen zu schaffen. Dabei geht es darum, für die Lernenden „Lerngelegenheiten zu schaffen", in denen sie „als Subjekte ihre eigenen Sinnbildungen entfalten können, ohne diesen Prozess durch Zuschreibungen zu verengen", und sie somit zu Subjekten ihres Denkens und Handelns zu machen.[143]

4.7 Interkulturelles Geschichtslernen und inklusives Geschichtslernen

Die Geschichtsdidaktik widmet sich seit ein paar Jahren verstärkt dem Thema „inklusives Lernen" in Theorie, Empirie und Praxis. Dies geschieht mit der Zielsetzung, für eine heterogene Schülerschaft inklusive Settings zu schaffen, Zugangsbarrieren abzuschaffen und damit die Teilhabe aller am Geschichtsunterricht zu ermöglichen. In Vorbereitung befindet sich momentan das „Handbuch Diversität im Geschichtsunterricht. Zugänge einer inklusiven Geschichtsdidaktik", das unterschiedliche Ansätze aus dem Bereich der Geschichtsdidaktik, der Erziehungswissenschaften und der Diversity Studies in sich vereinen soll.[144]

Sowohl inklusives als auch interkulturelles Lernen basiert auf einer subjektorientierten Geschichtsdidaktik und versteht das „Individuum mit all seinen Stärken, Schwächen und subjektiven Vorstellungen"[145] als Zentrum des Geschichtslernens. Weitere Gemeinsamkeiten, die Ewald Freyerer 2016 in seiner Charakterisierung von inklusivem Geschichtsunterricht vorbringt, sind: Heterogenität wird als Normalität betrachtet und sie bezieht sich auf die „gesamte Bandbreite gesellschaftlicher Buntheit"[146], derer man durch umfassende didaktisch-methodische Maßnahmen zu begegnen versucht.

Zunehmend wird von einem erweiterten Inklusionsbegriff ausgegangen, der sich nicht nur an der Kategorie der sogenannten körperlichen und geistigen Behinderung orientiert. D. h. die Teilhabe am Unterricht soll unabhängig von ethnischer und kultureller Herkunft, sozialem und wirtschaftlichem Status, Alter, Geschlecht, Behinderung, Religion oder Weltanschauung und sexueller Orientierung erfolgen. Im Kontext der Migrationsgesellschaft hätte eine weitestgehend national ausgerichtete Geschichtsbetrachtung zwangsläufig eine exkludierende Wirkung. 2014 widmete sich auf dem 50. Deutschen Historikertag in Göttingen die Sektion „Geschichtsunterricht ohne Verlierer? Inklusion als Herausforderung für die Geschichtsdidaktik in Theorie, Empirie und Pragmatik" auch Fragestellungen zu einer inhaltlichen Neuausrichtung des Geschichtsunterrichts.[147] Prinzipiell lässt sich sagen, dass ein inklusiver Geschichtsunterricht ein besonderes Augenmerk auf eine diversitätssensible Auswahl von Inhalten legt.

So fragt eine inklusiv ausgerichtete Geschichtsdidaktik nach „neuen Geschichten, mit denen sich Marginalisierte [...] einen Geltungsstatus als historische Subjekte erkämpfen können und mit denen sie außerdem ihren sozialen Bewegungen, ihren Kollektiven (auch jenseits eines nationalen Referenzrahmens) die Wirkungsmacht als historische Institutionen zuweisen"[148]. Daher möchte ähnlich wie interkulturelles Lernen auch inklusives Lernen „dominanzkulturell kommunizierte Geschichte"[149] aufbrechen und Geschichte konsequent im Plural denken.

In einem Werkstattbericht aus der Rahmenlehrplanentwicklung in Berlin und Brandenburg weisen Christoph Hamann und Birgit Wenzel auf folgende für den Geschichtsunterricht gewinnbringende thematische Kategorien hin: z.B. Verschiedenheit und Vielfalt, Ungleichheit, Benachteiligung und Vulnerabilität, Ausgrenzung und Partizipation, Armut und Reichtum, Geschlechteridentitäten (z.B. Frauenbilder, Männerbilder, sexuelle Vielfalt), Völkermorde und Massengewalt, Feindbilder.[150] Viele dieser Kategorien eignen sich als Längsschnitte und vermögen es, das chronologische Geschichtslernen aufzubrechen. Eine Herausforderung mag sicherlich darin liegen, dass sich die Quellenlage oftmals als wenig ergiebig erweist, zumindest wenn man den Anspruch hat, Personen der jeweiligen benachteiligten Gruppe als handelnde Subjekte der Vergangenheit in Erscheinung treten zu lassen.

5. Geschichtsunterricht postkolonial: Der kleine Bruder des interkulturellen Geschichtslernens?

Es gibt viele Schnittstellen zwischen einem postkolonial orientierten Geschichtsunterricht und einem interkulturell sensiblen Geschichtslernen. So enthalten postkoloniale Perspektiven eine grundsätzliche „Kritik an der Vorstellung, die europäische bzw. westliche Entwicklung sei abgekoppelt vom ‚Rest‘ der Welt verlaufen und könne daher aus abendländischen Besonderheiten heraus verstanden werden"[151]. Ähnlich wie beim interkulturellen Geschichtsunterricht sollen die Perspektiven der Anderen – im Falle des postkolonial orientierten Geschichtsunterrichts die der Kolonisierten – verstärkt einbezogen werden und soll Fragen kultureller Identitätsbildungen nachgegangen werden.

Ein postkolonialer Zugriff auf Geschichte ist weit mehr als eine kritische Auseinandersetzung mit kolonialen Denkmustern. Aus der Erkenntnis heraus, dass europäische und außereuropäische Geschichte unweigerlich miteinander verflochten sind, besteht ein wichtiges Ziel des Ansatzes darin, den Eurozentrismus aufzubrechen und die Perspektive auf Geschichte zu weiten. Was ist unter Eurozentrismus im postkolonialen Kontext zu verstehen? Moderne Errungenschaften wie z.B. Industrialisierung, Demokratisierung und die Herausbildung von Nationalstaaten werden als europäische Leistungen verstanden; von Europa aus habe dann eine Europäisierung der Welt durch die Ausbreitung europäischer Errungenschaften stattgefunden. Postkoloniale Ansätze betonen stattdessen die kulturelle Eigenständigkeit der nichtwestlichen Welt. Indem der indische Historiker Dipesh Chakrabarty fordert, „Europa zu provinzialisieren"[152], werden Überlegenheitsvorstellungen dekonstruiert und verliert Europa die Deutungshoheit.

Postkoloniale Ansätze gehen von Interdependenzen zwischen Europa und den Kolonien aus: So steht zwar außer Frage, dass die europäische Kolonialherrschaft enorme Auswirkungen auf die postkolonialen Gesellschaften hatte. Jedoch wurden lange die Beziehungen zwischen Kolonialmacht und Kolonien als eindimensional – quasi als Einbahnstraße – dargestellt und die Auswirkungen der europäischen Expansion auf Europa und die damit einhergehenden Veränderungen zu wenig berücksichtigt. Besonderheiten und Eigendynamiken der lokalen Gesellschaften und Kulturen sollen im Sinne des postkolonialen Ansatzes stärker berücksichtigt werden. Neben Themenfeldern wie Wirtschaft und Herrschaft wird der Blick zunehmend auf Kulturbegegnungen sowie auf Eigen- und Fremdsichten gelenkt. In diesem

Sinne wird die europäische Expansion vor allem als „globale Interaktion" und als „transkultureller Prozess" verstanden, der viele kulturelle Kontakte, d.h. mannigfaltige Begegnungssituationen des Mit- und Gegeneinanders, beinhalten kann.[153] Das Zeitalter des Imperialismus soll dabei als ein „europäisches wie außereuropäisches Gesamtphänomen"[154] verstanden werden, wodurch die Betrachtung von Geschichte transnationale Facetten erhält. Neben der Überwindung einer eurozentrischen Sichtweise geht es bei postkolonialen Zugängen auch darum, „Formen des Weiterwirkens der Kolonialgeschichte"[155] zu untersuchen: Kolonialismus entpuppt sich dabei als ein komplexes „entanglement"[156], als eine komplexe Verflechtungsbeziehung zwischen europäischen und außereuropäischen Kulturen sowohl in der Vergangenheit als auch in der Gegenwart.

Dies bedeutet für die Praxis des interkulturellen Geschichtsunterrichts, dass sich Geschichte bei der Behandlung von Kolonialismus und Imperialismus nicht nur um die Kolonialmacht zentrieren sollte. Ziel einer postkolonialen Geschichtsdidaktik ist auch, die „vereinfachenden Dichotomien von aktiven, schier übermächtigen deutschen Kolonisatoren und handlungsunfähigen Afrikanern, die dem Kolonialismus hoffnungslos ausgeliefert sind", sowie „binäre Denkmuster" aufzubrechen.[157] Kolonisierte werden daher verstärkt als Akteure, als Subjekte und damit als geschichtlich Handelnde wahrgenommen. Des Weiteren sollen die Schülerinnen und Schüler erkennen, dass die koloniale Vergangenheit in den Metropolen und damit in ihrem Alltag immer noch präsent ist. So können sich Lernende z.B. mit der Umbenennung von kolonialen Straßennamen, den Diskussionen um die Entschädigungsforderungen der Herero und den bis heute bestehenden Folgen des Kolonialismus und der Dekolonisation auseinandersetzen.

Im Hinblick auf die Praxis des Geschichtsunterrichts kann die Geschichte des Kolonialismus und des Imperialismus als ein „ausgezeichnetes Lernfeld im Hinblick auf historische und gegenwärtige Prozesse von Fremdverstehen"[158] bezeichnet werden. Insbesondere koloniale Gesellschaften gestalteten sich als plurale Gesellschaften. Die „Kolonisierung" der indigenen Bevölkerung fand in unterschiedlichen Abstufungen und Ausprägungen statt. Obgleich Kolonialismus von Vorstellungen der kulturellen Hegemonie und von kultureller Arroganz vonseiten der Kolonisierenden geprägt war, gilt es auch zu berücksichtigen, dass sowohl die Kolonisierten als auch die Kolonisierenden sich ihrem neuen Umfeld anpassten und sich dadurch neue kulturelle Identitäten herausbildeten, die von Hybridität geprägt waren.

Dadurch dass die Deutschen nach dem Ersten Weltkrieg ihre Kolonien an andere europäische Staaten abgetreten haben, setzte in Deutschland recht verspätet eine Auseinandersetzung mit der eigenen kolonialen Vergangenheit ein. Lange Zeit spielte die deutsche Kolonialgeschichte eine eher untergeordnete Rolle im Geschichtsbewusstsein der Deutschen. So sei laut dem Historiker Jürgen Zimmerer der Umgang mit der Kolonialgeschichte von einer „koloniale[n] Amnesie" geprägt; anders als zum Nationalsozialismus sei zum Kolonialismus „insgesamt noch keine kritische Haltung entstanden"[159]. Kolonialgeschichte wird in der Regel als „Anhängsel der Geschichte des Kaiserreichs"[160] bzw. als Vorspiel zum Ersten Weltkrieg wahrgenommen und entsprechend unterrichtet. In dieser Sandwich-Position führt sie auch im Geschichtsunterricht bislang noch eher ein Nischendasein bzw. fehlt ihr eine klare methodisch-didaktische Konturierung. Durch Überschneidungen der eigenen mit der fremden Geschichte und durch ein Aufeinandertreffen unterschiedlicher Geschichtskonstruktionen bedarf Kolonialgeschichte jedoch eines postkolonialen Dialogs in Gegenwart und Zukunft, der bis in die Klassenzimmer hineinreicht.

Beispiel 1: Ife-Kultur

Bis heute ist zu beobachten, dass Afrika an die „Peripherie des Weltgeschehens" gedrängt und mit Katastrophenmeldungen in Verbindung gebracht wird.[161] Lange war der Blick auf den afrikanischen Kontinent außerdem von vielen Vorurteilen geprägt:

„Die Mär von der Geschichtslosigkeit hängt mit dem verbreiteten Verständnis zusammen, dass nur das als historisch bedeutsam anzuerkennen sei, was schriftlich überliefert ist. Demnach setzt die Geschichte Afrikas erst mit dem Kolonialismus ein, die Zeit davor habe lediglich, wie es der britische Historiker Hugh Trevor-Roper in den sechziger Jahren drastisch formulierte, aus dem ‚Treiben barbarischer Stämme in pittoresken, aber wenig relevanten Weltgegenden' bestanden."[162]

Dieser „Mär" steht der kulturelle und geschichtliche Reichtum Afrikas entgegen. Denn der afrikanische Kontinent ist „nicht nur geschichtsträchtig, die Menschen besitzen auch großes Interesse an ihrer Geschichte"[163]. Eine differenzierte Sichtweise auf den afrikanischen Kontinent, eine Relativierung europäischer Kulturleistungen und eine Berücksichtigung des afrikanischen Selbstverständnisses müssen deshalb Ziel eines interkulturell sensiblen Geschichtsunterrichts sein. Hinzu kommt, dass den Schülerinnen und Schülern relativ wenig über die Geschichte Afrikas vor der Kolonisierung des Kontinents bekannt ist. Fälschlicherweise mag der Eindruck entstehen, dass Afrika nur beim transatlantischen Sklavenhandel und dann mit dem seit der zweiten Hälfte des 19. Jahrhunderts einsetzenden Imperialismus überhaupt eine Rolle spielte – also immer dann, wenn der Kontinent mit Europa in Kontakt stand und die Afrikaner Objekte wirtschaftlicher Ausbeutung und europäischer Kolonialisierung geworden sind. Wie kann hier im Sinne einer ganzheitlichen Geschichtsbetrachtung gegengesteuert werden? Indem sich die Schülerinnen und Schüler gleich zu Beginn der Unterrichtseinheit zu „Imperialismus und Kolonialismus" mit der Ife-Kultur als einem Beispiel für eine afrikanische Hochkultur auseinandersetzen, kann es gelingen, ein klischeebehaftetes Afrikabild aufzubrechen und die afrikanische Bevölkerung als Gestalter der afrikanischen Geschichte darzustellen.

Der deutsche Forschungsreisende und Ethnologe Leo Frobenius stieß bei seinen Ausgrabungen in der Stadt Ife im Westen des heutigen Nigeria im Jahr 1910 auf kunstvolle Skulpturen aus Ton und Bronze der Ife-Kultur. Voller Bewunderung begegnete Frobenius den Funden:

M1

Der Alte [...] haspelte dann ein Etwas aus dem Sack, das stellte er auf die Steine, und dann – ja, dann musste ich mir einmal über die Augen streichen und mich ins Bein kneifen, ersteres, um zu sehen, ob ich nicht träume, letzteres, um meiner Jubelstimmung eine unmerkliche Ablenkung zu geben. Vor uns stand ein wundervoll gegossener alter Bronzekopf von ausnehmender Schönheit und Lebenswahrheit, überzogen von einer dunkelgrünen, schönen Patina. [...] Meinen Gefährten erging es wie mir. Unwillkürlich waren wir wie auf Verabredung still.

Frobenius, Leo 1912: Und Afrika sprach. Bericht über den Verlauf der 3. Reise = Periode der D. J. A. F. E. in den Jahren 1910 bis 1912. Berlin, S. 96 f.

Nach der Lektüre dieses Berichts können die Schülerinnen und Schüler zunächst erste eigene Schlussfolgerungen und Hypothesen über diesen Fund anstellen. Da die Schönheit und Ausdruckskraft der Kunstwerke sowie die hoch entwickelte Gusstechnik damals aber nicht in das Weltbild der Europäer vom unterentwickelten und geschichtslosen afrikanischen Kontinent passten, schlussfolgerte Frobenius – aus einem kulturell bedingten Informationsdefizit – heraus:

M2

Inzwischen entdeckten Martius und ich wiederum noch etwas viel Wesentlicheres: Neben dem Kopfe waren einige rotbraune Terrakottascherben in den Boden gedrückt. Es waren die letzten Trümmer eines Menschengesichts. Als ich diese Scherben sah, verstand ich das, was mir die Leute in Timbuktu erzählt hatten: hier gab es die Reste einer uralten und vornehmen Kultur, die unendlich erhaben wird über den verhältnismäßig groben und noch nicht einmal gut erhaltenen Steinbildnissen. Denn aus diesen kümmerlichen Bruchstücken sprach ein Ebenmaß, eine Lebensfrische, der Ausdruck einer direkt an Altgriechisches erinnernden Formfeinheit, der Beweis einer hier von alters angesessenen, unnegerhaften Edelrasse, dass überhaupt kein Zweifel mehr an dem Wert des Gefundenen bestehen konnte. Hier äußerte sich unbedingt Fremdes und uralte Kultur.

Frobenius, Leo 1912: Und Afrika sprach. Bericht über den Verlauf der 3. Reise = Periode der D. J. A. F. E. in den Jahren 1910 bis 1912. Berlin, S. 87.

Frobenius glaubte deshalb schließlich, Überreste des sagenhaften antiken Atlantis, einer verschollenen Kolonie des klassischen Griechenland, gefunden zu haben. Erst später fand man heraus, dass die Kunstwerke der westnigerischen Ife-Kultur zuzuordnen und vor dem Ende des 14. Jahrhunderts entstanden sind. Urbane Strukturen sind für die Kultur der Ife sogar seit dem 11. Jahrhundert bezeugt. In einem zweiten Schritt können nun die Schülerinnen und Schüler ihre eigene Schlussfolgerung mit der von Frobenius vergleichen, die Differenz zu erklären versuchen und interkulturelles Lernen auf einer Metaebene reflektieren. Durch eine intensivere Beschäftigung mit den kulturellen Leistungen der Ife z. B. anhand von Abbildungen zu den Sachquellen können die Schülerinnen und Schüler schließlich erkennen, dass der afrikanische Kontinent eine eigenständige Entwicklung – unabhängig von Europa – erfahren hat und Afrikaner als „geschichtlich Handelnde in Erscheinung treten"[164]. Am Ende kann bei den Lernenden die Einsicht stehen, dass unsere eigenen kulturellen Leistungen als eine von vielen einzustufen ist. Folgende Leitfragen ermöglichen einen Transfer zwischen den Erfahrungen von Frobenius und interkulturellem Lernen in deutschen Klassenzimmern des 21. Jahrhunderts und können ein reflektiertes Geschichtsbewusstsein befördern:

Frobenius M1+M2	Zu welchem Forschungsergebnis gelangt Frobenius?
	Wodurch gelangt Frobenius zu einer fehlerhaften Schlussfolgerung?
	Was kann Frobenius machen, um seinen Fund doch noch richtig einzuschätzen?
Interkulturelles Lernen heute	Durch welche Faktoren wird unser Blick heute auf Geschichte bestimmt?
	Vor welchen Schwierigkeiten können wir stehen, wenn wir uns mit außereuropäischer Geschichte beschäftigen?
	Welche Möglichkeiten gibt es, diese Schwierigkeiten zu überwinden?

Diskussion: Ist nicht jeder von uns ein „Frobenius"?

Erläuterung der Frage in eigenen Worten:

Pro-Argumente: Kontra-Argumente:
•   •
•   •

Fazit:

Beispiel 2: Verbot von Mischehen in Deutsch-Südwestafrika

Das Verbot von Mischehen in Deutsch-Südwestafrika (1905) ist ein Beispiel für eine Abgrenzungspraktik in interkulturellen Kontaktsituationen. Hierbei wird deutlich, wie zu Beginn des 20. Jahrhunderts die Grenze zwischen Europäern und unterworfener Bevölkerung strenger gezogen wird, was durch vermehrtes Denken in biologischen Rassekategorien bedingt ist. Koloniale Räume konnten sich in der Praxis zu hybriden Konstrukten entwickeln. Dies führte zu Unsicherheiten bei der Abgrenzung von „weiß" und „schwarz" und stellte die koloniale Ordnung infrage. Theodor Leutwein, der bis 1905 Gouverneur von Deutsch-Südwestafrika war, sieht die Begründung für das Verbot in der zivilisatorischen Überlegenheit der „weißen Rasse":

M3

Bei dem Mangel an weissen Mädchen im Schutzgebiete fehlt diesen alten Soldaten, deren bereits etwa 250 bei uns vorhanden sind, alle und jede Möglichkeit, solche überhaupt kennen zu lernen. Infolgedessen fangen dieselben an, sich mit eingeborenen Mädchen zu verbinden. Wohin das führt, hat Bergrat Busse in Koblenz, welcher sich mit dieser Frage eingehend beschäftigt hat, treffend wie folgt ausgeführt: „Es ist eine bekannte Thatsache, dass sich bei Mischehen zwischen Weissen und Farbigen die schlechten Eigenschaften der Eltern auf die Kinder im höheren Grade vererben, als die guten. Diese bei […] den Mischlingen in Ostafrika scharf hervortretende Thatsache hat sich auch bei den Bastards in Südwestafrika bestätigt, die, wenn auch entschieden höher stehend, als die Hottentotten, Namas und Buschleute, doch bei weitem unter der Wertstufe ihrer germanischen Voreltern geblieben sind. Und die Ehen, welche in neuerer Zeit unter den Augen der Missionare zwischen Weissen und Bastards- oder Hottentottenmädchen geschlossen sind, haben kein besseres Resultat erzielt. Nicht die Frau und die Nachkommenschaft steigt herauf zu der Bildungsstufe des weissen Mannes und Vaters, sondern der Mann sinkt zurück auf diejenige der Frau. Sein Haus wird nicht zur Stätte deutschen Wesens und deutschen Familienlebens, sondern er verlumpt und verkommt mehr oder minder in seiner Hütte, die den Stempel durch das Wesen der Frau aufgedrückt erhält und den Mann nach vielleicht anfänglichem Sträuben schliesslich in seinem Denken und Handeln auf den Standpunkt und die Sphäre hinabzieht, in der die Frau geboren ist und sich wohl fühlt.

Dasselbe zeigt sich bei den Mischehen zwischen den eingewanderten Deutschen und der eingesessenen Bevölkerung Südamerikas. Wo die Deutschen in ihren Dörfern zusammensitzen, wird ihr Fleiss, ihre Sauberkeit, ihre Ordnung allgemein gerühmt; wo die Männer eingeborene Frauen nehmen, da sind die Häuser unordentlich; unsaubere, zerlumpte und verlotterte Kinder treiben sich auf der Strasse umher und Müssiggang, Ausschweifung und Streit ist an der Tagesordnung.

Leutwein, Theodor 1900: Deutsch-Süd-West-Afrika. Vortrag. In: Verhandlungen der Abteilung Berlin-Charlottenburg, 1898/99. Berlin, S. 41 f.

Des Weiteren gewährt die Quelle eine gendersensible Perspektive auf koloniale Herrschaftspraktiken, indem der Grenzziehungsprozess gegenüber der indigenen Bevölkerung eine „Vergeschlechtlichung" erfährt: In der Abgrenzung von der indigenen Frau wird das Idealbild der „weißen Frau" konstruiert. Dadurch ist die Quelle auch Ausdruck einer ausgeprägten Misogynie und einer Verknüpfung von Rassismus und Sexismus: Denn der koloniale Mann sei durch das Zusammenleben mit einer indigenen Frau der Gefahr einer „Verkafferung", d.h. einer Form der „kulturellen Degeneration", ausgesetzt. Durch die Konstruktion von Differenzen zwischen Frauen liegt eine intersektionelle Diskriminierung vor.

Die Quelle macht deutlich, dass durch den Glauben an eine eigene „rassische Höherwertigkeit" eine kulturelle Annäherung zwischen Europäern und indigener Bevölkerung strikt abgelehnt wird. Das Verbot von Mischehen war eine Form der Grenzziehung im kolonialen Verhältnis. Jedoch zeigt eine solche Bestimmung auch, dass bikulturelle eheliche Verbindungen bzw. sexuelle Kontakte zur Praxis der Kolonialgesellschaften gehörten. Anhand der Quelle kann den Schülerinnen und Schülern exemplarisch gezeigt werden, wie beim Aufeinandertreffen von Europäern und indigener Bevölkerung im kolonialen Kontext immer wieder Aushandlungsprozesse notwendig waren und wie Grenzen zwischen dem Eigenen und dem Anderen zunehmend verschwammen.

6. Interkulturelles Geschichtslernen und die Kompetenzorientierung

6.1 Das Kompetenzmodell der Forschungsgruppe FUER Geschichtsbewusstsein

Interkulturelles Geschichtslernen ist keine „Addition von interkulturellem und historischem Lernen"[165]; diese beiden Kategorien müssen vielmehr aufeinander bezogen werden. Daher macht es auch wenig Sinn, neue Kompetenzfelder für das interkulturelle Geschichtslernen zu definieren und „interkulturelle Kompetenz" als separaten Kompetenzbereich zu führen – auch wenn sich in den Fachdidaktiken ein fast inflationärer Gebrauch von „interkultureller Kompetenz" finden lässt. Vielmehr muss die Fragestellung lauten, wie die bisherigen Kompetenzen unter interkulturellen Vorzeichen auszulegen sind, d.h. „kulturspezifisch ausformuliert" bzw. „ausbuchstabiert"[166] werden können. Zugrunde gelegt wird hier das Kompetenz-Strukturmodell historischen Denkens der FUER-Gruppe (2006/2007)[167], das die Operationen der Re-Konstruktion und der De-Konstruktion in den Blick nimmt und prinzipiell zwischen Frage-, Orientierungs-, Sach- und Methodenkompetenz unterscheidet. Das Kompetenzmodell ist im deutschen Sprachraum umfassend diskutiert und erweist sich als flexibel genug, um interkulturell ausgelegt zu werden. Die Frage-, Orientierungs-, Sach- und Methodenkompetenz werden wie folgt definiert:

Fragekompetenz

Es geht zum einen um die Fähigkeit, Fertigkeit und Bereitschaft, Fragen an die Vergangenheit/Geschichte zu stellen. Zum anderen steht die Fähigkeit, Fertigkeit und Bereitschaft im Zentrum, die Fragen, welche vorliegende historische Narrationen behandeln, zu erkennen, zu verstehen und auf die eigene Fragestellung zu beziehen. Diese zweite Kernkompetenz schließt auch ein, Fragen, die man von anderen Personen gestellt bekommt, zu verstehen und im eigenen Denken zu verarbeiten.

Methodenkompetenz

Dieser Kompetenzbereich umfasst die fachspezifischen Methoden der Erkenntnisgewinnung und -verarbeitung. Es geht also um die Fähigkeit, Fertigkeit und Bereitschaft, Antworten auf historische Fragen zu erarbeiten. Die Prinzipien historischen Denkens, gerade auch der Konstruktcharakter historischer Narrationen, bestimmen notwendigerweise die spezifischen Umgangsweisen mit Vergangenem/Geschichte. Diese Umgangsweisen können als die Basisoperationen des De- und Re-Konstruierens klassifiziert werden.

Orientierungskompetenz

Es werden vier Kernkompetenzen eingeschlossen:

- Erstens die Fähigkeit, Fertigkeit und Bereitschaft, das eigene Geschichtsbewusstsein zu re-organisieren und den jeweils neu gewonnenen Kenntnissen, Einsichten, Verfahrensweisen, Handlungen etc. anzupassen.
- Zweitens die Kompetenz zur Reflexion und Erweiterung des Welt- und Fremdverstehens, also die Fähigkeit, Fertigkeit und Bereitschaft, die eigenen Vorstellungen von der gegenwärtigen wie der vergangenen Welt und ihren Menschen auf der Basis gewonnener historischer Einsichten umzubauen.
- Drittens die Fähigkeit, Fertigkeit und Bereitschaft zur Reflexion und Erweiterung des Selbstverstehens. Das heißt, es werden diejenigen Vorstellungen überprüft, die das Verhältnis der eigenen Person und/oder Gruppe zur historischen Welt und ihren Menschen betreffen.
- Viertens schließlich geht es bei der historischen Orientierungskompetenz um die Kompetenz zur Reflexion und Erweiterung der Handlungsdispositionen. Dabei werden Bedingungen und Möglichkeiten, aber auch Ziele und Strategien eigenen Handelns auf historische Erfahrungen bezogen.

Sachkompetenz

Der Kompetenzbereich historische Sachkompetenz umfasst die Fähigkeit, Fertigkeit und Bereitschaft, die Domäne des Historischen zu strukturieren und mit dafür entwickelten Begriffen bzw. adaptierten Begriffen zu erschließen. Als Kernkompetenzen können eine Begriffs- sowie eine historische Strukturierungskompetenz unterschieden werden.

Das FUER-Modell überzeugt im Hinblick auf interkulturelles Geschichtslernen dadurch, dass „die Konstruiertheit der Wirklichkeit in ihrer Subjekt- und Kulturabhängigkeit, ihrer Zeit- und Raumabhängigkeit" herausgestellt und der Prozess der Entstehung von Erkenntnis besonders betont wird.[168] Ziel ist dabei die Beförderung eines reflektierten und selbstreflexiven Geschichtsbewusstseins, das Selbst- und Fremdverstehen als integralen Bestandteil miteinbezieht. Anhand des Kompetenz-Strukturmodells und der genaueren Definition der einzelnen Kompetenzbereiche zeigt sich, dass historisches Lernen und Denken bereits per se interkulturell sind. Wenn von interkultureller Kompetenz im Geschichtsunterricht die Rede ist, versteht man darunter daher keine eigene Teilkompetenz, sondern vielmehr die Anwendung von Frage-, Methoden-, Orientierungs- und Sachkompetenz auf interkulturelle Kontexte des Geschichtslernens und die wechselseitige Verknüpfung dieser Kompetenzen. Für das bewusste interkulturelle Geschichtslernen können diese vier Kompetenzbereiche wie folgt konkretisiert bzw. interkulturell „profiliert" werden:

Kompetenzen	Konkretisierung
Frage-kompetenz	• selbstreflexive Fragen zu den Ursprüngen der eigenen Gesellschaft und der eigenen Geschichte stellen • die Neugierde auf das Unbekannte, Fremde und das Vergangene entwickeln • entsprechende Fragen an das Fremde stellen und in einen Dialog, d. h. einen hermeneutischen Verstehensprozess, mit dem Fremden treten • sich fragen, mithilfe welcher Medien Informationen gewonnen werden können • eigene Normen und den eigenen Bezugsrahmen infrage stellen
Methoden-kompetenz	• (multiperspektivische, kontroverse) Quellen und Darstellungen im interkulturellen Geschichtsunterricht interpretieren • die Perspektivität in Quellen und Darstellungen erkennen • die Eignung und die erkenntnistheoretischen Grenzen möglicher Quellen erkennen • das intersektionale Potenzial von Quellen erkennen und herausarbeiten • anhand von selbst gewählten Kategorien historische Phänomene vergleichen • Gelerntes auf neue Sachverhalte und Problemstellungen transferieren • einen methodischen Pluralismus praktizieren und Gebrauch von den Möglichkeiten des kooperativen Lernens machen • sich in dialog- und gesprächsorientierten Methoden üben • einen Dialog „auf Augenhöhe" führen und widerstreitende Gedanken miteinander austauschen • „sprachfreies" Quellenmaterial ggf. priorisieren, insbesondere Bildmaterial analysieren
Orientierungs-kompetenz	• die Zeit- und Standortgebundenheit, d. h. auch die Kulturbedingtheit, des menschlichen Denkens erkennen und reflektieren • Vielfalt erkennen und in globalen Zusammenhängen denken • Bezüge zwischen globalgeschichtlich relevanten Sachverhalten und der eigenen Lebenswelt herstellen und die Relevanz der Geschichte für die Gegenwart erkennen

Kompetenzen	Konkretisierung
	• Prinzipien der Multiperspektivität und Multikausalität beachten und umsetzen, insbesondere einen synchronen und diachronen Perspektivenwechsel vornehmen • ein kritisches Urteil bilden bzw. ein Urteil in der Auseinandersetzung mit dem Fremden revidieren • eine Entscheidung bzw. eine Wahl zwischen verschiedenen Alternativen treffen • Geschichte rekonstruieren und dekonstruieren • die historische Bedingtheit einer interkulturell geprägten Gegenwart erkennen und Handlungsoptionen für die Zukunft daraus entwickeln • verschiedene kollektive Identitäten miteinander vergleichen • Identität und Alterität beachten, indem man den eigenen Wertehorizont kritisch hinterfragt • Ambiguitätstoleranz üben und eine Identität ausbilden • Themen in einem größeren Rahmen verankern, Interdependenzen erkennen und Geschichtsbewusstsein reorganisieren • globalgeschichtliche Verflechtungen vornehmen • sich damit auseinandersetzen, wie Menschen in der Vergangenheit mit interkulturellen Kontakt- und Konfliktsituationen umgegangen sind • einen Meinungspluralismus fördern
Sach- kompetenz	• soziokulturelles Orientierungswissen über globalgeschichtlich relevante Phänomene erwerben • Wissen über die eigene Kultur und Wissen über fremde Kulturen aneignen • kulturtheoretisches und geschichtstheoretisches Wissen erwerben und auf historische Sachverhalte anwenden • wichtige Gruppen in den jeweiligen Gesellschaften unterscheiden sowie deren Funktionen sowie die Vielfalt ihrer Interessen und Handlungsmöglichkeiten beschreiben und reflektieren • historisches Wissen vernetzen • Möglichkeiten einer transkulturellen Periodisierung von Geschichte diskutieren • die Eignung von Begriffen diskutieren und Begriffe kultursensibel verwenden • regional- und nationalgeschichtliche Beispiele in übergeordnete historische Zusammenhänge einordnen

Auf eine Vielzahl der Konkretisierungen wird in den folgenden Kapiteln wieder Bezug genommen; dabei sollen ihre unterrichtspraktische Bedeutung und Umsetzung näher beleuchtet werden. Beispielhaft seien die fachdidaktischen Prinzipien der Multiperspektivität, der Kontroversität, des Fremdverstehens und der Gegenwartsbezug, ein sprachsensibler Zugriff auf Geschichte (vgl. Kapitel 7), der Vergleich und Transfer (vgl. Kapitel 8), der Umgang mit Quellen und damit verbundene Chancen und Herausforderungen im interkulturellen Geschichtsunterricht (vgl. Kapitel 9) sowie gesprächsorientierte Methoden interkulturellen Lernens (vgl. Kapitel 10.1) genannt. Anhand der Konkretisierungen zeigt sich auch, dass das Kompetenz-Strukturmodell der FUER-Gruppe relativ gut von der Theorie in die Praxis transferiert werden kann, weil unterschiedliche Stufen historischer Denkprozesse nachvollziehbar werden. Die hier besprochenen Kompetenzfelder können jedoch keinen Anspruch auf Vollständigkeit erheben. Daher soll im Folgenden noch auf die narrative Kompetenz und die Urteilskompetenz im Speziellen und ihre Relevanz für das interkulturelle Geschichtslernen eingegangen werden.

6.2 Narrative Kompetenz

Insbesondere die narrative Kompetenz kann als Klammer der oben genannten Themenbereiche dienen: Indem sie Ausdruck des Zusammenspiels verschiedener Teilkompetenzen ist, bildet sie die Basis für die Operationen des Fragens, Deutens, Analysierens, Interpretierens und Urteilens.[169] Gerade in einer von Diversität geprägten Gesellschaft ist Geschichtslernen vor allem ein „narrativer Prozess"[170]. Durch das Medium der Sprache wird Geschichte erzählt und damit konstruiert. Insbesondere Hayden White betont, dass Geschichtsschreibung zwangsläufig narrative Züge trage und damit Teil von Fiktion sei.[171]

Narrative Kompetenz kann man nach Michele Barricelli als die „Fähigkeit, Geschichte(n) verstehen, bilden und selbst erzählen zu können, eine Kompetenz also, die sowohl den sinnverstehenden Umgang mit vorliegenden Geschichten, die eigenständige Produktionsleistung als auch deren zweckgebunde Äußerung in einem gegebenen Kommunikationszusammenhang umfasst", definieren.[172] Dies schließt also sowohl die Konstruktion als auch Dekonstruktion von Geschichte ein. Ein an narrativer Kompetenz ausgerichteter interkultureller Geschichtsunterricht sensibilisiert für den Konstruktcharakter und die Standort- bzw. Kulturgebundenheit von Geschichte, denn das Vergangene wird aus der Retrospektivität heraus konstruiert und unterliegt einer Selektivität, d.h. es erfolgt eine Auswahl von einzelnen relevanten Sachverhalten.[173] Eng damit verbunden ist ein sprachsensibler Geschichtsunterricht (vgl. Kapitel 7.7), die Fähigkeit von Schülerinnen und Schülern zur Analyse von Quellen und darstellenden

Texten (vgl. Kapitel 9), Handlungsorientierung im Geschichtsunterricht (vgl. Kapitel 10) sowie geschichtstheoretische Reflexionen.

Durch historisches Erzählen erfährt vergangene Wirklichkeit eine Vergegenwärtigung; es ist gleichsam eine zentrale „kulturelle Praxis"[174] und muss daher im jeweiligen soziokulturellen Kontext verortet werden. Indem Geschichte von unterschiedlichen Personengruppen erzählt wird, ist sie prinzipiell heterogen ausgelegt und von einem Pluralismus der Standpunkte gekennzeichnet. Daher ist es auch ein zentrales Anliegen eines narrativitätssensiblen Geschichtsunterrichts, die Historizität von Ereignissen immer wieder aufs Neue bewusst zu machen. Interkulturell sensibler Geschichtsunterricht muss unweigerlich einen narrativitätssensiblen Umgang mit Geschichte im Unterricht einfordern. Diese Forderung wird sich wie ein roter Faden durch die folgenden Kapitel ziehen.

6.3 Urteilskompetenz

Die Urteilskompetenz gehört im Rahmen des Geschichtsunterrichts zu den grundlegenden historischen Kompetenzen, da sie in entscheidendem Maße die Schülerinnen und Schüler zur Teilhabe an gesellschaftlichen Diskursen mit historischem Bezug befähigt, indem sie zur historisch-politischen Reflexion sowie zur kritischen und problembewussten Stellungnahme anleitet. Ein entsprechend hoher Stellenwert wird der Urteilskompetenz auch in den „Einheitlichen Prüfungsanforderungen in der Abiturprüfung" (EPA) der Kultusministerkonferenz[175] der Länder zuteil. Auch wenn die Urteilskompetenz im FUER-Modell im Kontext der „Re- und De-Konstruktionskompetenz" sowie der „historischen Orientierungskompetenz" mitgedacht wird, soll an dieser und an späterer Stelle (vor allem in Kapitel 7.4) explizit auf ihre Bedeutung für den interkulturellen Geschichtsunterricht verwiesen bzw. eingegangen werden.

Eine unterrichtspraktische Herausforderung interkulturellen Geschichtslernens liegt darin, dass die Schülerinnen und Schüler sich bei der Urteilsbildung des eigenen Wert- und Normsystems, d.h. ihrer Standortbezogenheit, bewusst sind und nicht ihre eigenen Normengrundsätze absolut setzen. Dies ist eine wichtige Voraussetzung für das Selbst- und Fremdverstehen. Maßstäbe, die zur Bewertung herangezogen werden, müssen von den Lernenden offengelegt und reflektiert werden. Fachlich fundiertes Sachwissen und eine entsprechende Sachkompetenz sind eine weitere unbedingte Voraussetzung und gleichsam ein Sprungbrett für eine angemessene Urteilsbildung, um einer unreflektierten, vorschnellen und subjektiven Urteilsbildung zuvorzukommen. Urteilsbildung im Geschichtsunterricht gestaltet sich außerdem als ein hochgradig „kommunikativer Prozess"[176] (vgl. Kapitel 10), was eine entsprechende methodische Einbettung erforderlich macht. Eine weitere wichtige Säule der Urteilskompetenz ist es, dass die Lernenden kontroverse Urteile aushalten können und eine Ambiguitätstoleranz entwickeln (vgl. Kapitel 7.2).

7. Interkulturelles Lernen in der Verzahnung mit fachdidaktischen Prinzipien

Interkulturelles Geschichtslernen beschränkt sich nicht nur auf eine geeignete interkulturell ausgelegte Themenwahl. Da es beim interkulturellen Geschichtslernen nicht um die quantitative Ausweitung des Geschichtsunterrichts geht, sollen methodisch-didaktische Wege für einen interkulturell sensiblen Geschichtsunterricht aufgezeigt sowie das interkulturelle Potenzial gewisser Quellenformen beleuchtet und ausgelotet werden. Um interkulturelles Lernen im Geschichtsunterricht fest zu verankern, sind keine neuen didaktischen Modelle notwendig – jedoch eine entsprechende Auswahl an historischen Quellen und Problemorientierungen sowie eine Neuakzentuierung gewisser methodisch-didaktischer Prinzipien. Dabei geht es um einen Wandel des Zugriffs.

Interkulturell sensibles Lernen besitzt ein großes geschichtsdidaktisches Potenzial. Denn zentrale didaktische Prinzipien, die integraler Bestandteil des Geschichtsunterrichts sind, können es befördern und interkulturelle Komponenten bei Themenbereichen herausstellen: Zu diesen didaktischen Prinzipien gehören vor allem die Multiperspektivität, die Kontroversität, das Fremdverstehen und die damit verbundene Ambiguitätstoleranz sowie der Gegenwartsbezug, die Urteilsbildung und die Problemorientierung.

7.1 Multiperspektivität und Kontroversität

Interkulturelles und globalgeschichtliches Geschichtslernen haben besonders eine „Sensibilisierung für die Positionalität der Perspektiven"[177] im Blick. Dadurch, dass sie keine Meistererzählung wiedergeben, sind sie multizentrisch gedacht und multiperspektivisch erzählt. Durch Multiperspektivität ist es möglich, andere Völker und Kulturen nicht nur als Objekte, sondern als historische Subjekte mit eigener Stimme wahrzunehmen, indem sie „in ihrem Lebensumfeld, mit ihrer Lebensart, ihren Lebensverhältnissen und ihrer geographischen Umgebung"[178] dargestellt werden. Deshalb kann sich ein nur punktuell und isoliert stattfindender Bezug auf andere Kulturen als problematisch erweisen, da gegebenenfalls sogar Vorurteile verfestigt werden können. Unterschiedliche Sichtweisen auf Geschichte können durch eine Vielzahl an Faktoren bedingt und beeinflusst sein. Grundsätzlich lassen sich zwei Formen von Multiperspektivität im Geschichtsunterricht unterscheiden. Auf der Ebene der historischen Akteure kann es z.B. durch folgende Faktoren zu unterschiedlichen Wahrnehmungen kommen:

- Perspektive „von oben" vs. Perspektive „von unten",
- kulturelle, nationale, religiöse und parteiliche Zugehörigkeiten,
- Alter und Geschlecht,
- politische oder wirtschaftliche Interessen.

Hierbei zeigt sich, dass Multiperspektivität im Rahmen des interkulturellen und diversitätssensiblen Geschichtsunterrichts weit mehr als die Pluralisierung der nationalen Perspektiven bedeutet. Auch auf der Ebene der Geschichtsbetrachter können historische Ereignisse multiperspektivisch gedeutet und beurteilt werden. Dies resultiert aus den unterschiedlichen Vorstellungen und Einstellungen des jeweiligen Betrachters und wird oft als „Kontroversität" von Geschichte bezeichnet. Durch die Berücksichtigung unterschiedlicher Perspektiven auf historische Ereignisse und Prozesse kann eine gemeinsame Plattform des Austauschs und – nicht zuletzt auch in multikulturellen Klassenzimmern – eine „gemeinsame Kommunikationsfähigkeit über Geschichte"[179] geschaffen und damit eine gemeinsame Basis für das „Ringen um Geschichtsdeutungen" gelegt werden.

Indem die Schülerinnen und Schüler eine andere Perspektive teilweise übernehmen, können sie eigene „blinde Flecken" in ihrer Wahrnehmung ausfindig machen und ein historischer Sachverhalt gewinnt an Tiefenschärfe. Gerade im interkulturellen Geschichtsunterricht kann sich die Inklusion von Stimmen aus nichtwestlichen Gesellschaften und damit ein Wechsel zur kulturellen Fremdperspektive als besonders reizvoll erweisen. Schwierig wird es jedoch dann, wenn versucht wird, vorschnell Verallgemeinerungen vorzunehmen. Aus der Perspektive eines einzelnen historischen Beobachters kann nicht eine nationale oder eine spezifische repräsentative kulturelle Sichtweise konstruiert und mit einer entsprechend anderen Sichtweise kontrastiert werden. Daraus ergibt sich auch eine Schwierigkeit für den Geschichtsunterricht: Die Komplexität historischer Wahrheit und die Kontroversität von Geschichte können in nur eingeschränkter Weise über die Darstellung von Geschichte in Schulbüchern vermittelt werden, woraus sich ein Widerspruch zur notwendigen didaktischen Reduktion ergeben könnte. So läuft man bei multiperspektivischen Ansätzen im interkulturellen Geschichtsunterricht schnell Gefahr, eine Materialauswahl biperspektivisch anzulegen und damit unweigerlich ein Schwarzweißdenken zu befördern.[180]

Beim Umgang mit historischen Ereignissen, Deutungen und Quellen ist stets zu berücksichtigen, dass wir diese durch die Brille unserer eigenen kulturellen Prägungen sehen und Geschichte entsprechend narrativieren. Indem der Perspektivwechsel bei den Schülerinnen und Schülern eingeübt wird, können unterschiedliche Erlebniswelten besser wahrgenommen und reflektiert werden, wodurch auch das Geschichtsbewusstsein der Lernenden besser reorganisiert werden kann. Die Fähigkeit zur multiperspektivischen Sichtweise auf Geschichte befördert sicherlich auch ein Empathievermögen, eine Toleranz gegenüber fremden Sicht- und Denkweisen sowie das Hinterfragen von Vorurteilen – dies sind Kernelemente des interkulturellen Geschichtsunterrichts. In einem multiperspektivisch ausgerichteten Geschichtsunterricht erkennen die Schülerinnen und Schüler, dass eine „objektive Spiegelung einer vergangenen Wirklichkeit"[181] zwangsläufig eine Illusion darstellen muss, wodurch die Dekonstruktion von Geschichtsdarstellungen gelingen kann. Dadurch ist es Schülerinnen und Schülern möglich, einen „kulturell relativistische[n] Blickwinkel"[182] einzunehmen und die Bedingtheit der eigenen Perspektive zu erkennen. Nicht zuletzt bietet multiperspektivisch ausgerichteter Geschichtsunterricht einen besseren Einblick in die Multikausalität vieler historischer Phänomene: Sowohl endogene als auch exogene Faktoren werden als Ursachen historischen Wandels begriffen, womit man monokausalen Erklärungen zuvorkommen und zu einer breiter angelegten historischen Kontextualisierung gelangen kann.

Ein erster Schritt in Richtung Multiperspektivität im Rahmen des (interkulturellen) Geschichtsunterrichts kann zunächst einen Außenblick auf Ereignisse aus der deutschen Geschichte beinhalten, wodurch ein fremder Blick auf nationale Narrative möglich wird. Beispiele hierfür könnten sein:

- Wie bewertete das Ausland die „Machtergreifung" Hitlers am 30. Januar 1933?
- Welchen Interpretationen war der 17. Juni 1953 ausgesetzt?
- Wie reagierten Ost und West auf den Mauerbau von 1961?
- Welche Probleme und Chancen verband das Ausland mit der deutschen Wiedervereinigung?

Eine Sensibilisierung für die Multiperspektivität von Geschichte bedeutet aber nicht zwangsläufig eine Beschäftigung mit zahlreichen Quellen oder gar eine „Materialschlacht". Um in eine „Beziehung" mit den Anderen treten zu können, müssen Möglichkeiten genutzt werden, eine „Beziehung zu ihnen aufzubauen und zumindest in Ansätzen und zumindest für einen kurzen Moment in den Schuhen von Menschen der vergangenen Zeit"[183] zu gehen. Folgende kreative Arbeitsaufträge können z.B. eine Perspektivenübernahme, d.h. ein

Sich-Hineinversetzen in andere Personen, befördern und zu einem bewussten Akt des „Umperspektivierens" in einem interkulturellen und narrativitätssensiblen Geschichtsunterricht hinleiten:

- einen Tagebucheintrag verfassen,
- einen Brief schreiben,
- einen Leserbrief verfassen, um eine eigene Position in die öffentliche Debatte zu werfen,
- ein Plakat gestalten,
- eine politische Rede/Gegenrede verfassen,
- ein Rollenspiel entwerfen,
- Standbilder entwerfen,
- ein Streitgespräch gestalten,
- Texte aus einer anderen Perspektive bzw. einen Gegentext schreiben.

Perspektivisches Erzählen setzt jedoch kulturelles Wissen voraus, um Spekulationen und Anachronismen zu vermeiden.[184] Empfehlenswert ist daher, im sich anschließenden Gespräch das jeweilige Produkt des „Umperspektivierens" auf einer Metaebene zu reflektieren. Beim kreativen Akt des „Umperspektivierens" stößt man aber auch an Grenzen: Denn es würde einem interkulturellen Geschichtslernen und einer interkulturellen Verständigung zuwiderlaufen, wenn die Schülerinnen und Schüler sich menschenverachtende wie z. B. antisemitische und rassistische Positionen und Perspektiven aneignen und diese kreativ „umwälzen" würden.

Miteinander konkurrierende Urteile und Haltungen sind ein wesentlicher Bestandteil von Geschichte. Eine wichtige Erkenntnis einer praktizierten Interkulturalität kann auch sein, dass Urteilsbildungen nicht statische Größen sind, sondern einem Wandel unterliegen. Dabei sollten wir uns stets bewusst sein: Geschichte, wie sie in unseren Geschichtsbüchern vermittelt wird, ist immer klar adressaten- und standortbezogen: „Es gibt nicht die Geschichte, auch keine Geschichte für alle, denn Selektivität, Perspektivität, Narrativität und Hypothesencharakter lassen sich nicht vermeiden. Es kann also nur um Geschichte für junge Deutsche, und Einwanderer in Deutschland, gehen, aber eben in ihren neuen Bedingungen mit den EU-Nachbarn und in einer besonderen Situation zu Beginn des 21. Jahrhunderts, nämlich in einer Phase der Globalisierung."[185]

Folgende Aspekte gilt es schließlich bei einem multiperspektivisch ausgerichteten interkulturellen Geschichtsunterricht zu berücksichtigen: Das Aufbrechen einer eurozentrischen Blickweise muss nicht in einer künstlichen Marginalisierung Europas und einer zwanghaft geschriebenen „Gegen-Geschichte" münden. Ein realistisches Ziel kann aber sein, den Blick durch eine „De-Zentrierung" zu erweitern und gegebenenfalls anzupassen.[186] Die Schülerinnen und Schüler sollen erkennen, dass für den Erkenntnisgewinn eine Vervielfältigung der Perspektiven essenzieller Bestandteil ist. Des Weiteren darf sich Geschichte nicht in „unzählige" subjektive Betrachtungsweisen und Deutungskonstrukte auflösen und dadurch der Eindruck vermittelt werden, dass die Interpretation von Geschichte beliebig ist. Die Berücksichtigung interkultureller Sichtweisen auf historische Prozesse sollte im Umkehrschluss außerdem nicht zu Lasten intrakultureller bzw. diversitätssensibler Blickpunkte gehen.

Aufgrund der vorhandenen Quellenlage sind dem Prinzip der Multiperspektivität klare Grenzen gesetzt. Oftmals liegen Zeugnisse der Anderen nicht ausreichend vor bzw. würde eine adäquate Berücksichtigung weiterer Quellen den Rahmen des Geschichtsunterrichts völlig sprengen. So werden stumme Gruppen durch multiperspektivische Ansätze wenig berücksichtigt. Ist es möglich, dennoch einen Zugang zu interkulturellen Begegnungen und zu Fremd-/Selbstbildern über „eigene" Quellen zu finden? Um eine zu untersuchende Quelle oder Darstellung und das dadurch vermittelte Narrativ zu dekonstruieren sowie umfassend in den Blick zu nehmen, kann ein textimmanentes Vorgehen gewählt werden. Die folgenden methodischen Schritte eignen sich für einen sprach- und narrativitätssensiblen Umgang mit nahezu allen zu untersuchenden Quellen oder Darstellungen. Falls kaum Quellen der Anderen vorliegen, kann dieses Vorgehen vor allem „kompensatorisch" fungieren:

1.	**Textsorte**: Prognose zur Subjektivität	
	Quelle: Pamphlet, Flugschrift, Rede, …	Darstellung: Essay, Monographie, Biographie, …
2.	**Autor und Adressat**	
	Autor: Wie deutlich treten der Autor und sein Blick auf die Dinge hervor? • Analyse der Pronomina, …	Adressat: Wird der Adressat direkt angesprochen? Wie stark wird auf ihn eingegangen? • Analyse der Pronomina, …
	→ Wessen Perspektiven werden dadurch berücksichtigt bzw. nicht berücksichtigt? Wird der Text dadurch einseitig? → Hat der Text eher einen informativen, argumentierenden oder appellativen Charakter?	

3.	**Sprachgebrauch: Wortschatz des Autors**
	verwendeter Wortschatz: • Klärung zentraler fachspezifischer Wörter • Klärung von Deutungsbegriffen (z.B. „Revolution" vs. „Revolte" vs. „Putsch" vs. „Reformen") • Verwendung positiv bzw. negativ besetzter Nomen und Adjektive; häufige Verwendung von Adjektiven und Superlativen • Verwendung von Registerwortschatz bzw. ideologisch besetzten Begriffen • Verwendung von Antonymen: Werden Gegensatzpaare aufgebaut? • Sprachduktus: Alltags- vs. Wissenschaftssprache • Wie metaphorisch ist die Sprache? • Haben einzelne Wörter bestimmte Konnotationen?

4.	**Sprachgebrauch: emotionale vs. „neutrale" Sprache**	
	emotional/stimmungsgeladen: • Einblick in die Gefühlswelt • Sympathie bzw. Antipathie für einzelne Personen	neutral/distanzierend • Distanz zu den beschriebenen Personen/Ereignissen
	→ Worin besteht die Wirkung? → Welche Beziehung besteht zwischen Autor und beschriebenem Geschehen?	

5.	**Sprachgebrauch: rhetorische Stilmittel**
	Analyse der verwendeten rhetorischen Stilmittel auf ihre Funktionalität
	→ Liegt eine stilistische Neutralität vor? → Worin besteht die Wirkung? → Wird Ironie verwendet und dadurch Kritik an einer Sache geäußert?

6.	**Herstellen von inhaltlichen Zusammenhängen durch Mittel der Textverknüpfung**
	Welche Inhalte werden mit welchen sprachlichen Mitteln miteinander verknüpft? Welche Konjunktionen und Adverbien werden verwendet? Relationen: konditional, kausal, final, … Werden historische Sachverhalte mono- oder multikausal erklärt?

7.	**Verwendung von persönlichen oder unpersönlichen Ausdrucksweisen**	
	Verwendung von persönlichen Pronomina	Verwendung von Passivkonstruktionen
	→ Welche Wirkung soll erzielt werden? → Fällt die Identifikation des Lesers mit dem Inhalt einfach? Behält der Leser eine kritische Distanz zum Thema?	

8.	**Perspektiven und Belege**
	Werden Gegenperspektiven berücksichtigt? Gibt es Belege, Beweise und Verweise auf andere Meinungen/Perspektiven? Was könnte der Grund dafür sein, dass der Autor die dargestellten Sachverhalte so bewertet?

Mithilfe dieser methodischen Schritte für ein quellenkritisches Vorgehen sollen die Schülerinnen und Schüler einschätzen lernen, inwieweit sie einer Quelle oder Darstellung vertrauen können bzw. wie stark monoperspektivisch und wertend sie ausgerichtet ist.

Durch das Einbeziehen unterschiedlicher Blickpunkte auf historische Phänomene wird Geschichte automatisch kontrovers; dies mag umso mehr auf den interkulturell sensiblen Geschichtsunterricht zutreffen. Es geht aber nicht darum, holzschnittartig zwei konkurrierende Meinungen aufzuzeigen. Das Prinzip der Kontroversität wurzelt tief in den Grundfesten einer demokratischen politischen Kultur. Kennzeichen von pluralen Gesellschaften ist eine Deutungskonkurrenz, d.h. dass „konkurrierende Sinndeutungen möglich"[187] und sogar erwünscht sind. Schülerinnen und Schüler sollen sich nicht nur mit konkurrierenden Darstellungen auseinandersetzen, sondern darüber hinaus dazu angehalten werden, sich innerhalb von Kontroversen zu positionieren, „für ihre Meinungen öffentlich – mit Anspruch auf Wahrheit" – einzutreten und diese „als prinzipiell fehlbare oder sogar bloß subjektive Auffassungen" betrachten.[188]

Durch die Berücksichtigung unterschiedlicher Sichtweisen auf gewisse historische Phänomene kann Geschichte und ihre Narration zu einem interkulturellen Aushandlungsprozess werden. Indem bei der Betrachtung von Geschichte zu sehr die Gegensätze und Unterschiede herausgearbeitet und entsprechend didaktisch reduziert werden, besteht die Gefahr einer Herausbildung und einer aktiven Konstruktion von nationalen und kulturellen Stereotypisierungen sowie einer Beförderung eines Schwarzweißdenkens. Gegebenenfalls werden dadurch bereits existierende Feindbilder zementiert und man tappt in die Kulturalisierungsfalle. Ziel ist es daher nicht, kulturelle Kontraste herauszuarbeiten und gewisse kulturelle Elemente als fremd zu deklarieren. Vielmehr geht es um eine fruchtbare Auseinandersetzung mit kulturell bedingten Wahrnehmungen und ein Ineinandergreifen unterschiedlicher Puzzleteile. Ebenso geht es nicht um eine „Perspektivenangleichung, sondern eine Erweiterung der eigenen Perspektive"[189]. Dabei ist es legitim, wenn am Ende ein Rest an Nichtverstehen bleibt.[190]

7.2 Fremdverstehen und Alterität

Klaus Bergmann bezeichnet Multiperspektivität und die Fähigkeit zum Perspektivwechsel als „Schlüssel zum Erlernen des Fremdverstehens"[191]. Was ist aber das Fremde, das es zu „verstehen" gilt, und was ist im Umkehrschluss das Eigene? Das Eigene und das Fremde bzw. das Andere sind keine klar voneinander abgrenzbaren Bereiche bzw. Einheiten und dürfen nicht als statisch begriffen werden. Der „Andere ist nicht nur außerhalb, sondern auch innerhalb des Individuums"[192]. Dies ist teilweise auch dadurch bedingt, dass Identitätskonstruktionen fluide und situationsabhängig sind. Immer wieder muss neu ausgehandelt werden, was als das Eigene bzw. Fremde zu betrachten ist. Da das Andere – ähnlich wie das Eigene – immer auch einen Facettenreichtum in sich vereint, gibt es *die* Alterität nicht – vielmehr macht es Sinn, von „Alteritätselementen"[193] zu sprechen.

Hinzu kommt, dass das Eigene und das Fremde bzw. das Andere zwei Seiten einer Medaille bilden und eng miteinander verwoben sind, da zwischen beiden Bereichen eine Wechselwirkung besteht, wodurch Fremderfahrungen und Selbstreflexion ein Bedingungsgefüge darstellen und sich gegenseitig beflügeln.[194] Denn das „Verstehen fremdkultureller Orientierungssysteme" geht Hand in Hand mit einer „Reflexion des eigenkulturellen Orientierungssystems"[195]. Sich Menschen in der Vergangenheit anzunähern versuchen, zu verstehen, wie sie gedacht und gehandelt haben, setzt voraus, sich der eigenen Perspektivität und damit Standortgebundenheit voll bewusst zu sein.[196] Dies schließt ein, dass im Umgang mit Fremdheit und Differenz die eigene Identität „modifikationsfähig" bleibt und sich Neuem öffnet.[197] Außerdem spielen bei Alteritätserfahrungen und Fremdverstehen im Geschichtsunterricht individuelle Lernvoraussetzungen bzw. der jeweilige soziokulturelle Hintergrund der Lernenden eine wichtige Rolle.

Eine Herausforderung für den Geschichtslehrer stellt sicherlich dar, ein entsprechendes Setting zu schaffen und die Lerngruppe mit ausreichend Vorinformationen – idealerweise in Form von Quellentexten bzw. mithilfe von Kontextualisierungen – zu versorgen, sodass in der anfänglichen Begegnung mit dem Anderen eine „Perspektivenmixtur" zwischen eigener und anderer Perspektive umschifft werden kann. Denn es ist Vorsicht davor geboten, heutige Wertmaßstäbe anzulegen und Vergangenes als rückständig abzutun bzw. automatisch zu entschuldigen. Dieses „Spannungsverhältnis zwischen historischer und heutiger Sichtweise sollte bedacht und muss ausgehalten werden"[198]. Beispiele hierfür sind der in präkolumbischen Kulturen praktizierte Kannibalismus oder die von Rassismus geprägte europäische Kolonialgeschichte. Beide Themenbereiche können weder nur – aus einem heutigen Überlegenheitsbewusstsein heraus – verurteilt noch einfach verstanden werden. Daraus ergibt sich die Notwendigkeit, im Geschichtsunterricht prinzipiell zwischen Sachanalyse, Sachurteil und Werturteil zu unterscheiden (vgl. auch Kapitel 7.4) und sich mit der Kontroversität von Geschichtsdeutungen und Urteilsbildungen auseinanderzusetzen (vgl. auch Kapitel 7.1 und 7.4)[199]. In diesem Zusammenhang müssen Schülerinnen und Schüler dafür sensibilisiert werden, dass es keine monolithischen geschichtlichen Perspektiven gibt[200] und eine allzu strikte Unterscheidung zwischen Sach- und Werturteil eine Illusion darstellt.

Warum ist gerade der bewusste und sensible Umgang mit Fremdheit und Differenz, d.h. mit Alterität, – insbesondere im schulischen Kontext – von solch außerordentlicher Relevanz? Warum entfaltet gerade hier der interkulturelle Geschichtsunterricht sein Potenzial? Der Umgang mit dem Fremden zeigt einen besonders hohen Grad an „Störanfälligkeit"[201]. Wie bereits in Kapitel 2.4 dargelegt, umfasst Alterität insbesondere im interkulturellen Geschichtsunterricht eine synchrone und eine diachrone Ausrichtung. In Geschichte und Gegenwart ist Fremdem zu einem großen Teil mit irrationalen Ängsten begegnet worden und die Überlegenheit der eigenen Gruppe wurde herausgestellt. Dabei sind das Eigene und das Fremde oftmals strikt voneinander getrennt oder Feindbilder und Stereotype auf das kulturell Andere projiziert worden. Dadurch wurden Sündenböcke geschaffen bzw. Idealisierungen und Heroisierungen vorgenommen.

Wodurch ergibt sich nun Fremdheit? Diese ist keine fest zugeschriebene Eigenschaft, kein „objektiver Tatbestand", sondern es handelt sich um „Attribuierungen, die einer Person oder einem Phänomen von einem Erkenntnissubjekt zugeschrieben werden"[202]. Dadurch ist Fremdheit ein „relationaler Begriff, der eigene Anteile in ein Beziehungsverhältnis zu einem Gegenüber bringt"[203]. Gerade postkoloniale Ansätze betonen, dass „Fremdheit keine Eigenschaft" ist, denn – wie Joachim Zeller betont – ist „das Fremde nicht an sich existent, sondern wird erst durch die kulturelle Praxis", d.h. durch einen Prozess des „Othering", zum Fremden.[204] Indem im interkulturellen Geschichtsunterricht die Subjektebene, d.h. der Lernende mit seinen Identitätsstrukturen, und die Objektebene, d.h. die ausgewählten Inhalte des Geschichtsunterrichts, aufeinander bezogen werden und eine dialogische Auseinandersetzung erfolgt, kann von einem subjektorientierten Geschichtslernen, von einem eigentlichen inter-kulturellen Lernprozess, gesprochen werden.[205]

Alteritätserfahrungen dürfen aber nicht nur als Hemmnisse des Lernens, als Hürden, die es für die Lernenden zu überwinden gilt, verstanden werden. Die große Chance im Geschichtsunterricht liegt darin, durch Alteritätserfahrungen alternative Lebensentwürfe und Rollenmodelle kennenzulernen und zu durchdenken[206], die eine Relevanz für die Lebenswelt der Schülerinnen und Schüler haben und ihnen Handlungsoptionen an die Hand geben. Dadurch gestalten sich Lebens- und Gesellschaftsentwürfe als prinzipiell zukunftsoffen und Geschichte erhält eine Zukunftsbezogenheit.

Fremdverstehen basiert auf einem komplexen hermeneutischen Prozess. Es handelt sich um einen „unabschließbaren produktiven Prozess, in dem sich im Verstehen des Anderen die eigene Subjektivität und die Gesellschaftlichkeit herausbildet und erweitert"[207]. Dies geschieht oftmals, indem das Eigene und das Andere auf Gemeinsamkeiten und Unterschiede hin überprüft werden (vgl. auch Kapitel 8). Die Auseinandersetzung mit dem Fremden im Geschichtsunterricht kann dabei folgende Prozessstufen beinhalten: Es geht darum, zu verstehen,

- wie „wir" geworden sind, was „wir" sind,
- wie „die Anderen" geworden sind, was „die Anderen" sind,
- wie die Zuordnungen und Abgrenzungen von „uns" und „den Anderen" prozesshaft entstanden sind und sich verändert haben
- und wie die Gruppen „wir" und „die Anderen" sich heute notwendigerweise begegnen, überschneiden und relativieren.[208]

Der interkulturelle Geschichtsunterricht kann dadurch – im Sinne seiner Orientierungsfunktion – die Schülerinnen und Schüler dabei unterstützen, eine Identität auszubilden, indem er die Möglichkeit bietet, „verschiedene Rollen auszuprobieren, verschiedene Identifikationsangebote zu durchdenken und historische Identitätsbildungsprozesse"[209] nachzuvollziehen sowie Grenzen zu ziehen. Daher lässt sich festhalten, dass eine Identitätsbildung ohne Alteritätserfahrung kaum möglich ist.[210] Differenz- und Alteritätserfahrungen ermöglichen nach Jürgen Straub eine „Selbsttranszendenz", wodurch Selbstveränderungen aktiv betrieben werden können[211]; sie sind gleichsam ein Katalysator bei der Auseinandersetzung mit eigenen Identitätsmerkmalen. Insbesondere bei der Themenwahl im Geschichtsunterricht ist daher auf die „Chance zu einer Identitätsreflexion" zu achten, damit „Orientierungen und Emotionen der Lernenden sichtbar und damit diskutierbar werden"[212]. Jedoch ist auch eine emotionale Überfrachtung in der Auseinandersetzung mit dem Anderen zu vermeiden.

Für Alavi ist Fremdverstehen eine „graduelle Kategorie"[213]. Auch für von Borries ist Geschichte ein ganzheitlicher und komplexer Aushandlungsprozess, der Kognition und Emotion umfasst: So kann sich langsam beim Prozess des Fremdverstehens Toleranz, d.h. die Gegenmeinung wird für falsch erachtet, aber hingenommen bzw. geduldet, und sogar Akzeptanz, d.h. die andere Position wird für möglich gehalten, angenommen und anerkannt, herausbilden.[214] In der Praxis werden sich die Schülerinnen und Schüler auf der Skala zwischen den Polen „Toleranz" und „Akzeptanz" bewegen.

Da der Prozess des Fremdverstehens kein abgeschlossener Vorgang ist, ist es außerdem kaum möglich, das Andere vollständig zu erschließen und zu verstehen, d.h. das vorhandene Informationsdefizit komplett zu schließen. Es geht also weniger um ein „vollständiges Verstehen fremder Denkweisen und Werte, Bedeutungs- und Handlungsmuster" als vielmehr darum, den „Grad des Unverständnisses" zu senken.[215] Es kann auch nicht um ein „wahl- und bewertungsloses Akzeptieren alles Fremden" und um eine vorbehaltlose Zustimmung zu Handlungen der Anderen gehen, denn unsere freiheitlich-demokratischen Grundwerte sind nicht verhandelbar.[216] Insofern muss die berechtigte Frage gestellt werden, inwiefern der Begriff „Fremdverstehen" als unzutreffend bzw. als wenig zufriedenstellend zu bezeichnen ist.[217] Geht es in der Auseinandersetzung mit dem Anderen nicht vielmehr darum, eine „kulturelle Demut" zu entwickeln sowie Toleranz und Offenheit auszubilden? Auf diese Weise können Vorurteile und Stereotype abgebaut werden, wodurch eine humane „Verständigungspraxis" möglich wird.[218]

Ziel des interkulturellen Geschichtsunterrichts muss es weiterhin sein, nicht nur das Spannungsverhältnis zwischen historischer und heutiger Sicht, sondern auch kulturell bedingte Ambivalenzen auszuhalten und sich mit kontrovers angelegten Geschichtsurteilen zu beschäftigen. Interkulturelles Lernen stellt zwar eine Kohärenz zwischen den Mitgliedern unterschiedlicher Kulturen her, diese definiert sich – nach Andreas Körber – jedoch nicht als „Uniformität", sondern als „Fähigkeit, die verbleibenden Differenzen zwischen der eigenen und den fremden Kulturen zu benennen und zu bearbeiten"[219].

Eine wichtige Voraussetzung für das Fremdverstehen ist Empathie. Trotz bereits vorliegender Studien in Deutschland bedarf der Empathiebegriff – im Gegensatz zur angloamerikanischen Geschichtsdidaktik – noch einer schärferen geschichtsdidaktischen Konturierung. Als Empathie im Geschichtsunterricht kann man die „erlernbare Fähigkeit des Perspektivenlernens und des Verstehens von Handlungsmotiven sowie der Gewinnung von Handlungsalternativen"[220] bezeichnen.

Empathie kann dabei als „heuristisches Werkzeug" verstanden werden, um der „Vergangenheit näher zu kommen", eine „Brücke zwischen dem Selbst und dem Anderen zu schlagen" und Alterität „spürbar und erkennbar werden zu lassen"[221]. Gemäß dieser Definitionsansätze umfasst Empathie sowohl kognitive als auch affektive Aspekte und ist erlernbar. Die Empathiefähigkeit der Schülerinnen und Schüler ist ebenfalls eine wichtige Voraussetzung, um die Historizität von gesellschaftlichen Konstellationen erkennen und einen adäquaten Transfer in die Gegenwart vornehmen zu können. Neuralgische Punkte, die von unterschiedlichen Kulturen unterschiedlich bewertet werden, können nicht „weggewischt" werden, sondern müssen thematisiert und – im Sinne einer Ambiguitäts- und Frustrationstoleranz – gegebenenfalls „ausgehalten" werden. Die Schülerinnen und Schüler müssen lernen, mit Widersprüchen und Paradoxa umzugehen; sie sollen nicht vorschnell auf Lösungen zurückgreifen oder auf Ergebnisse kommen, sondern vielmehr unterschiedliche Alternativen durchspielen. Hinzu kommt die Einsicht bei der Begegnung mit kultureller Andersheit und in der Konfrontation mit einem Pluralismus an Ansichten, dass beide Standpunkte richtig sein können – denn es handelt sich um „Wahrheiten ‚für jemanden'"[222].

7.3 Interkulturelles Geschichtslernen: Der Gegenwartsbezug

Aus unserer Gegenwart heraus stellen wir Fragen an die Vergangenheit – das bedeutet auch, dass aktuelle Anliegen das Interesse an der Vergangenheit verändern können. Geschichte gibt eine Antwort auf die Fragestellungen und Herausforderungen der Gegenwart. So ist Geschichte „narratives Wissen, das sich jede Generation immer wieder neu erarbeiten muß, da die Gegenwart sich ständig verändert"[223]. Vor allem müssen Schülerinnen und Schüler dazu befähigt werden, am geschichtskulturellen und geschichtspolitischen Diskurs der Gegenwart teilnehmen zu können.

Globalgeschichtlich und interkulturell orientierte Ansätze sollen das Ziel haben, „to understand our past, comprehend our present, and even to protect our future"[224]. Dieser Orientierungsfunktion von Geschichtsunterricht wohnt immer auch ein Gegenwartsbezug inne. Eine wichtige Erkenntnis des inter- und transkulturellen Geschichtsunterrichts kann darin liegen, dass „Menschen immer in entscheidungsoffenen Situationen leben und durch ihr Handeln Wirklichkeiten schaffen, die bis in die Gegenwart reichen"[225]. Gerade im inter- und transkulturellen Geschichtsunterricht werden immer wieder anthropologische

Grundkonstellationen zum Thema gemacht; dazu gehören z.b. kulturelle Kontaktsituationen, Formen der Migration, der Umgang mit Minderheiten und der Prozess des „Othering", die als existenzielle Fragen und Probleme menschlichen Zusammenlebens bezeichnet werden können. Gleichzeitig ist einem allzu ausgeprägten Fortschrittsoptimismus sowie einem teleologisch ausgerichteten Geschichtsverständnis entgegenzuwirken. Indem sich der interkulturelle Geschichtsunterricht auf vielfältige geschichtskulturelle und geschichtspolitische Ausdrucksformen bezieht und diese Gegenstand einer reflektierten und kritischen Auseinandersetzung werden, verschafft er sich seine Legitimation.

Nicht zuletzt erhält der interkulturell sensible Geschichtsunterricht über seinen Adressatenbezug, d.h. durch die Berücksichtigung einer kulturell heterogenen Schülerschaft und eine entsprechend gestaltete inhaltliche Ausrichtung, einen Gegenwartsbezug.

7.4   Urteilsbildung im interkulturellen Geschichtsunterricht

Schülerinnen und Schüler neigen dazu, Sachverhalte und Probleme der Vergangenheit an ihren eigenen Normen und Wertkategorien der Gegenwart zu messen und vorschnell auf eine Rückständigkeit zu schließen. Ein ähnlicher Effekt mag bei der Urteilsbildung gegenüber außereuropäischen Phänomenen eintreten, indem unbewusst eurozentrische Normen der Gegenwart herangezogen werden. Die große Herausforderung des interkulturellen Fremdverstehens liegt deshalb in allererster Linie darin, der fremden Kultur zunächst nicht urteilend und bewertend entgegenzutreten, um ein Näherkommen überhaupt erst möglich zu machen. So sollte z.b. das von Azteken praktizierte Ritual des Menschenopfers nicht den Blick für ihre hochkulturellen Leistungen versperren. Durch die doppelte Alteritätserfahrung potenziert sich die Herausforderung der Urteilsbildung im interkulturellen Geschichtsunterricht.

Grundlage einer profunden Urteilsbildung ist die Auseinandersetzung mit einem historischen Gegenstand aus verschiedenen Perspektiven. Zu den Gütekriterien eines Urteils gehört, dass es sachlich angemessen, logisch aufgebaut und differenziert ist. Um ein Urteil über historische Sachverhalte und Personen fällen zu können, bedienen wir uns zunächst unseres eigenen Maßstabs, der unweigerlich kulturell bedingt ist. Allzu schnell läuft man Gefahr, diesen Wertmaßstab auf andere, d.h. fremde, Sachverhalte auszudehnen. Dieses Phänomen kann als „expansiver Zentrismus" bezeichnet werden.[226] Eine wichtige Aufgabe von interkulturellem Geschichtsunterricht besteht darin, die

Schülerinnen und Schüler für das „Spannungsverhältnis zwischen historischer und heutiger Sicht"[227] sowie zwischen kulturell bedingten unterschiedlichen Sichtweisen zu sensibilisieren.

Um dem historischen Anderen adäquat und offen begegnen zu können, ist eine Unterscheidung von Sachurteil und Werturteil elementar, auch wenn eine klare Unterscheidung nicht immer möglich ist.[228] Während ein Werturteil aus heutiger Sicht erfolgt und damit auf der Basis heutiger Wert- und Moralvorstellungen getroffen wird, zielt das Sachurteil darauf, Sachverhalte aus den damaligen Wert- und Moralmaßstäben heraus, die die Kultur selbst liefert, zu beurteilen. Beim Werturteil werden schließlich eigene Normen und (kulturelle) Standards bewusst gemacht und kritisch reflektiert.

„Ein qualifiziertes Urteil fällen zu können gilt als die Grundlage, um am politischen Leben der Gesellschaft teilnehmen zu können"[229]: Indem die Schülerinnen und Schüler das Fremde und das Eigene kennenlernen, können sie historische Gegenstände besser einschätzen und in ihrer Wirkung auf die Gegenwart besser beurteilen. Durch multiperspektivische Betrachtungsweisen gelingt es den Schülerinnen und Schülern eher, eigene Urteile kritisch zu überprüfen und zu relativieren. Dabei sollen die Jugendlichen zu einer pluralen Urteilsbildung ermutigt werden, um den Meinungsbildungsprozess als individuellen Akt verstehen und erfahren zu können.

Die Placemat-Methode eignet sich z.B. gut, um Urteilsbildung im (interkulturellen) Geschichtsunterricht zu trainieren. Mithilfe der Erstellung eines Placemat, eines „Platzdeckchens", können Schülerinnen und Schüler in Gruppenarbeit die Vielfalt verschiedener Meinungen und historischer Urteile erarbeiten und diskutieren. Dies erfolgt in den Außenfeldern des Placemat. Indem das Placemat immer ein Feld weiter gedreht wird, erfährt man von den Gedanken der anderen, was die Neugier auf die Sichtweise anderer befördert und einen Meinungspluralismus beflügelt. Unterschiede und Gemeinsamkeiten von historischen Urteilsbildungen bzw. Veränderungen einer historischen Diskussion im Laufe der Zeit können in der Mitte des Placemat festgehalten werden. Damit kombiniert die Placemat-Methode, die dem Methodenfundus des kooperativen Lernens entnommen ist, die Selbstreflexion über ein Thema mit dem Ideenaustausch innerhalb der Gruppe „auf Augenhöhe". Die eigene Meinung kann dadurch weiterentwickelt werden, bevor sie dann anschließend im Plenum diskutiert wird. Die ideale Gruppengröße für die Placemat-Methode liegt zwischen drei und fünf Personen.

7.5 Didaktische Reduktion – Exemplarisches Lernen

„[G]leichzeitig Vertiefung und Überblick", „Einzigartigkeit und Allgemeingültigkeit"[230] – so definiert Barricelli sehr zutreffend das Dilemma des Geschichtsunterrichts. Dies mag auf den interkulturell sensiblen Geschichtsunterricht in verschärfter Form zutreffen. Denn durch dessen globalgeschichtliche und interkulturelle Ausrichtung mag ein Stoffmengenproblem bzw. eine zunehmende Komplexität der Sachverhalte auftreten. Umso wichtiger ist es, nicht in eine „Vollständigkeitsfalle" zu tappen. Bereits Schörken wies in dem wegweisenden Aufsatz „Geschichtsunterricht in der kleiner werdenden Welt" (1980) darauf hin, dass es gilt, „statt der Vogelschau über globale Großräume und deren historischer Tiefendimension […] den Scheinwerferstrahl auf einzelne Mitglieder fremder Gesellschaften in konkreten Lebenssituation", d.h. auf sogenannte „Schlüsselsituationen"[231], zu lenken. Andererseits darf auch nicht eine „schnörkellose", linear ausgerichtete Meistererzählung konstruiert werden.

Bei einer didaktischen Reduktion werden „umfangreiche und komplexe Sachverhalte aufbereitet", um sie „für die Lernenden überschaubar und begreifbar zu machen"[232]. Eine didaktische Reduktion kann in zweierlei Hinsicht erfolgen:[233] Zum einen kann eine entsprechende Auswahl der Inhalte vorgenommen werden, indem der Umfang der Lerninhalte bei der Unterrichtsplanung verringert wird. Zum anderen kann eine Konzentration und Vereinfachung bei der Vermittlung von Lerninhalten erfolgen, indem zentrale Aspekte eines Unterrichtsgegenstands herausgearbeitet werden. Das Konzept der didaktischen Profilierung ermöglicht dabei eine „Reduzierung bei gleichzeitiger Akzentuierung und Perspektivierung von Wissen und Können im Hinblick auf Unterricht". Ziel ist dabei, „die Mehrdeutigkeit von Handlungen, die Multikausalität von Ereignissen, die Offenheit von Konflikten, die Interdependenz von Strukturen, die Gegenläufigkeit und Unterschiedlichkeit von Motiven und Zielen historisch-politischer Aktivitäten sichtbar" zu machen. Dieser reduzierte und neu perspektivierte Unterrichtsgegenstand wird so „in seiner Bedeutsamkeit und Funktion besser erkennbar"[234]. Dies ist der Schlüssel für die Unterrichtsvorbereitung eines interkulturell angelegten Geschichtsunterrichts.

An folgenden allgemeinen didaktischen Prinzipien der Inhaltsauswahl kann man sich zunächst orientieren:[235]

Situations-bezug	Lerninhalte sind auf konkrete gegenwärtige oder zukünftige Situationen hin angelegt.
Wissenschafts-orientierung	Lerninhalte orientieren sich am Kenntnisstand sowie den Inhalten und Methoden der jeweiligen Fachwissenschaft.
Handlungs-orientierung	Lerninhalte bieten Hilfestellung und Orientierung für konkrete Handlungen.
Exemplarik	Lerninhalte werden so ausgewählt, dass sich die Fülle des Wissens an wenigen typischen Fällen (stellvertretend für ähnliche Sachverhalte) abbildet.
Struktur	Lerninhalte transportieren strukturelles Wissen, z. B. Grund-begriffe, Theorieelemente, Modelle und Erklärungsschemata.

Didaktische Reduktion darf aber z. B. nicht die „Reduktion der Sicht einer Minderheit" bedeuten, denn sonst wird durch den Unterricht implizit das „Signal der geringeren Wertigkeit von Minderheiten gegeben"[236].

Exemplarisches Lernen ist als eine spezielle Form der didaktischen Reduktion zu verstehen. Geschichte kann per se nicht den Anspruch erheben, die komplexe Gesamtheit der vergangenen Wirklichkeit vollständig darzustellen. Deshalb ist es notwendig, eine sinnvolle Auswahl erkenntnisleitender historischer Fragestellungen zu treffen. Das exemplarische Lernen bietet Möglichkeiten, einer inhaltlichen Überfrachtung des interkulturellen Geschichtsunterrichts vorzubeugen und eine sinnvolle didaktische Reduktion vorzunehmen. Insbesondere bei einem globalgeschichtlichen bzw. interkulturellen Zugriff auf Geschichte ist es wichtig, „von konkreten Gegenständen und Fragestellungen"[237] auszugehen und interkulturellen Komponenten eine Konturierung zu verleihen.

Das exemplarische Lernen findet vor allem in der Fallanalyse seine Realisierung, d. h. anhand eines konkreten und möglichst repräsentativen Fallbeispiels wird ein Sachverhalt umfassend analysiert und eine Tiefenschärfung vorgenommen. Eine wichtige Aufgabe besteht darin, zu klären, inwieweit „innovative Einzelbeispiele, die eine Vertiefung, Anschaulichkeit und die für das historische Lernen unabdingbare Lebensunmittelbarkeit bieten, dazu genutzt werden können, eine nachvollziehbare globale Synthese zu skizzieren, um die unterschiedlichsten Spuren der Welt zusammenzubringen"[238]. Exemplarisches Lernen basiert auf dem Prinzip der Selektivität. Die besondere Herausforderung des Geschichtsunterrichts liegt darin, „to balance the breadth of historical coverage with occasional in-depth case studies"[239]. Das Exemplarische muss dabei sowohl das Repräsentative als auch das

Besondere des gewählten Beispiels herausstellen. Die Herausforderung besteht außerdem darin, nicht „allzu hemmungslos über den Einzelfall zu generalisieren"[240].

Ein geeignetes Fallbeispiel zeichnet sich dadurch aus, dass es in der Regel zeitlich und räumlich begrenzt ist. Um z.B. zu verdeutlichen, dass die Europäer im Zuge der Eroberung Mittel- und Südamerikas indigene Hochkulturen zerstört haben, muss nicht das gesamte Spektrum präkolumbianischer Kulturen aufgezeigt werden. Vielmehr kann es Sinn machen, eine Auswahl zwischen Azteken, Maya oder Inka zu treffen. Die Beschäftigung mit exemplarischen Fallbeispielen kann aber dazu führen, dass Verbindungslinien und Entwicklungstendenzen im globalhistorischen Zusammenhang verschwimmen. Eine ähnliche Vorgehensweise bietet sich beispielsweise auch bei der Behandlung von Deutschlands kolonialer Vergangenheit an: Koloniale Herrschaftspraxis und Vorgehensweise lassen sich exemplarisch an der Kolonie Deutsch-Südwestafrika aufzeigen. Die Fallbeispiele sollten daher didaktisch so aufbereitet sein, dass sich daraus Regelmäßigkeiten und typische historische Verläufe ableiten lassen. Dennoch dürfte klar sein, dass eine vollständige Transferierung eines historischen Ereignisses nie gänzlich möglich ist; ansonsten verliert sich der Geschichtsunterricht in Pauschalurteilen. So ist zwar z.B. der Genozid an den Herero im größeren Kontext der kolonialen Gewalt zu sehen, er besticht aber durch die Dimension des Ausmaßes und stellt nicht den Normalfall kolonialer Praxis dar. Die Kriterien für die Auswahl eines bestimmten Beispiels müssen dabei transparent gemacht werden: Dies bezieht sich sowohl auf die historische Relevanz als auch die repräsentative Funktion eines ausgewählten Beispiels.

Für eine konkrete und konsequente Umsetzung des exemplarischen Lernens in der Praxis bietet sich im Besonderen das sogenannte „Insel-Fähren-System"[241] an: „Neben Abschnitten in der Unterrichtsplanung, die dazu angelegt sind, eine umfangreichere Beschäftigung mit einem bestimmten Bereich (‚Insel') vorzunehmen, müssen andere Teile verkürzt und komprimiert werden (‚Fähren'), um die nächste ‚Insel' anzusteuern"[242]. „Insel"-Bereiche dienen einer Vertiefung und fungieren als „kategoriale Ankerpunkte". „Fähren", die stärker als Input vorgesehen sind, gewährleisten die Vermittlung eines historischen Gerüsts und die entsprechende kontextuelle Verortung der „Inseln". Wenn Schülerinnen und Schüler z.B. Roosevelts New-Deal-Politik als Antwort auf die Weltwirtschaftskrise von 1929 mit anderen wirtschaftlichen Reaktionen auf globaler Ebene vergleichen sollen, können die einzelnen New-Deal-Verordnungen und Maßnahmen als Lehrervortrag bzw. als Input vorab in Überblicksform gestaltet sein; der Vergleich selbst und die Urteilsbildung gestalten sich dann als eine „Insel".

7.6 Problemorientierung

Durch eine Problemorientierung des Geschichtsunterrichts sollen historische Ereignisse nicht wie Perlen einer Kette aneinandergereiht werden, sondern als Problemstellungen ausgerichtet sein. Daher kann problemorientierter Geschichtsunterricht, dessen Konzept bereits in den 1970er Jahren entstand, als ein „Gegenbegriff zum (herkömmlichen) chronologischen Geschichtsunterricht" verstanden werden[243]. Die Problemorientierung ist zwar grundlegend für jeden nachhaltigen Geschichtsunterricht, erweist sich aber für den interkulturell ausgerichteten Geschichtsunterricht als absolut notwendig, um konstruktiv einem Erwähnungsunterricht entgegenwirken zu können. Nach Hensel-Grobe können sechs Problemkategorien unterschieden werden.[244] Zur besseren Illustration der sechs Kategorien sind als Beispiele mögliche Themenbereiche aus dem interkulturellen Geschichtslernen angefügt worden.

1. Gegenwartsprobleme	Nähe zu aktuellen Diskussionen in der Öffentlichkeit und zur eigenen Lebenswelt Beispiele: • Remigration und Akkulturationsprozesse bei Migration • Umgang mit dem kolonialen Erbe, z. B. Formen der „Wiedergutmachung" gegenüber den Herero • Globalisierung: Motor der Modernisierung? • Der Nationalstaat – ein Auslaufmodell oder ein Erfolgsmodell? • Alexander der Große – ein erfolgreicher Umgang mit fremden Kulturen? • Das Imperium Romanum: Vorbild für Europa?
2. Forschungskontroversen	Kontrovers diskutierte Fragenkomplexe zur Bedeutung und Bewertung von historischen Phänomenen Beispiele: • Ein deutscher „Sonderweg"? • Ein europäischer „Sonderweg"? • Die Russische Revolution: Inspiration für die Gegenwart? • Wer trägt die Verantwortung für den Ausbruch des Ersten Weltkriegs? • Genozid an den Herero – vom kolonialen Genozid zum Holocaust?

3. Probleme der Vergangenheit	Bestimmte Situationen oder Ereignisse, die von Menschen in der Vergangenheit als Problem wahrgenommen wurden
	Beispiele: • Das Osmanische Reich: Vorbild für Europa oder Furcht? • Hexenprozesse: Angst vor Irrationalem? • Romanisierung – ein Fortschritt für die Provinzen oder Unterdrückung der Provinzbewohner? • 8. Mai 1945: Niederlage oder Befreiung? • Die Inka – die Azteken – die Maya: eine „primitive" Kultur? • Juden im Kaiserreich – eine Erfolgsgeschichte? • Freiheit und Einheit im 19. Jahrhundert – überall in Europa? • Afrika im 19. Jahrhundert: Die völlige Unterwerfung eines Kontinents? • Die Weltwirtschaftskrise 1929: Folge einer Globalisierung? • 1914 – Ist der Ausbruch des Krieges zu verhindern? • Deutsche Amerika-Auswanderung: Integration oder Bewahrung eigener kultureller Traditionen?
4. Historizität	Verdeutlichung einer zeitlichen Differenz mithilfe geeigneter Materialien z. B. in der Einstiegsphase des Unterrichts; Frage nach Veränderungsprozessen und Entwicklungen; entdeckendes Lernen für die Schülerinnen und Schüler
	Beispiele: • Entwicklungsländer: Entwicklungsdefizite als Folge des Kolonialismus? • Herausbildung des globalen Handels • Prozess der Romanisierung • Blockbildung und Herausbilden einer bipolaren Weltordnung im Kalten Krieg • Europäisierung der Erde?
5. Probleme der Urteilsfindungen	Multiperspektivität und Kontroversität
	Beispiele: • Der Nationalstaat: Ein europäisches Phänomen? • Atatürk: Staatsgründer, Visionär oder Machtmensch?
6. Probleme der öffentlich inszenierten Geschichtsdeutung	Öffentlich inszenierte Geschichtsdeutungen
	Beispiele: • Karl der Große: Ein deutscher oder ein französischer Kaiser? • 1492 – 1992: Kolumbus feiern? • Deutsch-französisches Erinnern an den Ersten Weltkrieg: Gemeinsames Erinnern – getrenntes Erinnern? • Der Genozid an den Armeniern: Erinnern als schwieriges Unterfangen? • Die Trostfrauen im Zweiten Weltkrieg – Erinnern auch in Deutschland?

Eine besonders hohe Bedeutung wird der Einstiegsphase, in der der Problemaufriss erfolgt, beigemessen.

7.7 Begriffskompetenz und Sprachreflexion

Schon Wilhelm von Humboldt hielt fest, dass jeder Sprache eine „eigenthümliche Weltansicht" innewohne. Dabei wird eine Wechselbeziehung zwischen System, d.h. soziokultureller Ordnung, und Sprache proklamiert. Begriffe geben – ganz im Sinne des „linguistic turn" – Auskunft darüber, wie Menschen ihre Wirklichkeit sehen und interpretieren; durch Begriffe wird sogar eine soziokulturelle Realität geschaffen bzw. konstruiert. Deshalb drückt sich historisches Denken auch in der Sprache und damit in der Verwendung von Begriffen aus. Gleichzeitig verändert sich der semantische Gehalt von Begriffen stetig, denn diese werden im jeweiligen kulturellen Kontext immer wieder aufs Neue verhandelt. Gerade die Vertrautheit mit einem Begriff mag vorschnell den Schluss zulassen, man kenne auch die Sache, die sich dahinter verbirgt. Deshalb müssen Schülerinnen und Schüler dazu befähigt werden, Begriffe als gedankliche Konstrukte, die in einem spezifischen soziokulturellen Kontext entstanden sind, zu entlarven. Interkulturell sensibler Geschichtsunterricht ist immer auch sprachsensibler Geschichtsunterricht.

Sprachgebrauch im Allgemeinen und die Verwendung einer Fachterminologie im Besonderen sind ein Hotspot im interkulturell sensiblen Geschichtsunterricht und müssen einer kritischen Reflexion unterzogen werden: So sind ethnozentrische Ausdrücke fester Bestandteil unserer Sprachverwendung im Geschichtsunterricht geworden. Zahlreiche Begriffe sind einem europäischen Kontext entnommen und wurden ursprünglich für europäische Entwicklungen entworfen. In der Folge sind diese Bezeichnungen oftmals auf andere Kulturkreise transferiert worden; Beispiele hierfür sind Begriffe wie „Königtum", „Feudalismus", „Adel", „Staat" und „Nation", die allzu leicht anderen Kulturkreisen „übergestülpt" werden. Durch die Verwendung gleicher Begrifflichkeiten werden interkulturelle Divergenzen kaum berücksichtigt sowie eurozentrische Kategorien und Vorstellungswelten automatisch auf andere Lebenswelten projiziert. Ziel des interkulturellen Geschichtsunterrichts ist daher, für semantische Unterschiede bei sprachlich gleich anmutenden Begriffen zu sensibilisieren.

Hinzu kommt, dass negativ konnotierte Ausdrücke bis heute verwendet werden, ohne dass dafür ein wirkliches Bewusstsein geschaffen wurde; dazu gehören z.B. „Eingeborene", „Stämme", „Bananenrepublik", „Dschungel", „Häuptling" und „Hottentotten"[245], die keine neutralen Bezeichnungen sind, aber Eingang in unseren alltäglichen Sprachgebrauch gefunden haben. Häufig liegt ein unreflektierter Umgang mit diesen imperialistischen bzw. kolonialen Begriffen vor, ohne dass die ihnen zugrunde liegenden rassistischen Konzepte ausreichend reflektiert werden. Für manche Bereiche des Geschichtsunterrichts wäre eine semantisch differenziertere Ausdrucksweise auch in Schulbüchern erstrebenswert: Dies trifft z.B. im Themenfeld der Migration für die Begriffe „Ausländer", „Fremde", „Migranten" und „Menschen mit Migrationshintergrund" zu.[246]

Sprachsensibler Geschichtsunterricht bietet im Rahmen einer multiperspektivischen Zusammenschau auch die Möglichkeit, dass Schülerinnen und Schüler die Vor- und Nachteile von ähnlich verwendeten Wörtern miteinander abwägen können: Denn Begriffe repräsentieren nicht eine absolute Wahrheit, sondern stellen Möglichkeiten der Bezeichnung und der Klassifikation dar. Da sie ein kulturelles Konstrukt und damit Ausdruck einer Perspektivität sind, sind sie kritisch zu hinterfragen. Beispielsweise kann die Lerngruppe – ausgehend von M4 – kontrovers diskutieren, ob die Landung von Christopher Kolumbus auf Guanahani 1492 und die damit einhergehende Kolonialisierung Mittel- und Südamerikas als „Entdeckung", „Eroberung", „kultureller Austausch" oder als „kulturelle Zerstörung" zu bezeichnen sind und wovon die jeweilige Begriffswahl abhängen kann.

M4

1492 – „Discovery" (2001)
Cartoonstock: scr0081

Klar dürfte aber auch sein, dass sich ohne die jeweiligen Fremdsprachenkenntnisse die Beschäftigung mit Begriffen als schwierig erweisen kann. Gerade im sprachsensiblen Umgang mit Geschichte und in der Einbeziehung einer fremdsprachlichen Terminologie kann, wie es noch aufzuzeigen gilt, der besondere Mehrwert des bilingualen Geschichtsunterrichts liegen.

Welche Methoden können eingesetzt werden, um eine Sensibilisierung für verwendete Begriffe im interkulturellen Geschichtsunterricht zu befördern? Um ähnliche Begriffe besser voneinander abgrenzen und auf historische Sachverhalte adäquat anwenden zu können, eignet sich z. B. die „Vier-Ecken-Methode". Damit findet eine Dekonstruktion der verwendeten Sprache statt, Perspektiven werden bewusst gemacht und kritisch hinterfragt. Dies wiederum kann zu einem besseren Verstehen des jeweils Anderen beitragen. Folgende methodische Anleitung kann den Schülerinnen und Schülern zur Vorbereitung an die Hand gegeben werden:

> **Die Vier-Ecken-Methode**
>
> Jede der vier Ecken im Klassenzimmer steht für eine Meinung, ein bestimmtes Zitat oder eine Aussage.
> - Mach dich zunächst mit den Aussagen in den vier Ecken vertraut.
> - Entscheide dich für die Aussage, der du am ehesten zustimmst. Begib dich in die entsprechende Ecke.
> - Tauscht euch in der Ecke kurz aus und begründet eure Wahl.

Die Methode der „Zielscheibe"[247] kann ebenfalls zu einer Sensibilisierung für unterschiedliche Ausdrücke, zur Begriffsschärfung und Konkretisierung abstrakt anmutender Begriffe beitragen. Dabei ist vorgesehen, dass die Schülerinnen und Schüler in Kleingruppen von ca. drei bis fünf Personen vorgegebene (gegebenenfalls auch eigene) Begriffe auf einem Plakat, das eine aufgemalte Zielscheibe enthält, platzieren. Diese können das Themengebiet näher erläutern, deuten und analysieren. Dabei üben sich die Schülerinnen und Schüler im Argumentieren, indem sie die Positionierung der Begriffskärtchen in der Kleingruppe aushandeln müssen, sowie in der eigenständigen Narration, Deutung und Konstruktion von Geschichte. Die Platzierung des Themas soll die Bedeutsamkeit für das Thema widerspiegeln. Themenbeispiele aus dem interkulturell sensiblen Geschichtsunterricht, die sich für diese Methode eignen, können sein:

- „Was ist Kolonialismus?"
- „Was sind die Kreuzzüge?"
- „Was sind Flucht und Vertreibung im Kontext des Zweiten Weltkriegs?"

8. Der Vergleich und der Transfer im interkulturellen Geschichtsunterricht

Bei der Auseinandersetzung mit dem Fremden setzen die Schülerinnen und Schüler unweigerlich das Unbekannte in Relation zum Vertrauten. Um an Bekanntes anzuknüpfen, die auftretende kulturelle Differenz zu schließen, die kulturelle Irritation überwinden bzw. historische Phänomene besser wahrnehmen zu können, eignet sich der historische Vergleich sowie der Transfer.

8.1 Der Vergleich: Komparatistische Ansätze beim interkulturellen Lernen

Mit dem „cultural turn" gewann auch die vergleichende Geschichtswissenschaft zunehmend an Bedeutung: Erst durch eine Perspektive des „Queer'-Fragens, der Herstellung unerwarteter Verknüpfungen, des überraschenden Vergleichs, der in der Konfrontation mit dem ‚Fremden' […] das ‚Eigene' relativiert", entfaltet sich das Potenzial interkulturellen Geschichtslernens.[248] Durch Vergleiche des Eigenen mit dem Fremden kann z.B. die eigene Identität besser wahrgenommen werden. Beim „Inbeziehungsetzen" sollen unterschiedliche Kulturen aber nicht gegeneinander ausgespielt oder aufeinander reduziert werden. Vielmehr kann der Vergleich als Vehikel betrachtet werden, um didaktische Prinzipien wie Multiperspektivität, Kontroversität und Gegenwartsbezug in der Praxis des Geschichtsunterrichts umzusetzen. In der konkreten Anwendung bleibt der interkulturelle Vergleich stets auch eine „Gratwanderung zwischen Abstraktion und Konkretisierung, Deduktion und Induktion"[249]. Hinzu kommt, dass der „antrainierte Blick für die Komplexität […] den Zugang zum Vergleich" erschweren mag.[250] Erst durch eine sinnvolle Auswahl an Kategorien wird Vergleichbares konstruiert und der Weg zum Vergleich geebnet.

Interkulturelle Vergleichsansätze müssen über den bloßen Erwähnungscharakter hinausgehen. Ein Vergleichen von historischen Phänomenen sieht in der Regel eine ausgewogene Untersuchung auf Gemeinsamkeiten und Unterschiede vor. Das „tertium comparationis" bildet dabei die jeweilige Kategorie des Vergleichs. Hartmut Kaelble definiert den Vergleich in der Geschichte als „die explizite und systematische Gegenüberstellung von zwei oder mehreren historischen Gesellschaften, um Gemeinsamkeiten und Unterschiede sowie Prozesse der Annäherungen und Auseinanderentwicklungen" herauszustellen.[251] Zentral für den historischen Vergleich ist eine klare Definition der zu vergleichenden Teilaspekte, was eine entsprechende Eingrenzung von Themenfeldern voraussetzt.

In der Geschichtsdidaktik kann prinzipiell zwischen einem synchronen und diachronen Vergleich unterschieden werden. Beim synchronen Vergleich werden historische Ereignisse und Entwicklungen, die zeitgleich in unterschiedlichen Regionen und Kulturen zu verorten sind, miteinander verglichen: Eine Art Momentaufnahme der historischen Betrachtung wird generiert; man spricht hier auch von der „Ungleichzeitigkeit des Gleichzeitigen". Der Querschnitt ermöglicht einen facettenreichen und oftmals multiperspektivischen Einblick innerhalb eines festgelegten Zeitraums. Durch einen synchronen Vergleich von Bekanntem mit Unbekanntem kann insbesondere Fremdverstehen befördert werden. Beispiele für Querschnitte im interkulturell sensiblen Geschichtsunterricht sind z. B.:

- der „Europäische Völkerfrühling" bzw. die 1848er-Revolutionen im europäischen Vergleich
- 1945 aus lokaler, nationaler, europäischer und internationaler Perspektive: z. B. die Situation von „displaced persons", Rückkehr aus dem Exil, Flucht und Vertreibung, Umgang mit Akteuren des nationalsozialistischen Terrorregimes
- das „Zeitalter des Imperialismus" aus der Perspektive verschiedener europäischer Länder und unterschiedlicher kolonialisierter Völker

Ein besonderes Potenzial von komparatistisch angelegten Querschnitten liegt darin, interkulturelle Verflechtungen und Synergieeffekte darstellen zu können und der Komplexität historischer Wirkungszusammenhänge besonders gerecht zu werden. Außerdem können unterschiedliche gleichzeitig stattfindende Handlungsreaktionen miteinander verglichen sowie ein Bündel an möglichen Handlungsoptionen erarbeitet und Handlungsalternativen ausgelotet werden. Um immer wieder die vorherrschende nationale Perspektive zu erweitern und nationale Schwerpunktsetzungen aufzubrechen, bietet sich im Besonderen der raumbezogene Vergleich[252] an, eine spezielle Form des synchronen Vergleichs.

Im Gegensatz dazu ist der Längsschnitt ein Vergleich über einen längeren Zeitraum, oftmals auch über Epochengrenzen hinweg. Solch ein diachroner Zugang sieht den Vergleich von historischen Phänomenen zu unterschiedlichen Zeiten und gegebenenfalls Orten vor und eignet sich besonders dafür, den Wandel von historischen Phänomenen, d.h. Kontinuität und Diskontinuität, herauszustellen sowie einen Gegenwartsbezug zu berücksichtigen. Diese Form des Vergleichs kann auch als eine „Gleichzeitigkeit des Ungleichzeitigen" bezeichnet werden. Beispiele für Längsschnitte im interkulturell sensiblen Geschichtsunterricht sind z.B.:

- die Migration in Geschichte und Gegenwart,
- jüdisches Leben in Deutschland,
- Umgang mit Fremdem, Umgang mit Andersdenkenden,
- die Kreuzzugsidee,
- die Geschichte der Globalisierung.

Eine Herausforderung mag darin liegen, über ausreichendes Hintergrundwissen zu verfügen, um historische Phänomene und Prozesse adäquat im jeweils spezifischen breiter angelegten historischen Kontext verankern zu können und nicht isoliert zu betrachten. Denn ansonsten trägt der Vergleich zu einem schemenhaften und holzschnittartigen Blick auf Geschichte bei. Der konkrete Vorher-Nachher-Vergleich, durch den Veränderungen erklärt und Prozesse aufgezeigt werden können, ist eine spezielle Form des diachronen Vergleichs. Ein Beispiel hierfür ist ein Vergleich des präkolonialen mit dem kolonialen und postkolonialen Afrika.

Ein Vergleich mag zunächst implizieren, dass die beiden Vergleichseinheiten zwei voneinander getrennte Gegenstände darstellen; dies kann sich als trügerisch erweisen. Denn durch Kulturtransfer, transnationale Beziehungen und Vernetzungen z.B. in Form von Reisen, Migration und durch wirtschaftliche, diplomatische oder kriegerische Kontakte können Vergleichsobjekte miteinander verflochten sein. Daher sollte einem komparatistischen Zugriff auf ein interkulturelles Thema nicht ein primär binäres oder gar antithetisches Denken zugrunde gelegt werden – vielmehr trifft oftmals das Gegenteil zu. Indem der Vergleich Schülerinnen und Schüler zu einer differenzierten Sichtweise auf zwei Untersuchungsgegenstände verhilft, sensibilisiert er für mögliche Gemeinsamkeiten und beziehungsgeschichtliche Verknüpfungen.

Durch den historischen Vergleich kann Unbekanntes besser eingeordnet werden. Historische Themen lassen sich leichter erfassen, wenn sie aus einem anderen Blickwinkel betrachtet bzw. einem verwandten Phänomen gegenübergestellt werden. Durch Analogien und Kontraste gewinnen europäische und außereuropäische Sachverhalte an Kontur, können gegebenenfalls schärfer wahrgenommen werden und erfahren dadurch eine Kategorisierung. So können „kulturelle Vergleiche" ein „strukturierendes Moment" innehaben: „Es macht keinen Sinn, die Kenntnis außereuropäischer Räume und Netzwerke additiv zu vermehren. Sinnvoller erscheint, sie in Vergleichen zu organisieren"[253]. Beispiele hierfür können sein:

- das europäische Rittertum im Vergleich mit den japanischen Samurai,
- der Limes im Vergleich mit der Chinesischen Mauer,
- Voraussetzungen der Industrialisierung in Deutschland im Vergleich mit Frankreich.

Ausgehend von diesen Beispielen kann eine weitere Unterscheidung des Vergleichs vorgenommen werden: Der symmetrische Vergleich geht eher von einer Gleichwertigkeit der beiden Analyseeinheiten aus. Im Gegensatz dazu findet beim asymmetrischen Vergleich ein Vergleich zwischen zwei Phänomenen statt, vorwiegend um ein besseres Verständnis einer der beiden Analyseeinheiten zu erhalten.[254]

Damit Schülerinnen und Schüler möglichst selbstständig „mit einem begrifflichen Instrumentarium systematisch Fragen an die Geschichte [...] stellen"[255] sowie Bezüge und Vergleiche herstellen können, ist kategoriales Denken eine wichtige Voraussetzung. Solche geschichtsdidaktischen Kategorien sind z.B. Staat, Wirtschaft, Formen der Partizipation, Krieg und Frieden, Gleichheit und Ungleichheit. Indem diese Kategorien aus Leit- und Schlüsselproblemen der Gegenwart heraus entwickelt werden und damit eine geschichtskulturelle Problemorientierung und Relevanz erhalten, liefern sie eine wichtige Strukturierungshilfe bei der Erarbeitung historischer Themenbereiche.[256] Jedoch müssen Schülerinnen und Schüler dafür sensibilisiert werden, dass Vergleichskategorien, das sogenannte „tertium comparationis", kulturelle Konstrukte darstellen, d.h. eine räumliche und zeitliche Kontextbindung aufweisen, und daher nicht ohne Weiteres auf andere Kulturen übergestülpt werden können oder gar eine transkulturelle Bedeutung haben.

Ein Erkenntnisgewinn beim Vergleich historischer Sachverhalte kann auch darin liegen, „Gemeinsamkeiten nationalstaatlicher Geschichte im transnationalen Vergleich"[257] und gegebenenfalls allgemeine Phänomene menschlicher Existenz herauszustellen. Vergleichende Ansätze tragen in der Geschichtswissenschaft auch dazu bei, den „deutschen Sonderweg" kritisch zu hinterfragen, gegebenenfalls zu dekonstruieren und Platz zu schaffen für eine weitgespanntere europäische Perspektive, mithilfe derer deutsche Entwicklungen in einen größeren europäischen Kontext gestellt und nicht von den europäischen

Entwicklungen separiert werden.[258] Im Rahmen eines Vergleichs unterschiedlicher europäischer Länder zwischen dem Ersten und dem Zweiten Weltkrieg kann man dann zu der Erkenntnis gelangen, dass nicht nur in Deutschland die Demokratie scheiterte. Dadurch werden nationalspezifische Einflussfaktoren relativiert und externe Einflussfaktoren stärker berücksichtigt; dies führt dazu, dass „Distanzen zwischen dem Eigenen und dem Fremden […] kürzer"[259] und gegebenenfalls als Konstrukte entlarvt werden. Interkulturelle Vergleiche tragen außerdem dazu bei, die europäische Kultur und ihre zivilisatorischen Leistungen zu relativieren. Nicht zuletzt können im Vergleich historische Sachverhalte neu überdacht bzw. „neu zusammengepuzzelt" werden: Der Vergleich bildet gleichsam ein Sprungbrett für die eigenständige Urteilsbildung der Schülerinnen und Schüler.

Kritisch muss aber die Frage gestellt werden, inwiefern der Vergleich der Singularität einer Gegebenheit und dem Prozesscharakter von Entwicklungen gerecht wird. Da der Vergleich auf konstruierten Zustandsbeschreibungen basiert, mutet er nicht selten ahistorisch an.[260] Hinzu kommt, dass der „andere" Kulturkreis nicht zum bloßen Objekt des Vergleichs werden darf. So ist zu beachten, dass es sich bei den Vergleichsobjekten, wie bereits gezeigt wurde, oftmals um keine völlig voneinander separaten Entitäten handelt, sondern auch Verbindungslinien und wechselseitige Beeinflussungen bestehen können. Außerdem muss man kritisch hinterfragen, inwiefern das kulturelle Referenzsystem und der nationale Bezugsrahmen relativiert oder zu stark kategorisiert werden. Wenn deutsche mit europäischer Geschichte bzw. europäische mit außereuropäischen Objekten verglichen werden, besteht die Gefahr der Essenzialisierung europäischer bzw. außereuropäischer Kulturen und Gesellschaften, indem diese als statisch wahrgenommen und auf ihre Andersartigkeit festgeschrieben werden.[261]

Abschließend kann festgehalten werden: Im Zusammenhang mit Vergleichen trainieren Schülerinnen und Schüler einen umfassenden Umgang mit Geschichte, denn dieser beinhaltet sowohl das Re- als auch das Dekonstruieren von Geschichte. Anhand des historischen Vergleichs wird die Gegenwartsgebundenheit und Gegenwartsbezogenheit sowie der Konstruktcharakter von Geschichte verdeutlicht.[262] Darin liegt sein großes didaktisches Potenzial begründet. Jedoch lässt sich in vielen Fällen der Vergleich historischer Strukturen nicht scharf von der Analyse einer Beziehungsgeschichte trennen. Im methodensensiblen Geschichtsunterricht können Vor- und Nachteile des Vergleichs, die Auswahl der Vergleichsgegenstände und die verwendeten

Vergleichskategorien beleuchtet sowie dessen Konstruktcharakter einer methodenkritischen Reflexion unterzogen werden.[263]

8.2 Der Transfer beim interkulturellen Lernen

Sowohl der Vergleich als auch der Transfer erfordern ein gewisses Maß an Abstraktionsvermögen. Beide historische Operationen setzen zwei oder mehr Vergleichseinheiten mithilfe von kategorialen Einheiten miteinander in Bezug. Obwohl der Vergleich und die Transferanalyse ein unterschiedliches Vorgehen und unterschiedliche Zielsetzungen vorsehen, können sie sich sinnvoll ergänzen. Der Transfer ermöglicht es, noch stärker historische Phänomene in größeren Lernzusammenhängen zu verorten. Gelerntes Wissen kann z.B. in Form eines Transfers und einer Analogiebildung in Beziehung zu einem anderen europäischen bzw. außereuropäischen Phänomen gesetzt werden. Folgende erweiterte Definition von „Transfer" schlägt Gerhard Schneider vor:

„Unter Transfer [...] versteht man die Relativierung und Übertragung von bereits Gelerntem und das An- und Verwenden von Kenntnissen, Einsichten, Fähigkeiten, Fertigkeiten, die in früheren Unterrichtszusammenhängen erworben wurden, in neuen Lern- und außerschulischen Lebenszusammenhängen."[264]

Indem im Geschichtsunterricht immer wieder Transferwissen aktiviert wird und historische Analogien hergestellt werden, erkennen die Schülerinnen und Schüler, dass Ereignisse nicht als Einzelphänomene isoliert – abgekapselt von anderen historischen Prozessen – auftreten. Obwohl historische Phänomene nicht miteinander gleichgesetzt werden können, vermag die historische Analogiebildung für den Umgang mit vergleichbaren Situationen zu sensibilisieren. Dies kann bei den Schülerinnen und Schülern zu einer besseren Orientierung in Geschichte und Gegenwart beitragen.

Im interkulturellen Geschichtsunterricht spielt vor allem die „Transferform, die auf strukturelle Ähnlichkeit und Vergleichbarkeit sowie auf die Wechselwirkung von Ereignissen abhebt"[265], eine wichtige Rolle. Transfers können durchgeführt werden, indem prototypische „nationale" bzw. „europäische" Phänomene auf europäische oder internationale Schauplätze transferiert werden. Ein sinnvoller Transfer wird z.B. vollzogen, wenn nach der Behandlung der Französischen Revolution Revolutionsmerkmale und Kategorien auf Revolutionen in einem europäischen oder internationalen Kontext, d.h. auf globale Schauplätze, transferiert werden. Bei einer solchen Vorgehensweise kann dann sogar die kubanische Revolution (ab 1957) und die islamische Revolution im Iran (1979) Eingang in den Geschichtsunterricht finden, ohne dass man sich en détail mit kubanischer oder iranischer Geschichte auseinandersetzt. Weitere Möglichkeiten des Transfers sind,

- die Mechanismen von Migration und Formen der Akkulturation in der neuen Heimat, z.B. von der deutschen Amerika-Auswanderung auf die Zuwanderung von Polen ins Ruhrgebiet im letzten Drittel des 19. Jahrhunderts, zu transferieren.
- die Mechanismen der Ausgrenzung von Minderheiten, z.B. der Juden, auf die Ausgrenzung der Sinti und Roma zu transferieren.
- die Praxis der englischen oder deutschen Kolonialpolitik und der kolonialen Kriegführung auf die Politik anderer europäischer Staaten zu transferieren.

Anhand dieser Beispiele zeigt sich, dass dem Transfer – ähnlich wie dem Vergleich – ein besonderes Strukturierungsmoment innewohnt. Jedoch ist er immer auch eine Gratwanderung zwischen der Analyse von allgemeinen Strukturmerkmalen und der Betonung der jeweils spezifischen Ausprägung im Einzelfall.

9. Das Potenzial von Quellen im interkulturellen Geschichtsunterricht

Im Folgenden gilt es, Quellen in ihren Möglichkeiten für den interkulturellen Geschichtsunterricht zu erschließen. Interkultureller Geschichtsunterricht sollte im Sinne eines Diversity-Ansatzes den Anspruch erheben, prinzipiell eine Vielzahl kultureller Artikulationsformen zu berücksichtigen und miteinander zu kombinieren. Im Hinblick auf die Interpretation von schriftlichen Quellentexten ist zu beachten, dass Darstellungen in ihrem jeweiligen kulturellen, nationalen oder ideologischen Kontext zu begreifen sind und die Perspektivität herauszuarbeiten ist. Sofern möglich bietet sich eine multiperspektivische Zusammenschau an Texten an, um verschiedene Wahrnehmungen und Standpunkte zu präsentieren. Jedoch verfügen wir oftmals über relativ wenig Quellenmaterial von Andersdenkenden, um ein „echtes Fremdverstehen" zu befördern; die Rekonstruktion der Sichtweisen der Anderen kann sich als eine große Hürde erweisen, da ihnen mitunter ein Schreibverbot auferlegt war oder ihre Hinterlassenschaft bewusst nicht tradiert wurde.

Reiseberichten, Tagebucheinträgen und Briefen ist gemeinsam, dass sie Selbstzeugnisse – sogenannte Ego-Dokumente – sind und dadurch ein empathisches Potenzial besitzen. Als Selbstzeugnisse können „Äußerungen einer Person, die Auskunft geben können über deren Lebensverhältnisse, Erfahrungen und Erlebnisse, Wahrnehmungen und Befindlichkeiten, Wünsche und Hoffnungen, Selbst- und Weltbilder"[266], bezeichnet werden. Gerade im Rahmen des „cultural turn" gewann die subjektive Wahrnehmung von Zeitgenossen an Bedeutung und wurden diese Formen der Sinn- und Bedeutungsstiftungen zunehmend berücksichtigt. Reiseberichte, Tagebucheinträge und Briefe vermögen es, Neugierde bei Schülerinnen und Schülern zu wecken, weil sie oftmals aus einer räumlichen und zeitlichen Distanz verfasst wurden, aber doch gleichzeitig ein Gefühl von Nähe und emotionaler Betroffenheit erzeugen können. Sowohl der Reisebericht als auch der Brief lassen auf besonders anschauliche und direkte Weise Alterität, d.h. die Erfahrung oder Erkenntnis von Andersartigkeit, zu. Daher nehmen diese Textgattungen im interkulturell sensiblen Geschichtsunterricht einen besonderen Stellenwert ein.

Gerade am Beispiel von autobiographischen Zeugnissen lässt sich auf sehr anschauliche und konkrete Weise exemplarisch die Überschreitung kultureller Grenzen und ein Agieren auf globaler Bühne aufzeigen.[267] Durch den didaktischen Ansatz der Personalisierung kann der oftmals abstrakt anmutenden interkulturellen Geschichte ein konkretes Gesicht gegeben werden, denn der Wandernde zwischen den Kulturen ermöglicht im Besonderen einen Blick auf „inter- und transkulturelle Beziehungsgeschichte"[268]. Konflikthaltige Momente, kulturelle Neugier, aber auch kulturell bedingte Voreingenommenheit sowie neue Erkenntnisse vereinen sich insbesondere in sogenannten „kulturellen Grenzgängern"[269].

Bei der Betrachtung von „kulturellen Grenzgängern" kann eine wichtige allgemeine Erkenntnis darin liegen, dass Personen zwar „im Bedingungsrahmen ihrer Zeit" stehen, aber auch „mit ihren Ideen und Fähigkeiten Spielräume und Gestaltungsmöglichkeiten haben"[270]. Bei der Behandlung im Geschichtsunterricht gilt, sie nicht nur als „große Männer" und progressive Vorreiter gelebter Interkulturalität darzustellen, sondern sie auch kritisch zu reflektieren und ihren geschichtskulturellen Umgang zu beleuchten. So haben z.B. Feierlichkeiten zum Columbus Day Empörung und kontroverse Debatten hervorgerufen. Auch Personengruppen wie Kriegsgefangene und Migranten[271] können im Sinne einer „Geschichte von unten" als Kulturmittler bzw. Agenten kultureller Normen und Werte herangezogen werden. Hinzu kommt, dass „kulturelle Grenzgänger" und ihre persönlichen Erfahrungen für Jugendliche mit Migrationshintergrund ein höheres Identifizierungspotenzial besitzen.

9.1 Der Reisebericht als besondere Quellengattung

Reiseberichte sind in der Regel Selbstzeugnisse, die sowohl das Fremde als auch das Eigene wahrnehmen und reflektieren. Sie erlauben eine intensive Auseinandersetzung mit Fremderfahrung, da sie häufig in der Intention verfasst werden, die eigene mit der fremden Kultur zu vergleichen, und aufgrund der tatsächlich vorhandenen Reiseerfahrung einen Anspruch auf Authentizität erheben. Hierbei gilt es, die Perspektive des Reisenden, d.h. die damit einhergehende Subjektivität und die selektive Wahrnehmung des Erzählers sowie das Aufeinandertreffen der eigenen mit der bereisten Kultur herauszuarbeiten. Oftmals offenbart sich auch eine Dialektik des Kulturkontakts – der Reisende ist hin- und hergerissen zwischen einer Faszination für das Exotische und gegebenenfalls dem Gefühl der Abstoßung für das Andere.[272] Reiseberichte können nicht nur analysiert werden, sondern erlauben auch einen handlungsorientierten Zugriff: Schülerinnen und Schüler können selbst einen Reisebericht verfassen, indem sie z.B. zentrale Stationen in Europa im Jahr 1849 auf einer fiktiv angelegten Reise besuchen und über den Übergang von der Revolution zur Gegenrevolution aus der Perspektive eines Zeitgenossen berichten.

Beispiel: Georg Forster: Der Reisebericht im 18. Jahrhundert

Speziell im 18. Jahrhundert kam es zu einem regelrechten Aufschwung von Reisen und Berichten darüber. Ganz im Geiste der Aufklärung sollten Reisen zu einer Erweiterung des Horizonts beitragen und galten als ein wichtiges Mittel zur Bildung. Die Grundlage hierfür bildete eine ethnographische Neugier des Reisenden. Das Menschenbild beruhte in der Aufklärung auf dem Ideal des vielseitig interessierten Weltbürgers. Die Auseinandersetzung mit dem Fremden führte unweigerlich zu einer Beschäftigung mit der eigenen Identität und zu einer neuen Standortbestimmung. Den Aufklärern wurde so klar, dass die individuelle Sicht auf die Dinge von der eigenen Kultur mitgeprägt ist. Große Verkaufserfolge stellten insbesondere die Reiseberichte zu den Erkundungsfahrten von Captain James Cook (1728–1779) dar. Georg Forster (1754–1794), eine Verkörperung des „kulturellen Grenzgängers" im 18. Jahrhundert, begleitete als Botaniker zusammen mit seinem Vater Johann Reinhold die zweite Weltumseglung Cooks (1772–1775) auf der Südhalbkugel und schrieb einen eigenen Bericht dieser Fahrt: „Reise um die Welt". Besonders detailliert beschreibt Forster seinen Aufenthalt auf der Südseeinsel Tahiti:

M5 Mensch und Natur im Einklang? – Das Beispiel Tahiti

Das ungewöhnlich sanfte Wesen, welches ein Hauptzug [des] National-Charakters [der Einwohner Tahitis] ist, leuchtete sogleich aus allen ihren Gebärden und Handlungen hervor, und gab einem jeden, der das menschliche Herz studierte, zu Betrachtungen Anlass. Die äußeren Merkmale, durch welche sie uns ihre Zuneigung zu erkennen geben wollten, waren von verschiedener Art; einige ergriffen unsere Hände, anderen lehnten sich auf unsere Schultern, noch andere umarmten uns. […]

Als wir am folgenden Tag früh aufs Verdeck kamen, um die kühle Morgenluft zu genießen, fanden wir die herrlichste Aussicht vor uns; und der Morgenglanz der Sonne breitete gleichsam doppelte Reize über die natürlichen Schönheiten der Landschaft aus. Der Hafen, in welchem wir lagen, war nur klein, dergestalt, dass unsere beiden Schiffe ihn fast gänzlich ausfüllten; das Wasser aber war in selbigem so klar als ein Kristall, und so glatt als ein Spiegel. […] Auf der Landseite erblickte das Auge vor den Bergen her eine schmale Ebene, deren fruchtbares Ansehen all ihren Bewohnern Überfluss und Glückseligkeit zu gewähren schien. […] Der Himmel war heiter und die Luft erquickend warm; kurz, alles flößte uns neues Leben und neuen Mut ein. […]

Für ein empfindsames Gemüt ist aber das wahrlich ein tröstlicher Gedanke, dass Menschenliebe dem Menschen natürlich sei und dass die wilden Begriffe von Misstrauen, Bosheit und Rachsucht nur Folgen einer allmählichen Verderbnis der Sitten sind. […] So waren sie auch gleich bereit, die Fremdlinge [= die Teilnehmer der Expedition] mit offenen Armen zu empfangen, das vorgefallene Missverständnis zu vergessen, und sie freigebig an den Naturgütern der Insel Teil nehmen zu lassen. Einer übertraf den andern an Gastfreiheit [= Gastfreundschaft] und Freundschaft, vom geringsten Untertanen an bis zur Königin […]. Zu O-Tahiti [Forster Bezeichnung für Tahiti] hingegen, ist zwischen dem Höchsten und Niedrigsten, im Ganzen genommen, nicht einmal ein solcher Unterschied, als sich in England zwischen der Lebensart eines Handwerksmannes und eines Tagelöhners findet. […]

Sie [= die Einwohner Tahitis] bewohnen ein Land, wo die Natur mit schönen Gegenden sehr freigebig gewesen, wo die Luft beständig warm, aber von erfrischenden See-Winden stets gemäßigt, und der Himmel fast beständig heiter ist. Ein solches Klima und die gesunden Früchte verschaffen den Einwohnern Stärke und Schönheit des Körpers. […]

Große Augen, gewölbte Augenbrauen und eine hervorstehende Stirn geben ihnen ein edles Ansehen, welches durch einen starken Bart und Haarwuchs noch mehr erhöhet wird. […] In der Lebensart der Tahitier herrscht durchgehend eine glückliche Einförmigkeit. […] Zufrieden mit dieser einfachen Art zu leben, wissen diese Bewohner eines so glücklichen Klimas nichts von Kummer und Sorgen, und sind bei aller ihrer übrigen Unwissenheit glücklich zu preisen.

1. Zeige auf, wie der Naturraum von Tahiti beschrieben wird.
   a) Markiere die Stellen mit einem gelben Stift im Text.
   b) Schreibe die von Forster verwendeten Adjektive und wertenden Substantive links vom Text auf.

2. Zeige auf, wie die Bewohner von Tahiti beschrieben werden.
   a) Markiere die Stellen mit einem roten Stift im Text.
   b) Schreibe die von Forster verwendeten Adjektive und wertenden Substantive rechts vom Text auf.

3. Erläutere, zu welcher Einschätzung Forster bezüglich der Beziehung zwischen Mensch und Natur auf Tahiti kommt.

4. Beurteile, ob Forsters Meinung gerechtfertigt ist, Tahiti als ein Gegenmodell zum Europa der zweiten Hälfte des 18. Jahrhunderts zu bezeichnen.

Forster, Georg ²2007: Reise um die Welt. Illustriert von eigener Hand. Frankfurt/M.,
S. 178, 183, 205, 224, 376 f. Aus: Gentner, Elisabeth 2014: Mit Forster um die Welt.
Reiseberichte der Aufklärung. Erweiterung des Horizonts. In: Praxis Geschichte,
H. 5, S. 42.

Anhand dieses ausgewählten Textausschnitts aus Forsters Reisebericht
können die Schülerinnen und Schüler erkennen, dass dieser mit seiner
Beschreibung der Bewohner Tahiti als ein Gegenmodell zum Europa
der zweiten Hälfte des 18. Jahrhunderts konstruiert. Die fast paradiesischen Verhältnisse auf Tahiti, die Eleganz der Einfachheit und das
Ideal des „edlen Wilden" bilden einen starken Kontrast zum politisch
und wirtschaftlich instabilen Europa des 18. Jahrhunderts. Im Sinne
eines Diversity-Ansatzes kann herausgearbeitet werden, wie das „kulturell Eigene" als von großen sozialen Unterschieden geprägt wahrgenommen wird. Forsters Tahiti-Bericht zeugt von einer Suche nach
Freiheit, weniger großen Klassenunterschieden und der reinen Form
natürlicher Menschheit; die Bewohner von Tahiti werden dadurch zu
einer Projektionsfläche von Forsters eigenen Sehnsüchten. Dies kann
von den Schülerinnen und Schülern durch die verschiedenfarbigen
Textmarkierungen und beidseitigen Randnotizen übersichtlich gekennzeichnet und herausgearbeitet werden.

9.2 Der Brief als besondere Quellengattung

Der Brief ist eine Form der schriftlichen Kommunikation zwischen
Menschen, die in der Regel räumlich voneinander getrennt leben und
ihrem Gegenüber aus ihrer Erfahrungswelt berichten möchten. Vor
der Erfindung der Telegrafie und des Telefons war er neben der Post-
und Ansichtskarte die einzige Kommunikationsmöglichkeit zwischen
räumlich getrennten Personen. Kennzeichnend für Briefe ist ihr dia-
logischer Charakter, oftmals entstanden sie im Kontext von Tren-
nungssituationen. Insbesondere Privatbriefe geben einen vielschichtigen Einblick in die Erfahrungen, Erlebnisse und Meinungen eines
Individuums, konnten aber auch unter Zensurbedingungen stehen.
Durch die Berücksichtigung alltagsgeschichtlicher Aspekte können sie
eine Geschichtsbetrachtung „von unten" befördern. Daher sind Briefe
eine „bevorzugte Quelle für Subjektivität und Individualität"[273]. An

den folgenden Beispielen für Briefe zeigt sich das interkulturelle Potenzial dieser Quellengattung besonders deutlich:

- Briefe von Auswanderern bzw. Daheimgebliebenen
- Briefe aus den Kolonien bzw. dem Mutterland
- Feldpostbriefe, z. B. im Ersten und Zweiten Weltkrieg
- Briefe von Zwangsarbeitern im Zweiten Weltkrieg
- Briefe aus der Kriegsgefangenschaft
- Briefe zwischen der DDR und der BRD

So ist z. B. durch die Auswandererbriefe ein personalisierter und lokal verorteter Zugang zur globalen Migrationsgeschichte möglich: Ein regional zu verortendes Individuum bewegt sich auf einer globalgeschichtlichen Bühne – Mikro- und Makrogeschichte verschmelzen miteinander. Insbesondere die „Amerikabriefe" von ausgewanderten Deutschen an die zurückgebliebenen Freunde und Verwandten geben einen wichtigen Einblick in den wechselvollen Alltag und damit in die ganz individuellen Hoffnungen, persönlichen Ängste und Erfolgserlebnisse der Migranten. Häufig finden wir in diesen Briefen Vergleiche zwischen Auswanderungs- und Herkunftsland. Sie zeigen auf, wie weit fortgeschritten bereits die Akkulturation in der neuen Heimat war und wie sehr man noch mit den ursprünglichen kulturellen Traditionen verwurzelt war. Indem Schülerinnen und Schüler über den Einsatz von Einwandererbriefen als Quellenmaterial sowie über Stärken und Schwächen dieser Quellengattung reflektieren, kann ihre quellenkritische Kompetenz gestärkt werden. Dabei zeigt sich, dass über das Medium Brief kulturelle Brücken gebaut und kulturelle Austauschprozesse initiiert werden können.

Krieg kann als ein Negativbeispiel kultureller Kontakte bezeichnet werden, denn im Krieg werden „schroffe Grenzen zwischen Freund und Feind gezogen"[274] – gleichsam „kulturelle Grenzen" konstruiert und „kulturelle Abgrenzungen" intensiviert. Feldpostbriefe, eine wichtige Quellengattung zur Alltagsgeschichte an der Front, stellten lange Zeit die einzige Kommunikation zwischen den Soldaten an der Front und ihren Familien in der Heimat dar und konnten so als kulturelle Brücken zwischen Front und Heimat fungieren. Vor allem im Ersten Weltkrieg erlangte die Verbindung zwischen Front und Heimat in Form von Feldpostbriefen einen besonderen Stellenwert; sie entwickelten sich zu einem massenhaft genutzten Kommunikationsmittel, unterlagen aber gleichzeitig der Zensur. Feldpostbriefe enthalten nicht nur Informationen zu Erfahrungen und zur individuellen Einstellung zum Krieg, sondern auch eine Beschreibung des Kriegsgegners und oftmals eine intensive und individuelle Auseinandersetzung mit den Anderen.

Briefe von ausländischen Zwangsarbeitern, die im Deutschen Reich im Zweiten Weltkrieg eingesetzt waren, durchliefen die sogenannten „Auslandsbriefprüfstellen", eine Zensurbehörde der Wehrmacht. Die Zwangsarbeiter stammten aus von NS-Deutschland besetzten und eroberten Gebieten Europas. Ihre Briefe an die Angehörigen in der Heimat geben Aufschluss über die Lebens- und Arbeitsbedingungen, ihre Erlebnisse und persönlichen Erfahrungen mit „interkulturellen Kontakten". Ein zentraler Aspekt in den Briefen ist vor allem, wie ihnen die Deutschen begegneten.

Beispiel: Fremdbilder in einem Feldpostbrief

Feldpostbriefe von deutschen Soldaten, die im Zweiten Weltkrieg während des Russlandfeldzugs verfasst wurden, zeigen weniger eine Offenheit gegenüber der neuen Umgebung, sondern sind oftmals von einem Gefühl der zivilisatorischen Überlegenheit gegenüber den angeblich „minderwertigen" Slawen und einer damit einhergehenden Sprache des Rassismus geprägt. Der Gegner erfuhr in vielen Briefen quasi eine Dehumanisierung.[275] So ist in einem Brief eines deutschen Soldaten aus dem Russlandfeldzug vom 1. August 1941 zu lesen:

M6 Feldpostbrief (1941)

1. August 1941, Freitag

[…] Radio in unserer Form gibt es hier nicht. Man hat nur Empfang über ein gemeinsames Netz. Hierbei hat der einzelne nur einen Lautsprecher. Das bedeutet, daß jeder nur die Moskauer Sendungen hören kann.

Nur so läßt sich – auch schon im Frieden – die unglaubliche Verhetzung und Wandlung des Volkes erklären. Ich fand Schulbücher, die bereits nichts anderes als Hetzschriften gegen Deutschland waren. Ich werde eines als Dokumentenbeweis mitbringen. Die Soldaten waren teilweise der festen Überzeugung, daß die Deutschen keine Gefangenen machen würden. Daraus erklärt sich der oft übernatürliche, zwecklose Widerstand eingeschlossener Gruppen.

Im ganzen kämpft der Russe also recht zäh. Wir haben das selbst an der Stalinlinie erlebt. Man kann seiner Artillerie beispielsweise nur ein gutes Zeugnis ausstellen. Die Rohheit allerdings, die der Russe immer wieder zeigt, lässt sich nur aus der Verhetzung erklären. Es ist ein Volk, das langer und guter Schulung bedarf, um Mensch zu werden. Charakter und Wesen der Russen gehören noch viel mehr ins Mittelalter als in die Neuzeit. Darum genügt es auch nicht, den russischen Massen moderne Maschinen zum Fliegen und raffinierte Tanks zu geben. Sie wüßten damit nur wenig anzufangen. Trümmerfelder der Tanks beweisen das.

Aus: Buchbender, Ortwin/Sterz, Reinhold ²1983: (Hg.): Das andere Gesicht des Krieges. Deutsche Feldpostbriefe 1939–45. München, S. 76.

In einem ersten Schritt können hier – im Sinne eines sprach- und narrativitätssensiblen Zugriffs – von der Lerngruppe rassistische Ausdrücke herausgearbeitet bzw. unterstrichen werden, um dann das über den Anderen gezeichnete Bild einem unweigerlich entworfenen Selbstbild kontrastiv z.B. in einer tabellarischen Übersicht gegenüberzustellen. Eine wichtige Erkenntnis kann für die Schülerinnen und Schüler darin liegen, dass zu einem großen Teil Feindbilder mehr über die eigenen mentalen Dispositionen und die Indoktrination des Berichtenden als über den Kriegsgegner selbst aussagen. Auf einer Metaebene kann mit Schülerinnen und Schülern der Sekundarstufe 2 der besondere Quellenwert von Feldpostbriefen dieser Art diskutiert werden.

9.3 Das Tagebuch als besondere Quellengattung

Tagebücher dokumentieren und reflektieren die Erlebnisse und die Begegnungen einer Person. Ein Tagebuch ist in der Regel chronologisch aufgebaut. Indem das Schreiben oftmals die Funktion einer Selbstvergewisserung hat, setzt sich das Individuum mit dem Eigenen und dem Anderen auseinander – so beispielsweise auch beim interkulturellen Aufeinandertreffen. So berichtet beispielsweise das Schiffstagebuch von Kolumbus über die ersten Begegnungen zwischen indigener Bevölkerung und Europäern. Bereits die Reflexion des Eigenen ist eine Form der Außenperspektive auf das eigene Leben. Im interkulturellen Geschichtsunterricht sind insbesondere Tagebücher von Reisenden, Auswanderern, Frontsoldaten und Zwangsarbeitern von besonderer Bedeutung. In kulturellen Kontaktsituationen befindet sich der Tagebuchschreiber zwischen Aneignung, Überwältigung und Abgrenzung zu seiner Umgebung, teilweise wird auch die Verlusterfahrung der Heimat thematisiert.

9.4 Karten

Geschichtskarten „machen die Erde, oder Teile von ihr, vergangenheitsrelevant überschaubar und fördern so eine historisch-räumliche Orientierung"[276], indem sie räumliche Vorstellungsbilder aufzeigen. Eine besondere Stärke – geradezu ein Alleinstellungsmerkmal – von

Karten besteht darin, dass sie die „mentale Verortung von Inhalts- und Raumstrukturen befördern"[277], woraus sich bei den Lernenden sogenannte „mental maps" entwickeln können. Historische Karten im Speziellen sind in der Vergangenheit entstanden und als Quellen zu bezeichnen; sie geben z.B. darüber Auskunft, welche Raumvorstellungen für die jeweilige Epoche typisch waren. Gerade im Rahmen des interkulturell sensiblen Geschichtsunterrichts besitzen sie ein besonderes fachdidaktisches Potenzial, weil sie ein Schlüssel zu Vorstellungswelten anderer Kulturräume sind. Im Gegensatz zu historischen Karten sind Geschichtskarten heutige Darstellungen der Verhältnisse in vergangener Zeit. Jedoch verlaufen die Grenzen zwischen beiden fließend, denn eine Geschichtskarte kann auch im Laufe der Zeit zu einer historischen Karte werden.

Sowohl historische Karten als auch Geschichtskarten offenbaren eine bestimmte Perspektive auf historische Gegebenheiten und einen Einblick in eine kulturspezifische Narration von Geschichte, indem sie einen bestimmten regionalen Ausschnitt zeigen und unweigerlich eine thematische Auswahl treffen. Dadurch können sie als ein „Produkt sozialer Praxis und kultureller Prägung"[278] verstanden werden. Daher empfiehlt sich beim Umgang mit diesem Medium eine „kulturelle Dekonstruktion" der jeweiligen Karte. Dafür eignen sich z.B. folgende Leitfragen:

- Wer ist der Hersteller bzw. Auftraggeber der Karte? Wer ist der Adressat? Mit welcher Zielsetzung wurde die Karte hergestellt?
- Wann und wo, d.h. in welchem historischen Kontext, ist die Karte entstanden? Auf welche Informationen griff man bei deren Erstellung zurück?
- Welcher Ausschnitt ist auf der Karte dargestellt? Welche Gebiete befinden sich im Zentrum bzw. an der Peripherie der Darstellung? Wie sind die unterschiedlichen Gebiete farblich gekennzeichnet?
- In welchem Maßstab ist die Karte gehalten? Wie sehen die Größenverhältnisse aus?
- Wie ist die Karte bzgl. der Himmelsrichtungen ausgerichtet?
- Worin bestehen die Kernaussagen der Karte?
- Welche Sichtweise wird vermittelt? Welche Wirkungsabsicht sollte die Karte haben?

Mithilfe dieser Leitfragen lässt sich untersuchen, inwiefern eine historische Karte ein bestimmtes Weltbild wiedergibt, indem z.B. der eigene Kulturraum ins Zentrum gerückt wird bzw. als fremd und unbekannt erscheinende Gebiete an der Peripherie verortet bzw. gar nicht berücksichtigt werden. Dies kann Aufschluss darüber geben, wie der Andere wahrgenommen und konstruiert wurde. Indem die Schülerinnen und Schüler den Konstruktcharakter von Karten kritisch analysieren, sollen sie erkennen, dass diese keine Wirklichkeit, sondern nur eine Vorstellung, d. h. eine Imagination, von ihr wiedergeben.

Für interkulturelles Lernen sind außerdem Geschichtskarten, die Beziehungsgeschichten visualisieren, bedeutsam und sehr hilfreich, indem sie Räume durch Handel, Entdeckung und Kolonisierung in ein Verhältnis zueinander stellen und Kontaktsituationen abbilden. Diese Karten, eine Art Speicher enzyklopädischen Wissens, stellen eine „visuelle Verdichtung" dar, denn dem Betrachter wird in komprimierter Form eine Narration präsentiert.[279]

Beispiel: Ein Kartenvergleich

Die bekannte mittelalterliche Ebstorfer Weltkarte, die zwar nicht im Original, aber als Reproduktion erhalten ist, gibt eine ethnozentrische christliche Weltsicht wieder und ist entsprechend konstruiert: Im Zentrum der Karte befindet sich Jerusalem, und der Osten, wo das Paradies vermutet wird, liegt oben. Insgesamt wird die Welt als Leib Christi dargestellt. Die Ebstorfer Weltkarte, die entgegen jeglicher Realitätsvorstellung auch Fabelwesen enthält, kann im Geschichtsunterricht mit einer Karte des arabischen Geographen al-Idrisi (1154), der in Sizilien arbeitete und in Córdoba studierte, verglichen werden. Seine Karte, die den damaligen Konventionen entsprechend gesüdet ist, beruhte auf Erkenntnissen, die er auf zahlreichen Reisen durch weite Teile Europas und der nordafrikanischen Küste erworben hatte, auf Vorwissen z. B. des Ptolemäus sowie auf Berichten arabischer Händler. In die Mitte seines Weltbildes setzte er das Zentrum der islamischen Welt, die arabische Halbinsel mit Mekka. Die Funktion dieser Karte bestand in der Zusammenführung enzyklopädischen Wissens, denn die geographische Wirklichkeit sollte im Gegensatz zur Ebstorfer Weltkarte, die eher die christliche Botschaft verkündet, möglichst genau abgebildet werden. Dadurch konnte die „Weltkarte" von al-Idrisi zu einer wichtigen Stütze für die späteren Entdeckungsfahrten von Kolumbus und Vasco da Gama werden. Sie ist außerdem ein Beispiel für die Weiterentwicklung antiker Wissenschaftstraditionen durch Wissensnetzwerke arabischer Wissenschaftler. Schülerinnen und Schüler können

- die beiden Karten mithilfe der oben genannten Leitfragen miteinander vergleichen.

- beurteilen, inwiefern die Karten eine Wiedergabe der geographischen Wirklichkeit sind.
- erörtern, ob Kartographen als „vergessene Pioniere"[280] bezeichnet werden können.
- diskutieren, inwiefern die Karte von al-Idrisi ein „interkulturelles Produkt"[281] darstellt.

M7 Ebstorfer Weltkarte (um 1300)

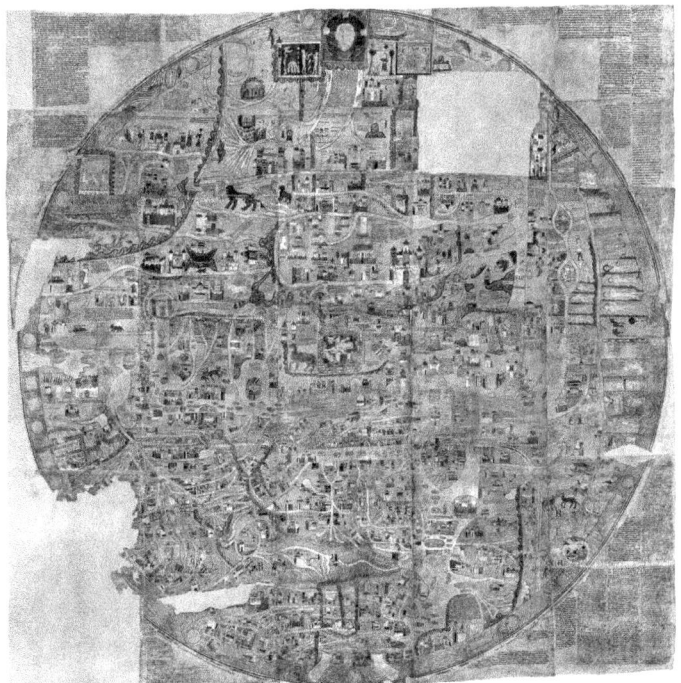

M8 Karte von al-Idrisi (1154)

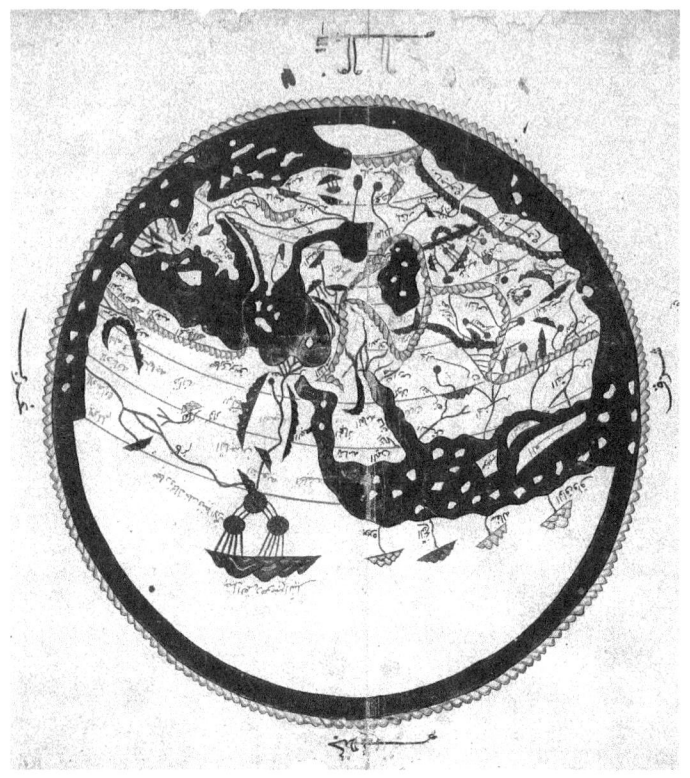

9.5   Bildquellen: Eine besondere Chance für den interkulturellen Geschichtsunterricht

Geschichtsunterricht wohnt oftmals der Vorwurf inne, allzu textlastig zu sein; gerade der interkulturelle Geschichtsunterricht vermag es, neue Zugänge aufzuzeigen: Im Zuge des „iconic turn" rückten Bilder und Vorstellungen in den Vordergrund, die sich Menschen von historischen Gegebenheiten machen. Denn einer historischen Faktionalität, die vornehmlich durch Sprache vermittelt und ausgedrückt wird, begegnet man mit einer Portion Misstrauen. Hinzu kommt, dass sich der Zugang zu fremden Kulturen über das Medium der Schriftsprache gerade im Geschichtsunterricht eher als hürdenreich gestaltet: So kann der Text in einer Fremdsprache eine unüberwindbare Sprachbarriere bilden, wenn er z. B. nicht in übersetzter Form vorliegt. Gegebenenfalls sind bei Textquellen, die einem europäischen oder außereuropäischen Kontext entnommen sind, zusätzliche Annotationen notwendig, um fremdes Kulturwissen angemessen erläutern zu können. Sicherlich stellt die angemessene didaktische Aufbereitung von Schriftquellen eine wichtige Aufgabe zur Bereicherung des interkulturellen Geschichtsunterrichts dar; hierbei ist auch zu beachten, dass ein Großteil der Quellen, die Historikern zur Verfügung stehen, sprachlicher Natur ist. Es ist aber auch festzuhalten, dass in bestimmten Kulturen die schriftliche Überlieferung eine untergeordnete Rolle spielte und gegebenenfalls sogar bis heute eher einen Seltenheitswert besitzt. So sind etwa in Afrika Formen der schriftlichen Überlieferung lange Zeit nicht üblich gewesen. In der Konsequenz kann dies z. B. bedeuten, dass nicht nur Bildquellen, sondern auch Formen der mündlichen Überlieferung („oral history") oder Sachquellen bewusst stärker in den Geschichtsunterricht zu integrieren sind. Abbildungen zu Kultgegenständen und Schmuckverarbeitungen können beispielsweise verdeutlichen, dass es sich bei den Azteken, Inka und Maya um Hochkulturen handelte.

Vor diesem Hintergrund mag das Medium Bild, das weit mehr als eine illustrative Funktion besitzt, einen leichteren Zugang zu bestimmten Themen bieten. Aber auch Bilder sind – ähnlich wie schriftliche Quellen – stets eine Interpretation der Wirklichkeit. Gleichzeitig stellt es sicherlich eine Herausforderung dar, historische Wirklichkeiten aufgrund von Bildmaterial zu konstruieren. Indem Bilder erst zum Sprechen gebracht werden müssen, erscheinen sie oftmals auch nur vermeintlich einfacher. Fehlendes Wissen zu kulturspezifischen Motiven, Symbolen und Allegorien, die nicht ohne Weiteres weltweit verstanden werden, führt auch bei Bildern zu Schwierigkeiten bei der Bildinterpretation und der Entschlüsselung einer Bildsemantik.

Besonderheiten von Bildern sind, dass sie eine verdichtete Deutung eines Sachverhalts darstellen und eine gewisse Perspektive zu einem bestimmten Thema aufzeigen. Darin gründet sich das besondere fachdidaktische Potenzial von Bildern, aber auch die Herausforderung bei der Bildinterpretation. Dies mag für den Umgang mit Bildmaterial im Geschichtsunterricht im Allgemeinen gelten. Für das interkulturelle Geschichtslernen kommt hinzu: Insbesondere europäische Bilder mit einem Blick auf das kulturell Andersartige sind mitunter stark von eigenen Projektionen, Stereotypisierungen, exotischer Faszination oder Ablehnung geprägt.[282] Dies gilt natürlich auch im Umkehrschluss für den indigenen Blick auf die Europäer; jedoch stellt dies eher einen Seltenheitswert dar, sodass man – ähnlich wie bei den Schriftquellen – von einem „kulturell bedingten Ungleichgewicht" des verfügbaren Bildmaterials sprechen kann.

Zur intensiveren Auseinandersetzung mit kulturell andersartigen Sujets oder Kulturkontakten sowie der Perspektivität eignen sich bei der Arbeit mit Bildern folgende Methoden:

- das Einfügen von Sprech- und Denkblasen, wodurch unterschiedliche Standpunkte von Personen und Personengruppen in verdichteter Form aufgezeigt werden können,
- das Einzeichnen des Bildaufbaus und der Bildlinien, um Figurenkonstellationen und mögliche Interaktionen zwischen Personengruppen kenntlich zu machen,
- der Vergleich von Bildern bzw. von Bild mit Text, um eine möglichst multiperspektivische Gesamtschau zu erhalten,
- das Formulieren eines Bildauftrags für ein Bild, um für die Intentionalität der Darstellung zu sensibilisieren,
- das Verfassen eines Dialogs zwischen heutigen Betrachtern des Bildes, um eine Alteritätserfahrung zu ermöglichen und gegebenenfalls „stumme Gruppen" indirekt zum Sprechen zu bringen,
- das Gestalten von Standbildern, das Nachspielen von Bildern, um ein Beziehungsgefüge zu veranschaulichen.

Gerade eine kulturell begründete kontrastive Gegenüberstellung von Bildern kann verblüffen, aber auch eine Hypothesenbildung anregen und eine „kognitive Dissonanz"[283] herstellen. Um z.B. die Auswirkungen des Imperialismus auf die indigene Bevölkerung aufzuzeigen, können Fotografien von Hochzeitszeremonien afrikanischer Paare einander gegenübergestellt werden. Daraus lassen sich Aspekte des Wandels herausarbeiten und lässt sich z.B. die Leitfrage ableiten, ob es sich bei der Kolonialisierung um einen „Akt der Kultivierung oder der Entfremdung"[284] handelte. Gerade auch Bilder von Kulturzusammenstößen und Kulturkontakten eignen sich besonders für einen multiperspektivischen Bildvergleich bzw. einen Bild-/Textvergleich.[285]

Im Speziellen soll noch auf das besondere fachdidaktische Potenzial von Plakaten und Reklamesammelbildern im Hinblick auf den interkulturellen Geschichtsunterricht eingegangen werden.

Das Plakat

Das Plakat, das in der Regel in Farbe gehalten ist, stellt eine besondere Komposition aus Bild- und Textelementen mit einem oftmals hohen symbolischen Gehalt dar. Dadurch, dass Plakate immer eine klare Zielsetzung haben und damit einen bestimmten Zweck verfolgen, besitzen sie nicht nur einen stark ausgeprägten appellativen Charakter, sondern spiegeln auch die soziokulturellen Gegebenheiten ihrer Zeit – quasi in verdichteter Form – wider. Gerhard Schneider bezeichnet das Plakat daher zu Recht als eine „zeit- und kulturgeschichtliche Quelle ersten Ranges"[286].

Im Ersten Weltkrieg war das Plakat ein populäres Medium der nationalen Kriegspropaganda – es sollte die Kampfmoral in der Heimat aufrechterhalten, innere Solidarität herstellen, zum Eintritt in die Armee motivieren bzw. Kriegsanleihen einwerben. In diesem Zusammenhang wurden nationale Selbst- und Fremdbilder konstruiert, inszeniert und der breiten Öffentlichkeit zugänglich gemacht. Eine ähnlich gelagerte Materialzusammenschau lässt sich auch für die Zeit des Kalten Krieges erstellen, um das ideologische Spannungsfeld zwischen Ost und West und die damit einhergehende Diffamierung des jeweiligen Gegners anschaulich zu präsentieren. So fungierte in der bipolaren Welt das Plakat als ein wichtiges Agitationsinstrument. Des Weiteren lässt sich z. B. anhand von Plakaten aus Werbung, Technik, Kultur und Freizeit die Amerikanisierung im 20. Jahrhundert nachzeichnen. Diese hat aber auch oftmals eine fundamentalistische Opposition hervorgerufen – eine Form der „counter culture", die gleichermaßen mithilfe von Plakaten auf anschauliche Weise erschlossen werden kann.

Um die intentionale Wirkung eines Plakats herauszuarbeiten, können die Schülerinnen und Schüler selbst Gestaltungsaufträge an einen Grafiker formulieren. Möglich ist außerdem, Gedanken eines Passanten, der das Plakat betrachtet, festzuhalten bzw. selbst ein Plakat oder einen Gegenentwurf zu gestalten.

Beispiel: Plakate im Ersten Weltkrieg

M9 US-amerikanisches Plakat (Farbdruck), um 1917

Kaiser Wilhelm II. sitzt – als Personifizierung des Deutschen Reiches – in Gestalt eines Teufels auf einem Berg von Totenschädeln. Dem Gegner wird auf diesem US-amerikanischen Plakat ein hohes Maß an Bestialität attestiert.

„Über Alles"

M10 Französisches Plakat, 1916

Dieses französische Plakat diente als Propaganda zum Kauf von Kriegsanleihen. Frankreich, zu dessen Füßen sich ein Feld der Verwüstung ausbreitet, sieht sich als globale Beschützerin der Menschenrechte und der Freiheit.

„Souscrivez pour la victoire. Banque Nationale de Crédit"

M11 Italienisches Plakat, um 1917

Das italienische Plakat ist ebenfalls Teil einer nationalen Propaganda zum Kauf von Kriegsanleihen: Die majestätisch auftretende Italia befindet sich im Kampf gegen einen unzivilisierten, geradezu barbarisch wirkenden Germanen.

„Sottoscrivete al prestito"

M12 Deutsches Plakat, 1918

Dieses deutsche Plakat propagiert eine weitere Kriegsanleihe und beinhaltet einen deutlichen Appell an die deutsche Bevölkerung. Das Eigene wird als martialisch wirkender Schwertkämpfer, der siegesgewiss vor dem „letzten Hieb" gegen den Anderen steht, inszeniert; mit dem „kulturell Anderen" setzt man sich hier nur indirekt auseinander.

Anhand dieser Beispiele lässt sich im Unterricht im Rahmen einer Bildanalyse und eines Bildvergleichs zeigen, wie Fremdheit bzw. Andersheit einem Konstruktionsprozess entspringt und Teil einer Propaganda ist. Sehr konkret lassen sich mit Schülerinnen und Schülern die Fremdsichten auf die Deutschen sowie die Selbstwahrnehmung der Deutschen in der Zeit des Ersten Weltkrieges erarbeiten und schließlich miteinander vergleichen. Dieses Beispiel zeigt zudem, wie bei der Analyse von Selbst- und Fremdbildern, die durch das Medium des Plakats vermittelt werden, eine ausführliche Kontextualisierung mit einer entsprechenden soziokulturellen Verortung notwendig ist. Außerdem können anhand der gewählten Beispiele – im Sinne eines gendersensiblen Ansatzes – die Konstruktion von Männlichkeit und Weiblichkeit analysiert und – im Sinne eines intersektionalen Ansatzes – die Wechselwirkungen von genderbezogenen und rassistischen Stereotypisierungen herausgearbeitet werden.

Reklamesammelbilder

Koloniale Sammelbildchen waren vom späten 19. Jahrhundert bis in die 1960er Jahre Verbrauchsartikeln wie Kaffee, Zigaretten und Schokolade beigefügt. Neben Postkarten, Fotografien und Kolonialausstellungen sollten sie als Medien der visuellen Populärkultur der deutschen Bevölkerung in der Heimat die koloniale Welt nahebringen. Darstellungen mit Kolonialmotiven erfreuten sich vor allem Anfang des 20. Jahrhunderts in der deutschen Werbeindustrie einer besonderen Beliebtheit und entwickelten sich zu einem Massenmedium der Alltagskultur. Indem koloniale Praktiken verniedlicht und exotische Sujets als Teil einer visuellen Massenkultur präsentiert werden, stellen sie – als „Produkte europäischer Imaginationen"[287] – eine besonders wertvolle zeitgenössische Quellenform dar. Wie in einem Brennspiegel verdichtet sich bei den Bildern die Sichtweise auf die koloniale Begegnung, d.h. den kulturellen Kontakt, mit der indigenen Bevölkerung: Die kulturelle Überlegenheit und der technische Fortschritt der Europäer werden häufig glorifiziert und mit der „Wildheit", „Exotik" bzw. „Kindlichkeit" der afrikanischen Bevölkerung kontrastiert. Die Quellengattung der Reklamesammelbilder ist für den heutigen Geschichtsunterricht deshalb so gewinnbringend, weil die Schülerinnen und Schüler auf den Darstellungen entlarven können, wie die indigene Bevölkerung und die Europäer zu kulturellen Konstrukten wurden und wie der Blick auf das Andere Aufschluss über das Selbstbild der Europäer gibt.

M13 Sammelbildchen der Liebig Company's Fleisch-Extract, um 1900

Abgebildet ist ein „Schauri", eine sogenannte „Beratung", bei der der „weiße Mann" seine Gerichtsbarkeit ausübt. Die Schülerinnen und Schüler können im Rahmen einer Bildinterpretation anhand dieses Sammelbildchens aufzeigen, wie das „rassisch Andere" inszeniert und die koloniale Herrschaftspraxis bagatellisiert wird. Indem der „weiße Mann" die Szene beherrscht und sich in der Rolle des ordnungsstiftenden Herrenmenschen sieht, was auch durch seine „privilegierte" Sitzhaltung gezeigt wird, erfährt das kulturelle Aufeinandertreffen in den Kolonien eine Idealisierung. Dadurch, dass solche Bilder in Europa in Umlauf gebracht wurden, prägten die vermittelten Botschaften auch das Leben in Europa – Kolonialismus war „keine Einbahnstraße". Die Reklamebildchen sind nicht zuletzt auch „Geschichtsbilder, in denen der Andere nicht zu Wort kommt"[288].

10. Methoden zur Unterstützung interkulturellen Lernens

10.1 Gesprächsorientierte Methoden interkulturellen Lernens

Interkulturelle Kompetenz bedeutet sowohl „Wissen über" als auch „Wissen wie"[289] – so lautet eine wichtige Maxime eines Berichts der Bertelsmann-Stiftung. Besondere Fähigkeiten der Kommunikation sind daher zentral für die Ausbildung interkultureller Kompetenz im Allgemeinen. Dies ist selbstverständlich als eine fächerübergreifende Aufgabe zu verstehen. Dennoch muss man sich speziell für den Geschichtsunterricht die Frage stellen: Welche Lernarrangements können geschaffen werden, um zur Dialog- und Kommunikationsfähigkeit der Schülerinnen und Schüler beizutragen und zu einer Face-to-Face-Kommunikation zu ermutigen?

„Der Weg kann hier das Ziel sein": Denn Ziel der gesprächsorientierten Methoden soll ein dialogorientierter Umgang mit unterschiedlichen Positionen in einer vertrauensvollen Atmosphäre sein. Dies soll in der Weise umgesetzt werden, dass Schülerinnen und Schülern Strategien zur konstruktiven Konfliktbewältigung und zum Interessensausgleich an die Hand gegeben werden. Festgefahrene Standpunkte können dabei aufgebrochen, Spannungen und Konflikte ausgehalten sowie Neubewertungen zugelassen werden. Dadurch kann es den Lernenden möglich gemacht werden, Geschichte selbst zu narrativieren. Langfristiges Ziel ist dabei die Entwicklung einer „Gesprächskultur", worunter konkret zu verstehen ist, „eigene Gedanken sachadäquat und adressatengerecht zu formulieren, anderen zuzuhören, auf sie einzugehen, sie beim Reden anzuschauen etc."[290]. Im Idealfall übernehmen die Lernenden möglichst viel Verantwortung für den Verlauf der Diskussion und nehmen möglichst häufig Bezug auf die Äußerungen der Mitschülerinnen und Mitschüler, sodass die Impulse durch die Lehrkraft zunehmend minimal ausfallen können und die Selbststeuerung von Gesprächen durch die Lernenden ausgebaut wird. Die Lernenden sollen sich zu mündigen Gesprächsteilnehmern entwickeln und zur Teilnahme am historisch-politischen Diskurs befähigt werden.

Für den Geschichtsunterricht bedeutet dies konkret, dass Diskussionen, Debatten sowie die Dialogführung bzw. Perspektivenübernahme in Form von Rollenspielen einen hohen Stellenwert einnehmen. Schüler- und Handlungsorientierung ist daher eine wichtige methodische Säule interkulturellen Lernens im Geschichtsunterricht. Sowohl das Rollenspiel, die Debatte, das Streitgespräch als auch die Pro-Kontra-Diskussion sind Formen simulativen Handelns, regen zur Perspektivenübernahme an und befördern Empathievermögen. In diesen kommunikativ orientierten Sozialformen können Differenz und Abgrenzung auf verbale und nonverbale Weise erfahren und ausgedrückt sowie eine konstruktive Konfliktkultur eingeübt werden.

Zu den kommunikativen Kernkompetenzen zählen das genaue Zuhören, das Beobachten und richtige Deuten von Mimik und Gestik, die Fähigkeit, zu analysieren, zu bewerten, den eigenen Standpunkt darzulegen, aber auch andere Meinungen gelten zu lassen. Gerade die Pluralität der Meinungen und Perspektiven auf eine bestimmte Fragestellung sollen als bereichernd und als unbedingte Voraussetzung für die eigene Urteilsbildung wahrgenommen werden. Gesprächsorientierten Methoden wohnt ein besonderes beurteilendes bzw. bewertendes Moment inne. Auch bei Dissens begegnen sich die Schülerinnen und Schüler mit gegenseitiger Wertschätzung und aus einer Position der Gleichberechtigung heraus. Diskussionen und Debatten fungieren vor allem als Orte der Begegnung und werden auf Augenhöhe geführt. Ziel ist dabei „nicht Einzelkämpfertum, sondern Kommunikations- und Kooperationsfähigkeit"[291]. Sowohl bei der Debatte als auch der Diskussion kann abschließend auf der Metaebene eine methodologische Reflexion erfolgen, indem das Kommunikations- bzw. Diskussionsverhalten der Lerngruppe analysiert wird und adäquate Kriterien zur Bewertung herangezogen werden. Selbstverständlich erfolgt die Umsetzung der dialog- und gesprächsorientierten Methoden nicht ohne einen Inhaltsbezug; zumeist bieten sich diese Methoden bei der Umwälzung und Intensivierung von historischem Wissen, aber auch in Phasen der Urteilsbildung an.

10.2 Die Debatte

Die Debatte stellt im Gegensatz zur Diskussion ein Streitgespräch nach festen Regeln und in hoch formalisierter Form dar, in dessen Zentrum eine Problemstellung bzw. widerstreitende Meinungen stehen. Pro- und Kontra-Argumente, d.h. unterschiedliche Sichtweisen auf einen Sachverhalt, werden bei dieser Art des Meinungsstreits in kurzen Reden vorgestellt und in besonders pointierter Form herausgearbeitet. Zur genauen Einhaltung der Regeln wird die Debatte zumeist von einem Moderator geleitet. Die Teilnehmer der Debatte müssen sich auf die Debatte als Gesprächssituation einlassen und sich in ihren Beiträgen verständlich, klar und anschaulich ausdrücken. Um überzeugend aufzutreten, ist es für die Teilnehmer der Debatte notwendig, sich mit den Argumenten beider Seiten intensiv auseinanderzusetzen. Die Schülerinnen und Schüler pendeln dabei zwischen unterschiedlichen Sichtweisen auf die Dinge hin und her. Gegebenenfalls ist es für beide Seiten notwendig, Kompromisse zu schließen. Dies befördert das Einfühlungsvermögen, aber auch die Teamfähigkeit und das faire Verhalten der Schülerinnen und Schüler bei kontroversen Fragestellungen. In der Regel sind die Zuhörer dazu aufgefordert, sich am Ende der Debatte eine eigene Meinung zu bilden sowie sich im Rahmen einer Abstimmung bezüglich der strittigen Fragestellung schließlich zu positionieren und zu einer Entscheidung zu gelangen.

Ihrer Konzeption nach lädt die Debatte dazu ein, widersprüchliche Situationen und Argumentationslinien auszuhalten und nicht nach schnellen Lösungen zu greifen. Nicht zuletzt liefert sie einen wichtigen Beitrag zur Ausbildung des Urteilsvermögens, indem die Lernenden dazu angehalten sind, den persönlichen Standpunkt immer wieder kritisch zu hinterfragen und die eigene subjektive Begrenztheit zu erkennen. Themen, die sich für Debatten mit interkulturell angelegten Fragestellungen eignen, sind z. B.:

- Romanisierung: Ein Fortschritt für die Provinzen?
- Der Limes: Grenze oder Kontaktzone zwischen Römern und Germanen?
- Die Chinesische Mauer: Ein unüberwindbarer Schutzwall?
- Die Umbenennung von „kolonialen" Straßennamen: Ein Muss?
- Imperialismus: Die Enteignung und Unterwerfung des afrikanischen Kontinents?
- Jüdische Geschichte: Eine „Geschichte der Diskriminierung"?
- „Türkenfurcht": Eine gezielte Hetze gegen die Osmanen?
- Das Osmanische Reich: Ein Vorbild für Europa?

10.3 Die Diskussion

Im Gegensatz zur Debatte gestaltet sich eine Diskussion offener, muss zeitlich nicht begrenzt sein und bedarf weniger Übung seitens der Lerngruppe. Dadurch ist sie im Unterrichtsgeschehen flexibler einsetzbar. Alle Schülerinnen und Schüler erhalten bei einer Diskussion die Gelegenheit, sich zu einer Fragestellung zu äußern und miteinander in Kommunikation zu treten. Eine Problemfrage kann aus unterschiedlichen Blickwinkeln beleuchtet werden. Die Schülerinnen und Schüler sind im Laufe einer Diskussion dazu angehalten, ihre eigene Meinung gegenüber anderen Positionen mit überzeugenden Argumenten zu verteidigen bzw. diese gegebenenfalls schrittweise zu modifizieren und zu differenzieren. Insbesondere die Fishbowl-Diskussion eignet sich dafür, die Perspektiven unterschiedlicher Beteiligter einzunehmen. Indem der Rest der Klasse die diskutierende Gruppe beobachtet, kann das Gesprächsverhalten im Anschluss gut reflektiert werden. Dadurch, dass ein zusätzlicher Stuhl in der Diskussionsrunde steht, können sich die Beobachter mit neuen Fragen und Perspektiven auf das Thema flexibel „einklinken".

10.4 Das Standbild im interkulturellen Geschichtsunterricht

Gerade im interkulturellen Geschichtsunterricht kann das Standbild als ein nonverbales Ausdrucksmittel gewinnbringend eingesetzt werden, um wechselseitige Beziehungsverhältnisse und (nichtexistente) Interaktionsformen auf pointierte Weise darzustellen. Eine Stärke des Standbilds besteht darin, dass Haltung, Mimik und Gestik bewusst in den Vordergrund rücken. Grundlage eines Standbilds bildet eine bildliche Darstellung oder eine Textgrundlage. Geformt wird es von einem einzelnen Schüler oder einer Kleingruppe. In der Regel erhält eine Schülergruppe den Auftrag, Mitschüler zu modellieren. Dabei wird ein Thema in eine statisch angelegte szenische Darstellung umgewandelt. Ein Standbild stellt immer eine Interpretation dar. An den folgenden Aufgabenstellungen zeigen sich Möglichkeiten des Einsatzes im interkulturellen Geschichtsunterricht:

Gestaltet ein Standbild, …

- um die Beziehungen zwischen Europäern und indigener Bevölkerung darzustellen.
- um das Verhältnis zwischen Männern und Frauen/zwischen Minderheit und Mehrheit zu veranschaulichen.
- um das Selbstverständnis der Europäer im kolonialen Afrika zum Ausdruck zu bringen.
- um eine kulturelle Begegnung darzustellen.

Das Standbild fungiert oftmals als ein Gesprächsanlass im Geschichtsunterricht und Türöffner für eine kontrovers zu diskutierende Problemstellung.

10.5 Das szenische Spiel im interkulturellen Geschichtsunterricht

Zielsetzung des szenischen Spiels im Geschichtsunterricht ist es, in der Rolle historischer Personen zu handeln. Dies impliziert, dass durch

Rollenspiele nicht nur das Empathievermögen gefördert wird, sondern eine Rollendistanz zur eigenen Person entwickelt und die Fähigkeit, sich von außen zu betrachten, ausgebaut wird. Im Zentrum des szenischen Spiels stehen in der Regel Situationen, in denen es um Konflikte, Entscheidungen, einander widerstreitende Interessen und Meinungen geht, die es im Spiel zu verhandeln und miteinander auszuhandeln gilt. Indem unterschiedliche Positionen und Perspektiven eingenommen und verschiedene Identitätsangebote spielerisch ausprobiert und kennengelernt werden, wird das Selbst- und Fremdverstehen befördert. Durch Rollenspiele nähert man sich dem Denken und Fühlen kulturell anderer Menschen vergangener Zeiten an. Indem Konflikte und kulturelle Kontaktsituationen in ihrer Interaktion herausgearbeitet werden, bieten Rollenspiele ein ideales Setting für das Austesten von Alteritätserfahrungen. Ebenfalls kann ein Perspektivwechsel direkt erlebt und ein „multiperspektivisches Kaleidoskop" erzeugt werden. Eine weitere Stärke ist, dass die Wertvorstellungen möglichst vieler gesellschaftlicher Gruppen berücksichtigt und einander gegenübergestellt werden können.[292] Rollenkarten geben in der Regel die wichtigsten Informationen zu einer Person, die es szenisch darzustellen gilt. Insbesondere bei der Simulation werden im Sinne eines handlungsorientierten Geschichtsunterrichts Handlungsoptionen ausgetestet. Im Anschluss an die Durchführung sollte das szenische Spiel auf einer Metaebene kritisch reflektiert werden, um für anachronistische Fallen zu sensibilisieren.

Beispiel: Atatürk – eine kritische Bilanz

M14 Podiumsdiskussion als szenisches Spiel

Person 1: Frau, Türkin, Mitte 30

Du bist eine Frauenrechtlerin. Für dich ist Atatürk eine ganz wichtige politische Figur, denn er hat in deinen Augen die Position der Frau in der Gesellschaft entscheidend verbessert und die Gleichberechtigung zum politischen Ziel gemacht. Frauen können heute Karriere machen. Du billigst auch das Kopftuchverbot (z. B. an Universitäten), denn Staat und Religion sollten deutlich getrennt sein. Du siehst mit Unbehagen, dass in den letzten Jahren einige Positionen, die Atatürk vertrat, aufgeweicht wurden. Du wünschst dir eine moderne und offene Türkei als Mittlerin zwischen Europa und dem Nahen Osten.

Person 2: Jugendliche, Türkin, 16 Jahre

Du bist eine junge Frau, die anerkennt, dass Atatürks Modernisierung der Türkei wichtig war. Seine Maßnahmen dazu gingen dir aber viel zu weit. Kleidervorschriften z. B. findest du inakzeptabel. „Was geht den Staat meine Kleidung an?" Als Frau möchtest du dir nicht vorschreiben lassen, ob du ein Kopftuch trägst oder nicht. Diese Entscheidung liegt ganz allein bei dir selbst. Gleichzeitig findest du, dass die Religion für die Menschen eine wichtige Rolle spielt, ihnen Halt und Richtung gibt. Auch der Staat sollte sich daher bei der Gesetzgebung an der Religion orientieren. Die Türkei muss sich nicht an den Westen anpassen. In deinen Augen hat Atatürk die türkische Identität zu wenig beachtet.

Person 3: Mann, Türke, 50 Jahre, Historiker

Als Historiker siehst du, dass Atatürk seinem Volk eine Modernisierung verschrieben hat, die es innerlich gar nicht wollte. Die islamische Tradition, die Atatürk unterdrückte, lebt bis heute neben der westlichen Lebensweise, wie sie Atatürk vorschwebte, weiter. Dadurch ist das Land zerrissen und uneins. Atatürk hat die Türkei in deinen Augen extrem stark geprägt. Aber war es richtig, den Modernisierungs- und Verwestlichungskurs so radikal einzuschlagen? Du bist dir da nicht so sicher, zumal die Vorschriften des Staates ja sehr weit gingen: Die Religion wurde aus dem öffentlichen Leben und der Politik verbannt, sogar die Schrift wurde geändert! Man kann doch die Mentalität eines Volkes nicht „von oben" durch Gesetze verändern.

Person 4: Mann, Türke, 25 Jahre, Politiker

Für dich ist Atatürk „Vater der Türken"; ohne ihn stünde die Türkei nicht da, wo sie jetzt steht. Die Modernisierung des Landes musste „von oben" erzwungen werden, sonst hätte die Türkei niemals mit dem Westen mithalten und diese starke Entwicklung machen können. Für dich hat Atatürk die Weichen dafür gestellt, dass die Türkei nicht in die Abhängigkeit zu Europa geriet. Nur so war nach dem Ersten Weltkrieg ein Neuanfang für die Türkei möglich. Für dich war Atatürk zwar kein „lupenreiner" Demokrat, aber sein Wirken ebnete den Weg für einen modernen Mehrparteienstaat in der Türkei. Damit hat er ein großes historisches Erbe hinterlassen.

Person 5: Mann, Türke, 60 Jahre

Du bist ein Mitglied der aktuell regierenden AKP. Du hast mit islamischen Eiferern und Fundamentalisten nichts am Hut, bist aber klar religiös. Für dich war Atatürk wichtig, denn er hat die Türkei gegen äußere Feinde gestärkt. Aber er ist eindeutig über das Ziel hinausgeschossen. Speziell die religiösen Belange des türkischen Volkes hätte er nicht berühren dürfen. Die aktuelle Politik von Erdogan beweist deiner Meinung nach, dass ein Mittelweg zwischen Moderne und Religion möglich ist. Die islamischen Wurzeln sind wichtiger Teil der modernen türkischen Identität. Von daher kritisierst du Atatürks starke Orientierung an westlichen Vorbildern.

Person 6: Frau, Deutsche, Journalistin, 30 Jahre

Ausländische Journalistin, unentschieden in der Beurteilung. Dir ist es nicht geheuer, wie Atatürk von vielen Türken verehrt wird, denn „Personenkult" findest du irritierend. Für dich war Atatürk kein typischer Diktator, sondern eher ein strenger Lehrer seines Volkes. Er war nicht militaristisch und betrieb keine kriegerische Außenpolitik. Um aber seine Vision von einem türkischen Nationalstaat zu verwirklichen, verfolgte er eine Politik der Assimilierung – speziell gegen die Minderheiten. Dies hat bis heute negative Folgen.

Person 7: Frau, Deutschtürkin, Kurdin, 20 Jahre

Für dich war es grundsätzlich richtig, dass Atatürk die Türkei radikal modernisiert hat. Auch die Rolle der Frau, die er vor Augen hatte, teilst du. Aber du billigst nicht den innenpolitischen Kurs Atatürks, insbesondere seine Politik gegenüber den Minderheiten in der Türkei. Nichtmuslimische Minderheiten wurden unter Atatürk diskriminiert, Aufstände der Kurden blutig niedergeschlagen. Dennoch ist die Kurdenpolitik für dich gescheitert. Und darin liegt der Ursprung der Konflikte in der Gegenwart. Die Kurden hätten von vornherein viel stärker als eigene Volksgruppe (mit eigener Sprache) anerkannt werden müssen.

1. Bildet Gruppen (3 – 4 Schüler pro Gruppe, je nach Klassengröße) und diskutiert eure Rolle mit Hilfe der Rollenkarte. Denkt dabei auch über die vermutliche Position anderer Diskussionsteilnehmer nach.
2. Als Arbeitsgrundlage dienen euch die Rollenkarten und die eigene Recherche.
3. Schickt eine Mitschülerin/einen Mitschüler als euren Vertreter in die Diskussion. Während der Diskussion könnt ihr euren Vertreter z. B. durch vorsichtige Hinweise (z. B. auf kleinen Zetteln) unterstützen.
4. Zwei Schüler/Schülerinnen leiten die Diskussion als neutrale Moderatoren.

Gentner, Elisabeth 2016: Atatürk – Staatsgründer, Visionär, Machtmensch. Eine kritische Bilanz. In: Praxis Geschichte H. 4, S. 52. © Westermann Gruppe.

Die Rollenkärtchen basieren auf einem diversitätssensiblen Ansatz gegenüber der Bewertung von Atatürk, die – je nach Positionierung in der Gesellschaft – variiert. Dadurch, dass bei den Rollenkarten nach Alter, Geschlecht, Ethnie und Migrationsstatus differenziert wird und relevante Differenzlinien einbezogen werden, ist ein intersektionaler Zugriff auf das Thema möglich. Gerade in der Berücksichtigung sowohl multipler Rollen als auch hybrider Identitätskonzepte liegt die große Chance des Rollenspiels für den interkulturell orientierten und narrativitätssensiblen Geschichtsunterricht begründet.

11. Die Periodisierung von Geschichte: Kein Patentrezept?

Periodisierungen sind wichtige Orientierungsmarken in der Geschichte und damit ein unverzichtbares Instrumentarium für die Geschichtswissenschaft. Die einer Periodisierung zugrunde liegenden Epochen sind als „Hilfsmodelle" zu betrachten, um „Zeit zu gliedern"; als kulturelles Konstrukt sind diese Modelle daher „streng raum- und kulturgebunden"[293]. Eine Einteilung in Zeitabschnitte ist unweigerlich Produkt eines kulturell bedingten Interpretations- und Narrationsprozesses. Daher können Konzepte und Gliederungsmodelle der europäischen Geschichte nicht automatisch auf andere Vergangenheiten übertragen werden. Folglich ist die für uns übliche linear ausgerichtete Untergliederung von Geschichte in die drei Zeitepochen „Antike", „Mittelalter" und „Neuzeit" kritisch zu reflektieren und nicht als absolut oder gar als universell gültig zu setzen. Zum einen wird eine solche Einteilung in Geschichtsepochen den Diskontinuitäten in der Geschichte wenig gerecht. Zum anderen ist zu beachten, dass es sich um eine europazentrierte Untergliederung handelt, d.h. die Periodeneinteilung orientiert sich an wichtigen Wegmarken der europäischen Geschichte. Deshalb mag es nicht verblüffen, dass sich in anderen Kulturkreisen andere Formen der Periodisierung finden lassen. So ist z.B. in China in weiten Kreisen immer noch eine dynastische Periodisierung üblich. Die in Europa übliche linear-progressive Periodisierung steht außerdem in einem Gegensatz zu diversen zyklischen Geschichts- und Zeitkonzeptionen.

Angesichts dieser Überlegungen stellt sich die Frage nach einer adäquaten Periodisierung der Global- und Interkulturgeschichte. Gerade auch bei Zeitbezeichnungen, die „vor" bzw. „nach Christi Geburt" enthalten, handelt es sich um einen westlich orientierten Zugriff auf Geschichte. Eine recht übliche Einteilung der Geschichte Afrikas in eine vorkoloniale, koloniale und postkoloniale Periode zeugt gleichermaßen von Eurozentrismus. Jedoch sind bisherige Ansätze einer alternativen Periodisierung von Geschichte wenig zufriedenstellend und für den Geschichtsunterricht wenig praktikabel. Essenziell wichtig für den (interkulturellen) Geschichtsunterricht ist aber, dass die Schülerinnen und Schüler erkennen, dass die Periodisierung von Geschichte stets eine Form der Deutung und der Konstruktion von Geschichte ist und Versuche einer Periodisierung in entscheidendem Maße kulturell bedingt sind. Für Schülerinnen und Schüler mag es motivierend sein, diese vermeintlichen Wahrheiten und scheinbaren Selbstverständlichkeiten des Alltags auf einer Metaebene kritisch unter die Lupe zu nehmen und infrage zu stellen.[294]

Alternativ bzw. in Ergänzung zum Epochenbegriff wurde das Modell der Zäsuren in der Geschichte entwickelt. Durch Zäsuren, d.h. Umbrüche und Einschnitte in der Geschichte, können wir unser Bild von der Geschichte strukturieren und den Verlauf der Geschichte gliedern – jedoch ist es wiederum kaum möglich, zeitliche Zäsuren zu finden, die eine übergreifende Bedeutung haben. Denn auch Zäsuren unterliegen einer Deutung und einer kulturell bedingten Konstruktion, sodass sich die Frage stellt, inwiefern sie einerseits eine realhistorische Relevanz und andererseits eine globalhistorische Bedeutung besitzen. Im Geschichtsunterricht ist es oft didaktisch ertragreich, das Für und Wider verschiedener Zäsuren zu erörtern, diese auf ihre Eignung kritisch zu überprüfen sowie die Prozesshaftigkeit von Geschichte herauszustellen. In Form von Gedankenexperimenten können Schülerinnen und Schüler globale, europäische und deutsche Wendepunkte diskutieren und miteinander vergleichen und erkennen, dass sich viele Zäsuren in ihrer Aussagekraft relativieren. In diesem Zusammenhang kann die Lerngruppe z.B. erörtern, ob es auf einer globalen Ebene gerechtfertigt ist, 1945 als eine Zäsur bzw. sogar als die „Stunde Null" zu bezeichnen. Auf einer Metaebene kann schließlich diskutiert werden, inwiefern Zäsuren unentbehrliche Instrumentarien für eine Periodisierung darstellen bzw. welche Alternativmodelle einer Periodisierung denkbar sind. Durch interkulturelle Vergleiche sowie globalgeschichtliche Bezüge und Verwebungen mag sich der Lauf der Geschichte stärker als evolutionäre Entwicklung und weniger als eine Einteilung in starre Zeitepochen und Zäsuren präsentieren.

Aufgrund unzufriedenstellender Periodisierungsmodelle für Geschichte wurde in der Geschichtsdidaktik der chronologisch ausgerichtete Durchgang durch die Geschichte kritisch erörtert und alternative Darstellungsprinzipien wurden diskutiert und erprobt. Hauptkritikpunkt ist – neben der mangelnden Nachhaltigkeit historischen Lernens –, dass bei einer linearen Geschichtsnarration komplexe historische Phänomene, die parallel verlaufen, „wenig adäquat dargestellt werden können". Geschichte werde laut Völkel dadurch eher zu einem Lernfach als zu einem „Denkfach"[295]. Dieses Problem potenziert sich insbesondere bei der Behandlung von Geschichte „anderer Kulturen"[296]: Wie soll hier eine sinnvolle Einbettung erfolgen, ohne aus der Geschichte der Anderen eine Sondergeschichte werden zu lassen? Ge-

rade ein kultur- und narrativitätssensibler Geschichtsunterricht sollte daher verstärkt Alternativen zum chronologischen Durchgang in
Betracht beziehen: Als Alternativen sind z.B. themenorientierte oder
kategoriale Zugriffe auf Geschichte, wie dies beispielsweise thematische Längsschnitte oder exemplarische Fallbeispiele vorsehen, denkbar. Kategoriales und längsschnittorientiertes Lernen sieht etwa der
KMK-Orientierungsrahmen von 2015 für den „Lernbereich Globale
Entwicklung"[297] vor, der 21 Themenbereiche umfasst. Im Fach Geschichte gehören hierzu unter anderem die Bereiche „Vielfalt der Werte, Kulturen und Lebensverhältnisse: Diversität und Inklusion", „Globalisierung religiöser und ethischer Leitbilder" und „Waren aus aller
Welt: Produktion, Handel und Konsum". Solche Kategorisierungen
stehen in der Tradition von Wolfgang Klafkis Forderung, „epochale
Schlüsselprobleme" im Geschichtsunterricht zu behandeln. Ein Vorteil eines solchen Strukturierungsmodells ist außerdem, dass im Geschichtsunterricht von zentralen Fragestellungen der Gegenwart und
damit von der Lebenswelt der Lernenden ausgegangen wird und diese quasi den Startpunkt bilden.

12. Grenzübergreifende Schulbücher

Grenzübergreifende Geschichtsbücher haben sich zum Ziel gesetzt, die Perspektive des nationalen Anderen miteinzubeziehen, Geschichte aus einer transnationalen Perspektive heraus zu erzählen und dadurch bisher weit verbreitete und teilweise fest tradierte Geschichtsbilder im Kontext des Geschichtsunterrichts aufzubrechen. Ziel ist es, ein Bild zu entwerfen, das möglichst frei von nationalen Stereotypen ist. In der Regel wird das jeweilige Schulbuch von einer länderübergreifenden Schulbuchkommission konzipiert und erarbeitet. Die bisherigen grenzübergreifenden Schulbücher sind binationale Projekte. Die Lehrwerke erscheinen in inhaltlich identischer Form, lediglich in zwei unterschiedlichen Sprachfassungen. Eine Herausforderung stellt dabei sicherlich der Umgang mit den jeweiligen „neuralgischen Punkten" aus der gemeinsamen Geschichte beider Länder dar. Dies setzt oftmals einen intensiven Dialog zu erinnerungspolitischen Kontroversen und Konfliktfeldern, die sich aus der jeweiligen Deutung von Geschichte ergeben, voraus. Grenzübergreifende Schulbuchkommissionen können dadurch in den jeweiligen Ländern zu wichtigen Katalysatoren werden, um bisherige Formen der nationalen Meistererzählungen kritisch zu hinterfragen, aufzubrechen und schließlich bisherige Konstrukte des Eigenen und Anderen zu demontieren. Durch diese Form des Geschichtsdialogs wird eine Revision – gleichsam ein ständiges Neuschreiben und Aushandeln von Geschichte – möglich und der Historikerdialog befördert. Den binationalen Schulbuchkommissionen wohnt daher nicht zuletzt ein Objektivierungspotenzial inne. Eine weitere Herausforderung für binationale Schulbuchgespräche bildet der Umgang mit spezifisch nationalen methodisch-didaktischen Herangehensweisen und Standpunkten, die es ebenfalls aufzubrechen gilt.

Folgende grenzübergreifende Schulbuchprojekte gibt es momentan in Deutschland: das deutsch-französische Geschichtsbuch (DFGB) und das deutsch-polnische Schulbuch. Es soll des Weiteren noch kurz ein Blick auf die Empfehlungen der deutsch-israelischen Schulbuchkommission sowie auf die arabisch-europäischen Schulbuchempfehlungen geworfen werden. Darüber hinaus gibt es noch eine deutsch-tschechische Schulbuchkommission, die eine wissenschaftlich-didaktische Analyse der beiderseitigen Geschichtslehrwerke vornimmt und sich jährlich abwechselnd in Deutschland bzw. der Tschechischen Republik trifft.

12.1 Das deutsch-französische Geschichtsbuch (DFGB)

„Histoire/Geschichte – Europa und die Welt seit 1945", das in Deutschland vom Ernst Klett Verlag herausgegeben wird, ist das weltweit erste binationale Geschichtsbuch und damit ein Novum: Es ist gleichsam ein „Leuchtturmprojekt der deutschen wie der französischen Auswärtigen Kultur- und Bildungspolitik"[298]. Hierfür hatte sich eine Projektgruppe aus Historikern, Schulbuchexperten und Fachbeamten gebildet. Als Pionierwerk setzte es wichtige Impulse für andere bilaterale Schulbücher. Die Idee für das Projekt geht auf eine Initiative des deutsch-französischen Jugendparlaments im Jahr 2003 zurück:

„Geschichte durch die Brille des anderen betrachten und damit ein reicheres Weltbild entwickeln – die Idee zu dem Völker verbindenden Lehrbuch stammt von einem deutsch-französischen Jugendparlament, das vom Deutsch-Französischen Jugendwerk (DFJW) initiiert wurde. Bei den Feiern zum 40. Jahrestag des Elysée-Vertrages im Januar 2003 schlugen die jungen Leute ‚ein Geschichtsbuch mit gleichem Inhalt' vor, um den Abbau von Vorurteilen zwischen Deutschen und Franzosen zu fördern."[299]

Das Buch ist ein reguläres Lehrbuch und keine spezielle Darstellung der deutsch-französischen Beziehungen oder der deutsch-französischen Geschichte. Zunächst erschien im Juli 2006 der erste Teil der Geschichtsbuchreihe, der thematisch von 1945 bis zur Gegenwart reicht. Der zweite Band, der den Zeitraum von 1815 bis 1945 umfasst, erschien 2009; ihm folgte 2011 Band 3 von der Antike bis 1815. Bisher findet das Lehrwerk jedoch noch relativ wenig Verbreitung im Unterricht beider Länder.[300] Kritisch wird von deutscher Seite teilweise angemerkt, dass es noch zu wenig kompatibel mit den Lehrplänen einzelner Bundesländer sei.

Ein Hauptaugenmerk dieses deutsch-französischen Geschichtsbuchs liegt auf „Ähnlichkeiten, Unterschieden und Wechselwirkungen, die die jeweils vergleichend betrachtete Entwicklung Deutschlands und Frankreichs verbinden, sie dann in ihren europäischen und schließlich in ihren globalen Zusammenhang stellt"[301]. Dem Lehrwerk gelingt es besonders überzeugend, unterschiedliche Blickwinkel auf die Geschichte zu werfen und für die andere kulturelle Wahrnehmung von historischen Ereignissen zu sensibilisieren: Während z.B. „La Grande Guerre" eine zentrale geschichtspolitische und geschichtskulturelle

Bedeutung in Frankreich hat, wird in Deutschland die Erinnerung an den Ersten Weltkrieg von der Zeit des Nationalsozialismus und dem Zweiten Weltkrieg überlagert und führt daher eher ein Nischendasein.

12.2 Das deutsch-polnische Schulbuch

Bereits 1972 bildete sich zwischen der Bundesrepublik Deutschland und Polen eine deutsch-polnische Schulbuchkommission heraus. Ziele bestanden darin, den fachwissenschaftlichen binationalen Dialog zu vertiefen und „sowohl konfliktbeladene als auch verbindende Elemente der Geschichte zum Thema zu machen und zu einer gemeinsamen Darstellung zu kommen"[302]. Sehr schnell entpuppten sich als Hauptstreitpunkte zwischen deutschen und polnischen Historikern die Themen „Vertreibung", „Gründung des polnischen Staates" sowie die „Geschichte des Deutschen Ordens"[303]. Während für die polnische Seite die militärische und expansive Rolle des Deutschen Ordens im Vordergrund stand, stellten westdeutsche Historiker vor allem seinen zivilisatorischen und missionarischen Auftrag heraus. Trotz der kontroversen Geschichtsbilder konnte 1976 die Kommission schließlich die „Empfehlungen für die Schulbücher der Geschichte und Geographie in der Bundesrepublik Deutschland und in der Volksrepublik Polen" verabschieden. Um den Dialog aufrechtzuerhalten, fanden zwischen beiden Ländern von 1977 bis 1990 jährliche Themenkonferenzen zur Vertiefung der Schulbuchempfehlungen statt.

Im Jahr 2006 hatte der damalige Bundesaußenminister Frank-Walter Steinmeier (SPD) vorgeschlagen, ein gemeinsames deutsch-polnisches Schulbuch zu gestalten. Am 22. Juni 2016 bezeichnete der *Tagesspiegel* im Zuge der Veröffentlichung des ersten Bandes, der von der Ur- und Frühgeschichte über die Antike bis ins Mittelalter reicht, das Projekt als „geschichtspolitische Sensation"[304]. Band 2, der die Geschichte der Neuzeit bis 1815 abdeckt, wurde im September 2017 veröffentlicht. Die Schulbuchreihe, die sich „Europa – Unsere Geschichte" nennt und als vierbändiges Geschichtslehrwerk für Gymnasien der Sekundarstufe 1 konzipiert ist, wird herausgegeben von der Gemeinsamen Deutsch-Polnischen Schulbuchkommission, in Kooperation mit dem Georg-Eckert-Institut für internationale Schulbuchforschung in Braunschweig und dem Zentrum für Historische Forschung Berlin der Polnischen Akademie der Wissenschaften. Der Konzeption nach erscheint das Lehrwerk – wie bereits das deutsch-französische Geschichtsbuch – in identischer Form, lediglich in unterschiedlichen Sprachfassungen. Eine Besonderheit stellen die Rubrik „Blickwinkel" zur Darstellung unterschiedlicher Sichtweisen von Historikern und die Rubrik „Vergangenheit in der Gegenwart" zur Darstellung der Erinnerungskultur in Polen und in Deutschland dar. Zielsetzung ist dabei nicht, Unterschiede in den Geschichtsdarstellungen transkulturell „verschwimmen" zu lassen, sondern sich aktiv damit auseinanderzusetzen. In seiner Rede zur Vorstellung des deutsch-polnischen Geschichtsbuchs an der Robert Jungk-Oberschule in Berlin sagte Steinmeier am 22. Juni 2016:

„Die Mühe hat sich gelohnt; es ist ein wunderbares Buch geworden. Ein Buch, das hellhörig macht für die Träume und Traumata, mit denen unsere Nachbarn die gemeinsame Geschichte verbinden. Ein Buch, das euch hoffentlich hilft, einen gemeinsamen deutsch-polnischen Blick auf diese Geschichte zu entwickeln – auf die Schatten, die sie bis in unsere Gegenwart wirft, aber auch auf das Licht."[305]

12.3 Die deutsch-israelische Schulbuchkommission

Die deutsch-israelische Schulbuchkommission stellte bereits 1985 gemeinsame Empfehlungen zur Darstellung der deutsch-jüdischen Geschichte in Schulbüchern zusammen. Im Fokus stand dabei vor allem die Darstellung des Holocaust und seiner Erinnerung im jeweils anderen Land. Im Jahr 2009 wurde eine Neuaufnahme der bilateralen Schulbuchgespräche vorgeschlagen, sodass schließlich 2010 ein Koordinationsteam am Georg-Eckert-Institut in Braunschweig für die deutsche Seite und das Mofet-Institut in Tel Aviv seine Arbeit aufnahm.

Zu folgenden Ergebnissen gelangte die Schulbuchkommission: Als problematisch wird erachtet, dass jüdische Geschichte im Geschichtsbuch zumeist als Verfolgungs- und Opfergeschichte narrativiert wird – dies erfolgt meist in gesonderten Kapiteln der Geschichtsbücher[306], wodurch die Geschichte der Juden abgesondert vom übrigen Lauf der Geschichte erzählt werde. Dadurch finde eine Falsifizierung – zumindest aber eine über die didaktische Reduktion hinausgehende Simplifizierung – von historischen Sachverhalten statt. Hinzu komme, dass die Geschichte der Juden weitestgehend als eine Geschichte des Antisemitismus erzählt werde. Indem im Geschichtsunterricht aktiv an die Juden als die Opfer des Holocaust erinnert werde, drohten die Juden zu „Marionetten in einem Schauspiel, das den Regieanweisungen des Geschichtspolitikers folgt", zu werden.[307]

In diesem Zusammenhang ist darauf zu achten, dass nicht vorschnelle und falsche Analogien zwischen Juden im Mittelalter und im Nationalsozialismus gebildet werden, Epochengrenzen dadurch verschwimmen oder jüdische Geschichte einem Determinismus unterworfen wird.[308] So mögen viele Geschichtsdarstellungen in Schulbüchern eine permanente Verfolgung von Juden in der deutschen Geschichte suggerieren, wodurch jüdische Geschichte zu sehr ein „Ausgrenzungsnarrativ"[309] ist; hinzu kommt, dass oftmals die jüdische Perspektive nicht angemessen berücksichtigt wird und interkulturelle Begegnungen zwischen Juden und Deutschen sowie innerjüdische Entwicklungen und Sichtweisen in den Hintergrund treten. Viel stärker müsse beachtet werden, dass die Juden keineswegs eine in sich geschlossene, homogene Gruppe sind. So werde z.B. die intrakulturelle religiöse Ausdifferenzierung im 19. Jahrhundert, bei der das liberale Judentum zunehmend die Orthodoxie verdrängte, noch zu wenig berücksichtigt;[310] ein diversitätssensiblerer Zugriff wäre wünschenswert. Des Weiteren könnten integrative Ansätze noch stärker die kulturelle Teilhabe von Juden am politischen, wirtschaftlichen und kulturellen Leben herausstellen. Interkulturelles Geschichtslernen ist damit einer Sondergeschichte der Juden diametral entgegengesetzt und verfolgt sowohl integrative als auch diversitätssensible Ansätze.

Darüber hinaus wird in den Schulbuchempfehlungen, die 2015 veröffentlicht wurden, darauf hingewiesen, dass die Darstellung Israels im deutschen Geschichtsunterricht nicht auf den Nahostkonflikt begrenzt werden und weniger eindimensional gestaltet sein sollte. So sei zu empfehlen, noch stärker auf die Errungenschaften des jüdischen Staates auf sozialem, wirtschaftlichem und kulturellem Gebiet einzugehen. Eine Behandlung des Nahostkonflikts müsse im Rahmen multiperspektivischer Darstellungen und unter Berücksichtigung seiner Historizität erfolgen. Schließlich wird noch auf das besondere geschichtsdidaktische Potenzial der deutsch-israelischen Beziehungen verwiesen.[311]

Um einer allzu schemenhaften und von Stereotypen geprägten Darstellung von Juden in deutschen Schulbüchern konkret entgegenzuwirken, haben am 8. Dezember 2016 Josef Schuster, Präsident des Zentralrats der Juden in Deutschland, und die damalige Präsidentin der Kultusministerkonferenz (KMK), Bremens Bildungssenatorin Claudia Bogedan, in Berlin eine gemeinsame Erklärung unterzeichnet. In dem Beschluss der Kultusministerkonferenz heißt es:

„*Das Judentum ist seit vielen Jahrhunderten integraler Bestandteil der deutschen und europäischen Kultur, Geschichte und Gesellschaft. Jüdisches Leben ist indes in vielen gesellschaftlichen Bereichen kaum sichtbar und wird, beispielsweise in Schulbüchern und anderen Bildungsmedien, vielfach nur auf einzelne Elemente oder auf einige wenige Epochen der Geschichte verkürzt, zum Teil verzerrt und undifferenziert dargestellt.*"[312]

Fächern und Projekten der historisch-politischen Bildung wird im Rahmen der Erklärung eine besondere Verantwortung zugeschrieben. Als konkrete Empfehlungen seien zusammenfassend genannt:

- Die Geschichte des Judentums ist nicht nur eine Ausgrenzungs-, Verfolgungs- und Opfergeschichte. Die Perspektive der Betroffenen muss noch stärker berücksichtigt werden und Hinweise auf jüdischen Widerstand müssen noch integriert werden.
- Die Leistungen von Juden in Unternehmertum, Wissenschaft, Politik und Kultur sollen deshalb entsprechend herausgestellt und gewürdigt werden.
- Der Antisemitismus in Deutschland und in anderen Ländern soll seine Verortung in Vergangenheit und Gegenwart erfahren.
- Der Antisemitismus soll den Schülerinnen und Schülern in seinen unterschiedlichen Ausprägungen und Komponenten (vgl. Antijudaismus, Antiisraelismus, Antizionismus) vermittelt werden.
- Die Entstehungsgeschichte des Staates Israel gilt es zu thematisieren.
- Das Gespräch mit Zeitzeuginnen und Zeitzeugen der Shoah, der Besuch von Gedenkstätten und Dokumentationszentren sowie die Nutzung von Begegnungs- und Austauschprogrammen sollen aktiv in den Unterricht miteinbezogen werden.

12.4 Die arabisch-europäischen Schulbuchempfehlungen

Die UNESCO hat in Kooperation mit der Arabischen Liga Empfehlungen für die Herstellung von Schulbüchern für das Fach Geschichte in Europa und der arabisch-islamischen Welt erarbeitet. Diese Empfehlungen, die 2012 veröffentlich wurden, wurden von drei arabischen und drei europäischen Wissenschaftlern gemeinsam erarbeitet und unter dem Titel „On a Common Path. New Approaches to Writing History Textbooks in Europe and the Arab and Islamic World"[313] veröffentlicht. Diese Empfehlungen sind Teil des gemeinsamen Projekts „The Image of the Other in European and Arab-Islamic Textbooks".

Die Notwendigkeit einer solchen Zusammenarbeit basiert auf der Erkenntnis, dass das Bild des Anderen jeweils verzerrt dargestellt wird.[314] Im Vorwort des gemeinsamen Berichts wird dieses Anliegen wie folgt dargestellt:

„Dialogue among cultures and civilizations is the only valid answer we may put forth to manifestations of intolerance, and is more necessary than ever in a world marked by fault lines, tensions and polarizations, especially between Europe and the Arab and Muslim worlds, including the Mediterranean area. […] It is a fact that misinformation, misperception and most of all ignorance constitute the main elements that lead to hatred, confrontation and instability.“[315]

Ein Problem bei der bisherigen Schulbucharbeit in beiden Kulturkreisen wird darin gesehen, dass „the risks of segregation, conflict and the feeling of the superiority of one's civilization over the others all arise from the instrumentalization of cultural and religious issues"[316]. Ziel müsse daher die Beförderung eines „more balanced and nuanced understanding of trends, issues and events" sowie die Betonung von „positive encounters and reciprocal interactions and influences between the peoples of the north and south of the Mediterranean basin" sein.[317]

Als die drei wichtigsten Grundsätze bei der Erstellung von Geschichtsbüchern werden herausgestellt:

1. *„History textbooks should reflect the diversity of Europe and the Arab and Islamic worlds."* Dabei liegt ein Schwerpunkt auf der Erkenntnis, dass die kulturelle Zugehörigkeit eines Individuums auf einem Zusammenspiel unterschiedlicher und sich wandelnder kultureller Einflüsse beruht. Auch hier sind inter- und intrakulturelles Lernen eng miteinander verquickt und wird ein diversitätssensibler Zugriff auf Geschichte verfolgt, um der Konstruktion von starren „kulturellen" Grenzen entgegenzuwirken.

2. *„History textbooks should acknowledge the positive aspects of intercultural encounters."* Hier gilt es, historische Phasen der friedlichen Koexistenz von Menschen unterschiedlicher Religionen und Kulturkreise exemplarisch herauszustellen. Dabei können fest etablierte Feindbilder aufgebrochen werden. Als Beispiele für positive kulturelle Kontakte seien die Wirtschafts- und Handelsbeziehungen des Mittelalters und der Frühen Neuzeit sowie das Aufeinandertreffen der Kulturen in Andalusien genannt.

3. *„History textbooks should help students to develop a multi-perspective approach to the study of the past."* Dadurch soll es möglich sein, sensible und kontrovers diskutierte Themenbereiche aus verschiedenen Blickwinkeln zu betrachten und ein Gespür für ihre Komplexität zu entwickeln. Als historische Themenfelder können hier die Ausbreitung des Islam, die Kreuzzüge, der europäische Kolonialismus und das kulturelle Aufeinandertreffen Europas mit dem Osmanischen Reich gelten.

Auffällig ist dabei, wie stark sich diese Handlungsempfehlungen an den Maximen des interkulturellen Geschichtslernens orientieren. Dieser erste Schritt der europäisch-arabischen Zusammenarbeit ist auch deshalb so hoch einzustufen, weil gerade die Konflikte zwischen der europäischen und der islamisch geprägten Welt sowie die Verbreitung von Feindbildern auf beiden Seiten sicherlich als „Hotspot" des 21. Jahrhunderts zu betrachten sind. Das Klassenzimmer kann geradezu einen Gegenpol zur Außenwelt bilden, indem es einen geschützten Raum für das Spiel der Ideen und der Meinungen, d.h. einen „safe' and intellectually robust place for our young people to study what are often emotive and controversial histories"[318], bildet. Gerade die Geschichte mit ihrer zeitlichen Distanz zu den zu behandelnden Themen eignet sich dafür. Umso mehr wären die Fortsetzung und Intensivierung des Dialogs sowie die Weiterarbeit an den Empfehlungen und ihre weitere unterrichtspraktische Konkretisierung wünschenswert.

13. Bilingualer Geschichtsunterricht: Der Inbegriff interkulturellen Lernens?

Bereits seit den 1960er Jahren existieren bilinguale Angebote an deutschen Schulen. Als Folge des Vertrags über die deutsch-französische Zusammenarbeit von 1963 entstanden zunächst deutsch-französische bilinguale Angebote an Gymnasien, die eine Pionierrolle übernahmen. Seit 1969 gibt es auch deutsch-englische bilinguale Zweige. Nach Englisch und Französisch sind in Deutschland aktuell Italienisch und Spanisch die häufigsten Fremdsprachen mit bilingualen Angeboten. Inzwischen wurde in Deutschland der bilinguale Sachfachunterricht auf alle Schulformen ausgeweitet. Bilinguale Züge gibt es momentan in Deutschland schwerpunktmäßig an Gymnasien und Realschulen, mit steigender Tendenz an Grundschulen und in geringerem Maße und vereinzelt an Hauptschulen. Ein Defizit stellt noch eine länderübergreifende statistische Erfassung des bilingualen Unterrichts dar. Neben offiziell eingeführten bilingualen Bildungsgängen werden an vielen deutschen Schulen nach Bedarf und Interesse bilinguale Module, sogenannte „bilinguale Inseln", angeboten. Diese flexiblen Formen bilingualen Lernens können sich auf einzelne Unterrichtssequenzen, Projektarbeit oder auf Arbeitsgemeinschaften beziehen. Wie unterschiedlich die Umsetzung bilingualen Lernens schulorganisatorisch auch gestaltet sein mag, muss für all diese Formen gelten, dass bilingualer Geschichtsunterricht in erster Linie mehr als eine „Stütze des Fremdsprachenunterrichts" ist.[319] Denn die Fremdsprache ist nicht Lerngegenstand, sondern fungiert als Lernmedium, d.h. als Arbeitssprache. Der kontinuierliche Ausbau eines fachsprachlichen und fachmethodischen Vokabulars in der Fremdsprache bildet eine wichtige Voraussetzung für erfolgreichen bilingualen Unterricht.

Sachfachunterricht in einer Fremdsprache, das sogenannte „Content and Language Integrated Learning" (CLIL), kann als eine besondere Form des interdisziplinären und interkulturellen Unterrichts betrachtet werden, da es sich um ein „echtes sprach-, grenz- und kulturüberschreitendes Lernen"[320] handelt. Nach einer Definition der Kultusministerkonferenz von 1998 zeichnet sich bilingualer Unterricht wie folgt aus:

*„Unter bilingualem Unterricht wird in den deutschen Ländern grundsätz-
lich ein Fachunterricht in den nicht-sprachlichen Fächern verstanden, in
dem überwiegend eine Fremdsprache für den fachlichen Diskurs verwendet
wird. Bilingualer Unterricht wird von Lehrkräften des Sachfachs erteilt.
Ein bilingual unterrichtetes Fach wird in der Regel in einer Fremdsprache
und, zumindest zu Beginn, phasenweise oder gegebenenfalls auch in einer
ergänzenden Stunde zur Absicherung des Verständnisses und des Fachwort-
schatzes, in der Sprache des Landes unterrichtet.“*[321]

Durch seine interdisziplinäre Ausrichtung bietet bilingualer Sachfachunterricht per se die Chance, über den Tellerrand eines Schulfaches zu
blicken. Die Schülerinnen und Schüler lernen, „kritisch mit Vorurteilen umzugehen und die Relativität nationaler Betrachtungsweisen zu
erkennen"[322]. Gleichzeitig ist aber festzuhalten: Die Entwicklung einer eigenständigen Didaktik des bilingualen Lehrens und Lernens in
einer jeweils fachspezifischen Ausprägung sowie ein lerntheoretisches
Fundament stellen trotz inzwischen zahlreicher Publikationen zur Unterrichtspraxis immer noch ein Desiderat dar. Damit geht einher, dass
es noch zu wenige empirische Untersuchungen zu den Wirkungen und
damit zum tatsächlichen „Mehrwert" des bilingualen Lernens – im
Hinblick auf das Geschichtslernen – gibt. Entsprechend kontrovers
wird der tatsächliche Lerneffekt diskutiert. Bisherige Evaluationen wie
z.B. die DESI-Studie, die den Unterricht und Kompetenzerwerb in
Deutsch und Englisch untersuchte und 2001 von der Kultusministerkonferenz in Auftrag gegeben wurde, belegen eher den Erfolg bei der
Förderung sprachlicher Kompetenzen.
  Inzwischen decken bilinguale Unterrichtsangebote ein breites
Spektrum an Sachfächern ab. Geschichte ist neben Geographie das in
Deutschland am häufigsten bilingual unterrichtete Sachfach. Worin
liegen nun besondere inhaltliche und methodische Akzentuierungen
des bilingualen Geschichtsunterrichts? Vor allem das Fach Geschichte, das sich um Selbstdeutung und Sinnstiftung bemüht und für die
Gegenwart relevante Grundfragen aufwirft, kann den ideellen Anforderungen des bilingualen Bildungsgangs in besonderem Maße gerecht
werden, da über Geschichte ein vertieftes Verständnis für die durch die
Fremdsprache vermittelte Kultur möglich ist. Dadurch, dass im bilingualen Geschichtsunterricht beide Didaktiken eine Integration erfahren, wird das Fremdverstehen, ein Ziel sowohl der Geschichts- als auch
der Fremdsprachendidaktik, besonders unterstützt.[323]

Der bilinguale Geschichtsunterricht, der die Funktion eines „Mittlers der Kulturen" übernimmt, vermag ähnlich wie die binationalen Schulbuchprojekte, „neuralgische Punkte" im Zusammenleben der Völker aufzudecken und diese in einem aufklärerischen Sinne aufzuarbeiten.[324] Durch den kontrastiven und mehrdimensionalen Ansatz des bilingualen Unterrichts kann aber nicht nur der Geschichte des jeweiligen Ziellandes mit neuem Verständnis entgegengetreten und diese zur eigenen Geschichte in einen fruchtbaren Bezug gesetzt werden, sondern können auch universalhistorisch relevante Phänomene wie z.B. die bipolare Weltordnung, Friedensschlüsse oder der Zweite Weltkrieg multiperspektivisch betrachtet und bewertet werden. Die Perspektivenerweiterung führt im Idealfall zu einem Bewusstsein der eigenen Standortgebundenheit, zu einer Steigerung der historischen Objektivität und zur Konstruktion eines verbesserten Geschichtsverständnisses.[325] Indem sich die Jugendlichen sowohl mit der eigenen als auch der fremden Kultur konfrontiert sehen, macht der bilinguale Geschichtsunterricht in besonderem Maße Identifikations- und Selbstfindungsangebote und ermöglicht eine Orientierung in Gegenwart und Zukunft. Wolfgang Hallet gelingt es mit seinem „Bilingual Triangle", den spezifischen und bereichernden Charakter von bilingualem Geschichtsunterricht darzustellen, indem er vor allem die Inhalte des bilingualen Sachfachunterrichts benennt: Bilingualer Geschichtsunterricht habe sich auch thematisch von seinem monolingualen Pendant zu unterscheiden. Ziele, Inhalte und Gegenstände des bilingualen Unterrichts können sich dabei gemäß Hallet auf folgende Bereiche beziehen:[326]

1. Phänomene und Sachverhalte der zielsprachlichen Kulturen und Gesellschaften
2. eigene Erfahrung, eigene Lebenswelt, eigene Kultur und Gesellschaft
3. Phänomene und Sachverhalte von kulturübergreifender und globaler Bedeutung

Daraus wird ersichtlich, dass bilingualer Sachfachunterricht nicht nur ein Unterricht in der Fremdsprache ist, sondern einen eigenen „kultursensiblen Zuschnitt" erhält.

Klassische Beispiele für die Geschichte zielsprachenbezogener Räume sind die „Amerikanische Revolution" und das „British Empire". Zu den kulturübergreifenden globalen Phänomenen zählen neben dem „Kalten Krieg" die „Industrialisierung", der „Imperialismus", die „Entwicklung der Menschenrechte" sowie die „68er-Revolution". Bei der Beschäftigung mit der eigenen Kultur und Gesellschaft liegt der Reiz vor allem darin, Themen multiperspektivisch aufzubereiten und damit eine Außenperspektive zu gewinnen sowie insbesondere Überschneidungsbereiche zwischen eigener Kultur und Zielkultur in das Blickfeld zu rücken: „Vermeintlich vertraute Sachverhalte der eigenen Lebenswelt muten plötzlich in der Fremdsprache fern und seltsam an", was zur „Relativierung kultureller Gewissheiten" beitragen kann.[327]

Ein Desiderat des interkulturellen Geschichtsunterrichts auf Deutsch stellt sicherlich der Umgang mit Quellen und Darstellungstexten ausschließlich in deutscher Sprache dar. Der bilinguale Sachfachunterricht wirkt hier kompensatorisch, da er ein geeigneter Türöffner dafür ist, sich mit authentischen Materialien aus dem jeweiligen Sprachraum auseinanderzusetzen. Wie wirkt man aber einer sprachlichen Überforderung entgegen? Gewisse Phasen des Unterrichts sowie eingesetzte Unterrichtsmaterialien, die eine sprachliche Hürde darstellen, können z.B. durch „scaffolding" unterstützt werden, d.h. sprachliche Mittel wie Formulierungsvorschläge und Vokabelhilfen werden den Schülerinnen und Schülern zur „Bewältigung" der fremdsprachlichen Materialien zur Verfügung gestellt. „Scaffolding" erweist sich vor allem dann als ein hilfreiches Instrumentarium, wenn die kognitiven und die sprachlichen Kompetenzen auseinanderklaffen. Denn durch „scaffolding" können die Lernenden auch dazu befähigt werden, sich fachlich adäquat zu äußern und damit weitgehend selbstständig miteinander zu agieren. Oftmals müssen Bedeutungen auch ausgehandelt werden, wodurch sich die Arbeit mit fremdsprachlichen Texten in der Regel kleinschrittiger gestaltet und in der Konsequenz Quellen bewusster bearbeitet werden können. Dies bedeutet, dass Quellen gegebenenfalls mehrmals gelesen werden und der Blick für das Detail geschärft wird. Da in der Praxis die sprachliche Progression des bilingualen Unterrichts nicht immer ganz auf das Niveau des Englischunterrichts abgestimmt ist, lernen die Schülerinnen und Schüler außerdem, mit einer Portion Unverständnis umzugehen. Hier kommt der bilinguale Unterricht realen alltagsweltlichen Kommunikationssituationen in der Fremdsprache sehr nahe.

Um mögliche Sprachbarrieren zu umschiffen, wird im bilingualen Geschichtsunterricht außerdem verstärkt bildgestützt gearbeitet. Da der bilinguale Geschichtsunterricht an einer besonders schülergeeigneten Auswahl an Medien und an einer Mehrkanaligkeit interessiert ist, kann eine im Geschichtsunterricht oft eintretende Monotonie vieler Textvorlagen aufgebrochen und das Bewusstsein der Schülerinnen und Schüler für den Pluralismus von Informationsquellen geschärft werden.[328]

Es ist die Sprache, die einen besonderen Zugang zum Geschichtsbewusstsein und zur Geschichtskultur des jeweils anderen Landes eröffnet. Daher ist es ein zentrales Anliegen des bilingualen Geschichtsunterrichts, Fachbegriffe bzw. Schlüsselbegriffe sowohl in der Zielsprache als auch in der Muttersprache zu vermitteln und eine „critical language awareness" zu befördern. Eine Verquickung von sprach- und kultursensiblem Lernen kann bei der Betrachtung der kulturspezifischen Aufladung von Begrifflichkeiten wie z.B. „Deutsch-Französischer Krieg" versus „Franco-Prussian War" und „Kristallnacht" versus „The Night of Broken Glass" erfolgen. Es sollte in diesem Zusammenhang auch verdeutlicht werden, dass Übersetzungen immer Interpretationen sind. Damit einher geht eine Reflexion über Funktion und Manipulationsmöglichkeiten von Sprache.[329]

14. Interkulturelles Lernen an außerschulischen Lernorten

Der Besuch außerschulischer Lernorte ist ein wichtiger Bestandteil des Geschichtsunterrichts und sollte einen entsprechend hohen Stellenwert im interkulturell sensiblen Geschichtsunterricht einnehmen. Geschichte aus „erster Hand" zu erfahren bietet eine besondere Chance. Denn außerschulische Lernorte tragen dazu bei, Geschichte für die Schülerinnen und Schüler fassbarer und anschaulicher zu machen, sind sie doch ein Beispiel für exemplarisches Lernen. Der Besuch außerschulischer Lernorte erlaubt eine Authentizität, die „eine unvergleichliche Aufnahmebereitschaft für Geschichte, die nicht nur die kognitive, sondern ganz elementar auch die emotionale, ästhetische, subjektive Dimension historischen Lernens einbezieht", erzeugt.[330] Dies mag im Hinblick auf den interkulturell und global ausgerichteten Geschichtsunterricht zunächst als ein Paradoxon erscheinen. Wären denn für die Behandlung globalgeschichtlicher Inhalte nicht Studienfahrten in weit entfernte exotische Länder notwendig? Würde das den organisatorischen Rahmen von Schule nicht sprengen? Zunächst soll der Frage nachgegangen werden, welche prinzipiellen Gründe dafür sprechen, außerschulischen Lernorten gerade im interkulturellen Geschichtsunterricht einen hohen Stellenwert einzuräumen.

- Global- und Regionalgeschichte sind eng miteinander verquickt. So bedürfen besonders globalgeschichtlich relevante historische Phänomene oftmals einer Verortung auf regionaler Ebene sowie einer geschichtskulturellen Verankerung, damit ihre Relevanz für das Hier und Jetzt, d.h. ihr Lebensweltbezug, noch klarer herausgestellt werden kann. Viele historische Lernorte sind zentrale Institutionen der Geschichtskultur.
- Eine wichtige Zielsetzung des interkulturellen Geschichtsunterrichts ist die Unterstützung der Schülerinnen und Schüler bei ihrer Identitätssuche und Identitätsfindung. Zur Auseinandersetzung mit der eigenen Identität gehört unweigerlich aber auch eine Orientierung in der eigenen Heimat und eine Beschäftigung mit der eigenen Lebenswirklichkeit. Gleichzeitig können Museen zu Orten der Fremdheit werden, Alteritätserfahrungen ermöglichen sowie Fremd- und Selbstverstehen befördern.
- Durch die Integration außerschulischer Lernorte in den Geschichtsunterricht und die damit verbundene Erweiterung der „Lernräume" öffnet sich Schule nach außen, um authentische Begegnungen ins

Klassenzimmer zu holen und die Selbsttätigkeit bei den Lernenden zu befördern. Gerade die Öffnung für Neues und Fremdes ist eine weitere wichtige Zielsetzung des interkulturellen Geschichtsunterrichts, der entdeckend-forschendes Lernen ermöglichen möchte.

- Der interkulturelle Geschichtsunterricht geht von Geschichte als einem kulturellen Narrativ und einer gesellschaftlich-kulturellen Konstruktion aus. Der Besuch außerschulischer Lernorte vermag es, die gesellschaftlich-kulturelle Wirklichkeit mit schulischem Lernen zu verknüpfen.

- Das komparatistische Prinzip besitzt im Rahmen des interkulturellen Geschichtsunterrichts einen hohen Stellenwert. Ziel des Besuchs von außerschulischen Lernorten ist in ähnlicher Weise eine Vertiefung und Vernetzung des bisher erworbenen Wissens mithilfe neuer Impulse.

Sicherlich ist nicht jedes globale und interkulturelle Thema lokal verortbar. Es gibt jedoch eine Vielzahl an Möglichkeiten, außerschulische Lernorte mit interkultureller Relevanz in den Geschichtsunterricht zu integrieren:

Denkmäler *Als ein wichtiger Teil einer Erinnerungskultur enthalten sie eine besondere Deutung von Geschichte.*	• koloniale bzw. postkoloniale Denkmäler wie z. B. das Anti-kolonialdenkmal in Bremen, das Askari-Denkmal in Hamburg, • Denkmäler zur Auswanderung von Deutschen, • Homosexuellen-Mahnmal in Berlin
Museum zur Migration	• Deutsches Auswandererhaus in Bremerhaven, • das Auswanderermuseum in Hamburg, • das Dokumentationszentrum und Museum über die Migration in Deutschland e. V. in Köln, • Ausstellungen der Stiftung Zentrum gegen Vertreibung, • Donauschwäbisches Zentralmuseum in Ulm, • Oldenburger Wallmuseum, slawische Siedlungen
völkerkundliches Museum	• Museum für Völkerkunde Hamburg, • Museum für Völkerkunde zu Leipzig, • Lindenmuseum in Stuttgart, • Museum Fünf Kontinente in München, • Weltkulturen Museum in Frankfurt, • Rautenstrauch-Joest-Museum in Köln, • Museum Europäischer Kulturen in Berlin, • Übersee-Museum Bremen

Heimatmuseum	• Heimatmuseen lassen sich zahlreich auf lokaler Ebene finden.
Museen (ethnischer) Minderheiten	• Jüdisches Museum Berlin, • Jüdisches Museum Frankfurt, • Sorbisches Museum Bautzen, • Dokumentations- und Kulturzentrum Deutscher Sinti und Roma in Heidelberg, • Museum für russlanddeutsche Kulturgeschichte in Detmold, • das Wendische Museum in Cottbus, • Deutsches Hugenotten-Museum Bad Karlshafen, • Schwules Museum Berlin
Gebäude/Orte, die an Zuwanderung erinnern	• Französischer Dom auf dem Gendarmenmarkt in Berlin (von Hugenotten errichtet), • Siedlungen wie die Wohnviertel der aus Polen ins Ruhrgebiet gekommenen Arbeiter, • Islamischer Friedhof am Columbiadamm in Berlin
binationale Museen	• Deutsch-Russisches Museum Berlin-Karlshorst, • Turenne Museum zur deutsch-französischen Geschichte in Sasbach, • Deutsch-Französisches Museum am Hartmannsweilerkopf (Elsass)
UNESCO-Weltkulturerbe	• Aachener Dom, Speyerer Dom, Hansestadt Lübeck, Klosteranlage Maulbronn, Luthergedenkstätten in Eisleben und Wittenberg, Industriekomplex Zeche Zollverein in Essen, der Limes, prähistorische Pfahlbauten um die Alpen, Wartburg, …

Eine konkretere regionalgeschichtliche Spezifizierung und eine detaillierte Sammlung von Beispielen würden den Rahmen hier sprengen. Dies wäre Aufgabe der einzelnen Bundesländer. Nicht zuletzt ist eine konkrete Verknüpfung mit den jeweiligen länderspezifischen Bildungsplänen und eine Berücksichtigung der spezifischen regionalen Gegebenheiten essenziell.

Um eine aktive Auseinandersetzung der Schülerinnen und Schüler mit den außerschulischen Lernorten zu gewährleisten, hat sich z.B. folgende handlungsorientierte Vorgehensweise bewährt: Auf der Basis von Quellen und Darstellungen erstellen die Lernenden Hörtexte, die die jeweilige geschichtskulturelle Relevanz von Ausstellungsgegenständen bzw. des historischen Ortes herausstellen und gegebenenfalls auch internationale Besucher als Adressatenkreis haben. Diese Hörtexte bilden dann die Basis für einen Audioguide.

Einen Sonderfall bilden die UNESCO-Weltkulturstätten, die einen zentralen Stellenwert im nationalen sowie transnationalen Gedächtnis einnehmen. Am 16. November 1972 hat die UNESCO das sogenannte „Übereinkommen zum Schutz des Kultur- und Naturerbes der Welt" verabschiedet. Dieses Übereinkommen wurde ratifiziert „in der Erwägung, dass Teile des Kultur- oder Naturerbes von außergewöhnlicher Bedeutung sind und daher als Bestandteil des Welterbes der ganzen Menschheit erhalten werden müssen"[331]. Deshalb sei es „Aufgabe der internationalen Gemeinschaft als Gesamtheit", „sich am Schutz des Kultur- und Naturerbes von außergewöhnlichem universellem Wert zu beteiligen". Damit geben die UNESCO-Weltkulturstätten z. B. Zeugnis von einer besonderen kulturellen Tradition und besitzen eine transkulturelle Relevanz.

15. Interkulturelles Lernen in Form von Schülerwettbewerben

15.1 Der Geschichtswettbewerb des Bundespräsidenten

An diesem Wettbewerb können Schülerinnen und Schüler aus allen Altersgruppen und Schularten teilnehmen. Er möchte explizit Jugendliche dazu ermutigen, in Archiven, Museen und Bibliotheken zu recherchieren, Expertenbefragungen und Zeitzeugeninterviews durchzuführen sowie Beispiele aus dem familiären, lokalen oder regionalen Umfeld auszuwählen. Die Hamburger Körber-Stiftung und das Bundespräsidialamt richten seit 1973 gemeinsam den Wettbewerb aus, dessen Zielsetzung es ist, „bei Kindern und Jugendlichen das Interesse für die eigene Geschichte [zu] wecken, Selbstständigkeit [zu] fördern und Verantwortungsbewusstsein [zu] stärken"[332]. Ein tiefgründiges Verständnis für die eigene Geschichte und eine eigene Identitätsfindung setzen unweigerlich eine Auseinandersetzung mit der Geschichte der Anderen voraus. Deshalb ziehen sich sowohl interkulturelle Anknüpfungspunkte als auch transkulturelle Ansätze wie ein roter Faden durch die wechselnden Themen des Wettbewerbs, der in einem zweijährigen Turnus stattfindet. Beispiele aus den vergangenen Jahren sind folgende Themenstellungen:

- „So geht's nicht weiter. Krise, Umbruch, Aufbruch" (2018/19): Bei der Beschreibung des Themenfeldes wird explizit auf Migrationsbewegungen, die Verfolgung von Minderheiten, das Ringen um politische Teilhabe und der Ausbruch von Gewalt, aber auch auf Möglichkeiten für bürgerschaftliches Engagement und Handlungsmöglichkeiten der Menschen verwiesen.
- „Gott und die Welt. Religion macht Geschichte" (2016/17): Möglichkeiten der interreligiösen Verständigung, Formen von Ausgrenzung aufgrund des Glaubens sowie jüdische bzw. islamische Geschichte in Deutschland werden hier in den Blick genommen.
- „Anders sein. Außenseiter in der Geschichte" (2014/15): Die Schülerinnen und Schüler sollen hier für Andersartigkeit in Gegenwart und Vergangenheit, Außenseiterrollen in der Gesellschaft sowie einen Meinungspluralismus sensibilisiert werden. Multiperspektivische und diversitätssensible Betrachtungsweisen sind eine wichtige Voraussetzung, um „Normalität" bzw. den „Normalfall" kritisch zu hinterfragen, Alterität aufzuspüren und das Individuum zwischen Anpassung und Ablehnung gegenüber Norm- und Wertvorstellungen zu untersuchen.

- „Vertraute Fremde. Nachbarn in der Geschichte" (2012/13): Die Schülerinnen und Schüler können sich mit dem Miteinander und Gegeneinander von Nachbarn in der Geschichte, der Gestaltung eines nachbarschaftlichen Miteinanders in Europa und dem Zusammenleben zwischen einer Mehrheitsgesellschaft und Minderheiten auseinandersetzen.
- „Ärgernis, Aufsehen, Empörung: Skandale in der Geschichte" (2010/11): Bei der Beschäftigung mit diesem Thema mag sich zeigen, dass ein Aufeinanderprallen unterschiedlich gearteter Werte- und Gesellschaftssysteme in einen Skandal münden mag. Im Fokus stehen kulturell bedingte Grenzen für akzeptiertes und nicht akzeptiertes Verhalten sowie allgemeine Mechanismen von Skandalisierungen. Jugendliche lernen den historischen Skandal als transkulturelles Phänomen kennen.
- „Helden: verehrt – verkannt – vergessen" (2008/09): Im Zentrum der Betrachtung stehen der Konstruktcharakter und der Wandel von Heldenbildern in der Geschichte, aber auch Kriterien für Helden der Gegenwart. Helden sind kulturelle Spiegelbilder ihrer jeweiligen Zeit. Auch hier widmet man sich einem transkulturellen Phänomen, das außerdem eine gendersensible Dimension besitzt.
- „Miteinander – gegeneinander? Jung und Alt in der Geschichte" (2006/07): Mit diesem Thema zu den Generationenbeziehungen wird im Sinne des Diversity-Ansatzes ein Blick auf die intrakulturelle Vielfalt der Gesellschaft geworfen.

15.2 Der Schülerwettbewerb zu Osteuropa

Dieser auf Länderebene angesiedelte Schülerwettbewerb nennt sich in den einzelnen Bundesländern unterschiedlich: „Die Deutschen und ihre Nachbarn im Osten" (Baden-Württemberg), „Die Deutschen und ihre östlichen Nachbarn" (Bayern), „Begegnung mit Osteuropa" (Nordrhein-Westfalen) und „Die Deutschen und ihre östlichen Nachbarn auf dem Weg in ein vereintes Europa" (Rheinland-Pfalz). Ziel ist es, „auf die Jahrhunderte alte Kultur und Geschichte der Deutschen im östlichen Europa hinzuweisen, gemeinsame ‚europäische' Wurzeln zu entdecken, ein lebendiges und aktuelles Bild von Ost(mittel)europa zu vermitteln, auf die Multikulturalität Europas aufmerksam zu machen, Vorurteile abzubauen und ‚Brücken' über Ländergrenzen hinweg zu bauen"[333]. Im Rahmen dieses Wettbewerbs bietet sich Jugendlichen die seltene Gelegenheit, sich mit osteuropäischer Geschichte zu beschäftigen bzw. sich der Verflechtungen zwischen der deutschen und osteuropäischen Geschichte – teilweise auch auf regionaler Ebene – bewusst zu werden. Die Grundlage bildet § 96 des „Gesetzes über die Angelegenheiten der Vertriebenen und Flüchtlinge" (Bundesvertriebenengesetz – BVFG):

„Bund und Länder haben entsprechend ihrer durch das Grundgesetz gegebenen Zuständigkeit das Kulturgut der Vertreibungsgebiete in dem Bewusstsein der Vertriebenen und Flüchtlinge, des gesamten deutschen Volkes und des Auslandes zu erhalten, Archive, Museen und Bibliotheken zu sichern, zu ergänzen und auszuwerten sowie Einrichtungen des Kunstschaffens und der Ausbildung sicherzustellen und zu fördern. Sie haben Wissenschaft und Forschung bei der Erfüllung der Aufgaben, die sich aus der Vertreibung und der Eingliederung der Vertriebenen und Flüchtlinge ergeben, sowie die Weiterentwicklung der Kulturleistungen der Vertriebenen und Flüchtlinge zu fördern."[334]

Die folgenden interkulturell und in Teilen diversitätssensibel angelegten Wettbewerbsaufgaben, die dem Fachbereich Geschichte zugeordnet und den baden-württembergischen Wettbewerbsbroschüren entnommen sind, können auch als Projektideen bzw. Themen für Hausarbeiten und Präsentationen im „regulären" Geschichtsunterricht eingesetzt werden.

Schuljahr 2018/19	
Jahresthema	Weggehen – Ankommen – Zurückkehren: Baden-Württemberg und das östliche Europa
Beispiele für Aufgaben	**Russische Juden in Deutschland: Auf Identitätssuche?**
	„Wenn man als Kleinkind jüdischer Eltern aus Russland nach Deutschland gekommen ist, endet die Reise nicht mit der Ankunft in der neuen Heimat. Die Identitätsfrage ist ein ständiger Begleiter." So beschreibt Filipp Piatov, ein russischer Jude, in einem Artikel, der am 4. Januar 2016 in *Die Welt* erschien, seine Suche nach Heimat und Identität. Durch die Einwanderung von Juden aus dem Gebiet der ehemaligen Sowjetunion hat sich seit Beginn der 1990er Jahre das jüdische Leben in Deutschland verändert: Die Mitgliederzahl von jüdischen Gemeinden konnte sich im Laufe der Jahre verdreifachen. Eine Folge davon war auch, dass das kulturelle jüdische Leben in Deutschland eine Blüte erfuhr und sich gleichzeitig heterogener gestaltete. Im Jahr 2008 konnte z. B. in Stuttgart die jüdische Grundschule wiedereröffnet werden.
	Ihre Aufgabe: Recherchieren Sie das russisch-jüdische Leben in Baden-Württemberg und die Herausforderungen, vor denen die jüdischen Gemeinden stehen. Erstellen Sie hierzu ein Porträt mit Bild- und Textelementen (ca. vier DIN-A4–Seiten) für die lokale Zeitung.
	Vertriebenendenkmäler: Erinnern oder mahnen?
	An zahlreichen Orten Deutschlands erinnern Denkmäler an die Vertreibung Deutscher aus dem Osten des ehemaligen Deutschen Reiches und den deutschen Siedlungsgebieten in Südosteuropa. Häufig stehen sie auf Friedhöfen oder bei Kirchen. Sie sollen die Erinnerung an die alte Heimat und das Schicksal Vertriebener wachhalten, aber auch zu Frieden mahnen. Dennoch standen sie häufig in der Kritik, weil sie z. B. auch als Appell verstanden wurden, die alte Heimat nicht verloren zu geben.
	Ihre Aufgabe: Informieren Sie sich über Geschichte, Gestaltung und Funktion von Vertriebenen-Denkmälern. Wählen Sie eines dieser Monumente aus und verfassen Sie hierfür eine Rede, in der Sie darlegen, wie heute der Vertreibungen in Geschichte und Gegenwart gedacht werden kann.

Schuljahr 2017/18	
Jahresthema	Deutsch-polnische Begegnungen
Beispiele für Aufgaben	**Deutsch-polnische Migration in Geschichte und Gegenwart**

Die beiden Nachbarländer Polen und Deutschland teilen eine lange gemeinsame Geschichte der wechselseitigen Migration. Aus verschiedenen Gründen haben Menschen ihre Heimat verlassen, um im Ausland ein neues Zuhause zu finden.

In Polen lebt heute eine deutsche Minderheit – überwiegend in Oberschlesien/Górny Śląsk, Masuren/Mazury und Pommern. Im Zuge der deutschen Ostsiedlung wanderten z. B. bereits im Mittelalter deutschsprachige Siedler in Gebiete des heutigen Polen ein. Auch in der Gegenwart wandern Deutsche aus: Mit dem EU-Beitritt Polens 2004 sind zunehmend deutsche Arbeitnehmer in Polen tätig. Informieren Sie sich über die Auswanderung von Deutschen nach Polen.

Ihre Aufgabe: Wählen Sie eine Gruppe von Auswanderern aus und stellen Sie ihre Gründe, die Heimat zu verlassen, sowie das Ankommen und das Einleben im anderen Land dar. Gestalten Sie einen zweiseitigen Artikel für die Schülerzeitung, der Bild- und Textelemente enthält.

Der 27. Januar 1945: Erinnern für die Zukunft

Am 27. Januar 1945 befreiten Soldaten der Roten Armee das im Süden Polens liegende von Deutschen betriebene Konzentrationslager Auschwitz-Birkenau. Seit 1996 gibt es in Deutschland am 27. Januar einen offiziellen „Tag des Gedenkens an die Opfer des Nationalsozialismus". Im Jahr 2005 wurde der 27. Januar außerdem von den Vereinten Nationen als „International Holocaust Remembrance Day" eingeführt. In der UN-Erklärung wird betont, dass der Holocaust „für alle Zeiten allen Menschen als Warnung vor den Gefahren von Hass, Intoleranz, Rassismus und Vorurteilen dienen" soll.

Ihre Aufgabe: Sie möchten anlässlich des 27. Januar eine Gedenkveranstaltung an Ihrer Schule durchführen. Entwerfen Sie ein Konzept für eine Veranstaltung zum Thema „Was bedeuten die Jahre 1939 bis 1945 für die gemeinsame Gegenwart und Zukunft von Polen und Deutschen?". Gestalten Sie hierfür einen möglichen Programmverlauf und schreiben Sie eine kurze Rede zur Einführung in die Veranstaltung.

Schuljahr 2016/17	
Jahresthema	Heimat: Baden-Württemberg und das östliche Europa
Beispiele für Aufgaben	**Willkommen – nicht willkommen?**
	Recherchieren Sie die Geschichte der Vertriebenen nach 1945 in Deutschland und ihre Ankunft in der neuen Heimat. Gestalten Sie vier Schulbuchseiten und stellen Sie die schwierige Ankunft und Integration in Deutschland mit geeigneten Beispielen – einer Familie oder eines Ortes – dar. Stellen Sie dabei auch einen Bezug zur gegenwärtigen Situation von Flüchtlingen in Deutschland her.
	Ihre Aufgabe: Gestalten Sie die Seiten mit selbst verfassten Überblickstexten, Statistiken, Materialien wie Interviews, Briefen oder anderen Text- sowie Bildquellen. Bei der Formulierung der Arbeitsanweisungen orientieren Sie sich bitte an den Ihnen bekannten Operatoren.
	Lebenslinien
	Während im 18. und 19. Jahrhundert viele Deutsche nach Ost- und Südosteuropa, aber auch nach Übersee auswanderten, gilt Deutschland nun seit der zweiten Hälfte des 20. Jahrhunderts als Einwanderungsland. Insbesondere Einwanderer aus Osteuropa haben so im Zuge einer „Ost-West-Migration" eine neue Heimat in Deutschland gefunden. Ursachen und Formen der Migration waren vielfältig: So führte das Anwerbeabkommen von 1968 zunächst zu einer Einwanderung jugoslawischer Gastarbeiter. Eine weitere Art der Arbeitsmigration – oft auch als Pendelmigration bezeichnet – trat mit der EU-Osterweiterung ab 2004 ein. Aufgrund erleichterter Ausreisebedingungen kamen bereits seit den 1980er Jahren Angehörige deutscher Minderheiten als Aussiedler bzw. Spätaussiedler aus den (ehemaligen) Sowjetrepubliken, aus Rumänien und Polen nach Deutschland. Außerdem suchten während des Balkankonflikts in den 1990er Jahren viele Menschen aus dem ehemaligen Jugoslawien Asyl.
	Ihre Aufgabe: Wählen Sie eine Einwanderergruppe aus, die seit 1950 von Osteuropa nach Deutschland eingewandert ist, und entwerfen Sie ein möglichst vielschichtiges Porträt dieser Gruppe. Verwenden Sie hierbei Bild- und Textelemente.

Schuljahr 2015/16	
Jahresthema	Gemeinsam in Europa – Baden-Württemberg und Tschechien
Beispiele für Aufgaben	**Tschechen und Deutsche: Zwischen Nähe und Ferne** „Kein Nachbarland ist den Deutschen so nah und so fern wie Tschechien" (Hans Dieter Zimmermann). Seit Jahrhunderten lebte eine tschechische Mehrheit mit einer deutschen Minderheit zusammen. Durch das Heilige Römische Reich waren die tschechische und deutsche Geschichte über weite Strecken hinweg eng miteinander verwoben. Das deutsch-tschechische Verhältnis war jedoch im 20. Jahrhundert schweren Belastungen ausgesetzt: So sah das Münchner Abkommen von 1938 die Vertreibung von Tschechen durch die Nationalsozialisten vor. Nach dem Zweiten Weltkrieg wurden Deutsche aus Tschechien vertrieben. Nähe und Ferne – so eine These – charakterisieren das Verhältnis zwischen Tschechen und Deutschen. **Ihre Aufgabe:** Erläutern Sie die These von Hans Dieter Zimmermann anhand von jeweils zwei selbst gewählten Beispielen aus Geschichte und Gegenwart. Beurteilen Sie abschließend die These. **Der Prager Frühling** Die deutsche Schauspielerin Hanna Schygulla sagte 2005 über den Prager Frühling von 1968: „Wenn ich die Bilder vor mir sehe, laufen mir noch heute Schauder die Haut herunter. Das war ein Aufstand gegen den Zynismus der Macht, der dann durch die Panzer erstickt wurde." Alexander Dubček und weitere Reformer des Prager Frühlings forderten eine Reform des sozialistischen Systems, einen „Sozialismus mit menschlichem Antlitz". Außerdem sollten Grundrechte garantiert werden. Diese Bewegung fand in der Tschechoslowakei bei einem Großteil der Bevölkerung Unterstützung, wurde jedoch in den anderen Ostblockstaaten mit Skepsis beobachtet. In der Nacht vom 20. auf den 21. August 1968 beendeten Truppen des Warschauer Paktes unter Führung der Sowjetunion gewaltsam den Prager Frühling. Bis heute gilt der Prager Frühling als ein „Schlüsselereignis" in der tschechischen Geschichte, was sich auch in einer Vielzahl an Erinnerungsorten und Gedenktafeln niederschlägt. **Ihre Aufgabe:** Vergleichen Sie den Prager Frühling von 1968 mit dem DDR-Volksaufstand von 1953 in Bezug auf Gemeinsamkeiten und Unterschiede. Erstellen Sie hierzu eine Powerpoint-Präsentation mit Text- und Bildelementen. Berücksichtigen Sie dabei vor allem Ursachen, Verlauf, Akteure und Folgen des jeweiligen Aufstandes – ebenso die Bedeutung in der Erinnerungskultur Tschechiens und Deutschlands.

156

Schuljahr 2014/15	
Jahresthema	Gemeinsam in Europa – Baden-Württemberg und die baltischen Länder
Beispiele für Aufgaben	**„Geschichte fremder Herren"** Die Geschichte der baltischen Länder kann als eine „Geschichte fremder Herren" bezeichnet werden. Deutsche, Dänen, Schweden und Russen kamen und okkupierten das Gebiet, das wegen seiner Ostseeküste und als Knotenpunkt von Handelsrouten zwischen Westeuropa und Russland strategisch günstig lag. Den baltischen Völkern gelang es erstmals 1918 im Zuge des Ersten Weltkrieges, freie Nationalstaaten zu werden. Durch den Hitler-Stalin-Pakt vom 23. August 1939 verloren sie ihre Unabhängigkeit aber wieder. Burgen, Denkmäler, alte Landsitze und Schlösser geben Zeugnis von dieser bewegten Vergangenheit. **Ihre Aufgabe:** Erstellen Sie eine digitale Präsentation am Beispiel eines baltischen Landes zum Thema „Geschichte fremder Herren". Gehen Sie dabei exemplarisch auf unterschiedliche Überreste aus der jeweiligen Zeit ein.
	Der Holocaust in den baltischen Ländern Im Zuge des Zweiten Weltkrieges verschleppten die Nationalsozialisten mehrere Tausend Juden in das okkupierte Baltikum. Darüber hinaus wurden z. B. in Lettland ca. 75.000 der ortsansässigen Juden umgebracht. Das Konzentrationslager Kurtenhof bei Kirchholm/Salaspils, 20 km südöstlich von Riga/Rīga, wurde zum Symbol der NS-Massenvernichtung. Dort ist folgende Inschrift des lettischen Schriftstellers Eižens Vēveris, der Gefangener in diesem Lager war, zu finden: „Hinter diesem Tor stöhnt die Erde." Im litauischen Wilna/Vilnius, das eine der größten jüdischen Gemeinden Europas hatte und mitunter als „Jerusalem des Nordens" bezeichnet wurde, war Ende des Zweiten Weltkrieges die jüdische Gemeinde nahezu ausgelöscht. Seit den 1990er Jahren gibt es in den drei baltischen Ländern unterschiedliche staatliche Programme und Projekte zum Gedenken an den Holocaust. **Ihre Aufgabe:** Recherchieren Sie die Geschichte des Holocaust in den baltischen Ländern und stellen Sie sie auf vier Seiten für ein Oberstufen-Schulbuch dar.

Schuljahr 2013/14	
Jahresthema	Gemeinsam in Europa – Baden-Württemberg und die Slowakei
Beispiele für Aufgaben	**Minderheiten in der Slowakei** Eine wichtige Leitfrage in der slowakischen Geschichte bildete stets der Umgang mit den im Land lebenden nationalen Minderheiten. Zu diesen Minderheiten, die sich über die Jahrhunderte hinweg zwischen Eigenständigkeit und Assimilation bewegten, zählen insbesondere die Ungarn, die Roma, die Tschechen, die Ruthenen, die Ukrainer und die Deutschen. **Ihre Aufgabe:** Entwerfen Sie ein möglichst vielschichtiges Porträt einer der genannten Minderheitengruppen zum Thema „Zwischen Vergangenheit und Gegenwart". Verwenden Sie hierbei Bild- und Textelemente.
	1989 – Das Jahr der europäischen Revolutionen Es gibt Ereignisse, die haben sich so tief in das kollektive Gedächtnis eingeprägt, dass die Zeitgenossen noch Jahrzehnte später genau wissen, was sie am Tag des Geschehens gemacht haben. Zu den zentralen europäischen Ereignissen von 1989 zählen sowohl der Fall der Berliner Mauer als auch die sogenannte „Samtene Revolution", die in der damaligen Tschechoslowakei zur Auflösung des sozialistischen Regimes führte. **Ihre Aufgabe:** Vergleichen Sie die deutsche Revolution von 1989 mit der „Samtenen Revolution". Gehen Sie in diesem Zusammenhang auch darauf ein, welche Forderungen jeweils im Zentrum standen und inwiefern es gerechtfertigt ist, von einer Revolution zu sprechen.

16. Interkulturelles Lernen im Geschichtsunterricht: Herausforderungen und Grenzen

Interkulturelles Lernen darf nicht zu einer enzyklopädisch-additiven Ausweitung oder gar einer Ausuferung der zu unterrichtenden Inhalte führen, sonst läuft man zwangsläufig Gefahr, den Geschichtsunterricht zu überfrachten. Gleichermaßen darf sich Geschichte auch nicht in viele Einzelgeschichten auflösen, die mosaikartig nebeneinanderstehen. Gerade dies ist ein oft geäußerter Vorwurf an den Geschichtsunterricht. Eine bloße Addition von Themenfeldern könnte außerdem dazu führen, dass die Betrachtung von Geschichte nur auf einer oberflächlichen Ebene erfolgt, allzu schemenhaft ausgelegt ist und sich in einer „polyzentrische[n] Fragmentierung"[335] verliert. Bei interkulturellen und globalgeschichtlichen Ansätzen handelt es sich nicht nur um „history light"[336]; denn auch sie sollen quellengestützt und problemorientiert angelegt sein. Außerdem mag man sich schnell in einen Widerspruch zur Notwendigkeit einer didaktischen Reduktion begeben. Stattdessen sollte das Spektrum der im Geschichtsunterricht verwendeten Quellen und Materialien kritisch reflektiert und neu überdacht werden.[337] Trotz des Aufzeigens globaler Zusammenhänge an geeigneten Stellen bleiben Anschaulichkeit und Konkretheit wichtige Prämissen des Geschichtsunterrichts.

Pauschalisierungen und allzu schemenhaft angelegte Vergleiche wären den Maximen des interkulturellen und diversitätssensiblen Lernens diametral entgegengesetzt. Interkultureller Geschichtsunterricht sollte nicht auf kulturalisierende Weise erfolgen. Eine besondere Herausforderung besteht also darin, „Geschichtsbezüge [zu] pluralisieren, ohne dabei wiederum Differenz zu produzieren"[338]. Indem das Eigene und das Fremde als Konstrukte entlarvt werden, kann konsequent eine anti-essentialistische Perspektive eingenommen werden.

So paradox es klingen mag, interkulturelles Lernen bietet die Möglichkeit, sich eben nicht in historischem Detailwissen und in Einzelthemen zu verlieren, sondern größere Zusammenhänge herauszustellen, der Geschichte Konturen zu verleihen und Wissen miteinander zu vernetzen. Indem ein Fokus auf historisch-politische Schlüsselprobleme gelegt und eine klare Perspektivierung und Problemorientierung des thematischen Bereichs vorgenommen wird, können didaktische Reduktionen bzw. didaktische Verdichtungen erfolgen. Dadurch könnte einer weiteren von Geschichtslehrerinnen und Geschichtslehrern oftmals beklagten „Aufblähung" der Geschichtsinhalte entgegengewirkt werden. Es geht also nicht um eine quantitative Ausweitung der zu unterrichtenden Inhalte, sondern um eine qualitative Änderung. Eine solche Neuperspektivierung ausgewählter klassischer Themen kann bedeuten, dass gegebenenfalls die Ergebnisse, weniger der Verlauf, die Ereignisse oder einzelne Phasen in den Blick genommen werden. Kritisch muss dabei aber angemerkt werden, dass außereuropäische Kulturen im deutschen Geschichtsunterricht bisher vor allem dann betrachtet werden, wenn sie im Ergebnis eine Bedeutung für Europa haben bzw. in Kontakt mit Europa getreten sind. Dadurch mögen sie allzu eindimensional und wenig prozesshaft in Erscheinung treten. Es dürfte in der Geschichtsdidaktik Konsens darüber herrschen, dass Curricula wichtige aktuelle geschichtspolitische Fragestellungen aufzugreifen und zu reflektieren haben. Neben neuen fachwissenschaftlichen Erkenntnissen stellt der Lebensweltbezug für die Schülerinnen und Schüler sicherlich ein wichtiges Kriterium für die Auswahl der Themen dar. Immer wieder muss die Frage gestellt werden, welche Themen aus dem Fundus möglicher Inhalte konkret für ein Curriculum bedacht werden sollen. Um ein Ranking und eine Kanonbildung historischer Inhalte muss also immer wieder aufs Neue gerungen werden. Insbesondere der interkulturell sensible Geschichtsunterricht hat sich stets neu zu erfinden: Denn Kulturen – gemäß unserer Definition von „Kultur" – entstehen neu und sind einem ständigen Wandlungsprozess unterworfen.

Eine große Schwierigkeit von Geschichtsschreibung und Geschichtsdeutung liegt darin, wie die „Subaltern Studies" gezeigt haben, dass Unterschichten, Personengruppen „am Rande der Gesellschaft" und Minderheiten über „keine Stimme" verfügen. Die Deutungshoheit von Geschichte liegt überwiegend in den Händen einer westlich geprägten intellektuellen Mittelschicht. Formen der schriftlichen Überlieferung sind lange Zeit z.B. in Afrika nicht üblich gewesen. Wie lässt man also eine schriftlose Gesellschaft dennoch zu Wort kommen? In anderen Fällen liegen Quellen nicht in einer editierten Fassung oder für den Unterricht in übersetzter Form vor. Kann gegebenenfalls auf verfügbares Bildmaterial zurückgegriffen werden? Einer möglichst ausgewogenen Zusammenstellung des Quellenmaterials sollte im interkulturellen Geschichtsunterricht also eine besondere Aufmerksamkeit zuteilwerden. Teilweise ist auch zu beachten, dass in Ländern wie China und Russland der Zugang zu Archiven und damit zu entsprechenden Quellen immer noch nur eingeschränkt möglich ist. Oftmals existieren offizielle, d.h. staatlich reglementierte, Deutungen von Geschichte, die bewusst eine simplifizierende Eindimensionalität anstreben. Dies ist ein weiterer Hemmschuh für eine möglichst multiperspektivische Sichtweise auf historische Ereignisse und Akteure.

Der globalgeschichtliche Ansatz ist insbesondere für die Zeit nach 1500 von großer Relevanz; dementsprechend liegt der Forschungsschwerpunkt in der Neuzeit. Dabei ist allerdings darauf zu achten, die „Geschichte nicht rückwärts [zu] globalisieren"[339] bzw. zu „interkulturalisieren" und teleologisch auszurichten. Ansonsten besteht die Gefahr, sie als eine permanente Fortschrittsgeschichte zu erzählen und ungewollt eine „master narrative" zu konstruieren.

Interkulturelles Lernen im Geschichtsunterricht sollte weder von einem Übermaß an pädagogischem Optimismus begleitet werden noch als „Allheilmittel" unserer multikulturellen Gesellschaft und von Globalisierung geprägten Gegenwart verstanden werden. Es wäre daher kontraproduktiv, ein „multikulturelles Idyll"[340] zu zeichnen. Dies würde über „reale Integrationsprobleme" und kulturelle Konfliktfelder hinwegtäuschen[341] und eine Scheinwelt konstruieren. Die Frustration der Schülerinnen und Schüler beim Umgang mit gegenwärtigen Kulturkontakten wäre vorprogrammiert. Geschichtsunterricht wird außerdem keine direkten und eindeutig anwendbaren Handlungskonzepte liefern können.[342] Darüber hinaus stellt sich die prinzipielle Frage, inwiefern komplexe Austauschbeziehungen, die in der Vergangenheit zu verorten sind, in der Gegenwart tatsächlich rekonstruierbar, narrativierbar und damit unterrichtbar sind.

Multiperspektivität und Kontroversität können als unverzichtbare Must-haves des interkulturellen Geschichtslernens betrachtet werden. Bei einem allzu multiperspektivisch ausgerichteten Geschichtsunterricht mag man jedoch schnell Gefahr laufen, die Geschichte insgesamt einer zu großen Dekonstruktion auszusetzen. Die Negierung einer absoluten Deutung sollte im Umkehrschluss auf keinen Fall eine Beliebigkeit historischer Deutung suggerieren. Gerade in der Sekundarstufe 1 ist es wichtig, den Schülerinnen und Schülern – trotz eines Diversity-Ansatzes – ein Gerüst an „verlässlichen" Eckpunkten zu vermitteln und Orientierung in Raum und Zeit zu geben. Dies ist eine grundlegende Voraussetzung für eine strukturierte Ordnung des historischen Wissens. Ein Übermaß an Identitätsangeboten überfordert Schülerinnen und Schüler. Unter diesen Vorzeichen entpuppt sich der interkulturelle Geschichtsunterricht als durchaus anspruchsvoll.

Kritisch muss zudem gefragt werden, ob die Schülerinnen und Schüler nicht zuerst eine Kenntnis über die historischen Bedingungen ihres nahen Aktionsfeldes benötigen, um sich dann globalgeschichtlichen Ereignissen und interkulturellen Prozessen widmen zu können. Im Zuge einer Integration globalgeschichtlicher Bezüge und interkultureller Vergleiche besteht die Notwendigkeit, einen wirklichen Lebensweltbezug für die Jugendlichen herzustellen. Wichtig ist daher die Andockung interkultureller Themenfelder an die Interessen und die Erfahrungswelt der Schülerinnen und Schüler. Dass sich die globale und die lokale Ebene keineswegs ausschließen, sondern sich gegenseitig befruchten können, wurde bereits dargelegt; die Herausforderung liegt also darin, makro- und mikrohistorische Aspekte miteinander zu verzahnen und aufeinander zu beziehen, sodass ein echter Mehrwert entsteht. Gleichermaßen wurde herausgestellt, dass das Eigene und das Fremde zwei Seiten einer Medaille sind und eine klare Unterscheidung aufgrund eines multiplen Rollenverständnisses nicht möglich ist. Umso mehr muss in der Unterrichtspraxis bei einer derart vorgenommenen Unterscheidung auf den Konstruktcharakter hingewiesen werden.

Schließlich sei noch auf eine weitere „Falle" interkulturellen Lernens hingewiesen: Fremde Kulturen der Vergangenheit sind nicht als rückständig zu betrachten oder gar als „obskur und mit menschlicher Existenz unverbunden"[343] wahrzunehmen. So sollte man sich – im Sinne des US-amerikanischen Historikers Ross E. Dunn – Folgendes immer wieder bewusst machen: „Surely, in teaching world history we should strive to divest students of the notion that peoples of ‚other cultures' were always drastically different from twentieth-century Americans but that seventeenth-century Virginians or fourteenth-century English peasants were not".[344]

17. Hotspots: Eine Themenauswahl –
Beispiele der Umsetzung

Interkulturelles Geschichtslernen ist nicht an bestimmte geographische Räume oder Epochen geknüpft, sodass sich eine Vielzahl an Themenfeldern „interkulturell" profilieren lässt. Bisher findet sich in den Schulbüchern noch keine systematische und konsequente Umsetzung eines interkulturell sensiblen Geschichtsunterrichts. Es wäre wünschenswert, interkulturelle Elemente noch deutlicher herauszustellen und mit den globalgeschichtlichen Ansätzen zu verzahnen. Seit ca. 2000 gibt es aber verstärkt Beiträge – oftmals als Schwerpunkthefte – zu Einzelbereichen interkulturellen Geschichtslernens. So sind z.B. in den geschichtsdidaktischen Zeitschriften „Praxis Geschichte" und „Geschichte lernen" zahlreiche Themenhefte zu interkulturellen Fragestellungen – schwerpunktmäßig zu interkulturellen Kontaktsituationen – erschienen.

Startpunkt einer „interkulturellen" Themenauswahl soll – in Form einer Synopse – die Kategorisierung von besonders geeigneten historischen Themen, wie sie Alavi/von Borries (2000)[345] vorgenommen haben, bilden:

1. Kulturkontakt als Anregungspotenzial und Kulturzusammenstoß als Katastrophenauslöser
• Griechenland und (Klein-)Asien: „Perserkriege" und „Alexanderzug"   • Deutschland und Ostmitteleuropa: „Ostkolonisation"   • Begegnungen zwischen Christentum und Islam: „Kreuzzüge"   • Europa und Alt-Amerika: Kolumbus und Cortes, ggf. Magellan und Pizarro; „Kulturmischung und Wirtschaftsabhängigkeit in den Kolonialgesellschaften"   • Europa und China   • Europa und Schwarzafrika: „Dreieckshandel", Rassismus-Entstehung   • Westeuropa und die Steppenreitervölker: Angst- und Überlegenheitsgefühle   • Sinisierung Nordost- und Südostasiens, Indisierung Südost- und Zentralasiens
2. „Fremdheit" zwischen Differenzerfahrung und Projektionsmechanismus
• China als Gegenmodell Europas in Absolutismus und Aufklärung   • „Indien – lockende Ferne"/„Das Wunder, das Indien war"   • Mythos und Wirklichkeit der Indianer   • „Edle Schwarze"   • Rassismus
3. Minderheiten, Migrationen und Massaker
• Juden in Europa zwischen Ghettoisierung, Assimilation, Verfolgung und Ermordung   • (preußische) Polen im Ruhrgebiet (19./20. Jahrhundert) und (vornationale) Deutsche in Polen (13./18. Jahrhundert)

- Hugenotten in Hessen und Preußen
- Die deutsche Amerikaauswanderung
- Chinesen in Südostasien
- Archaisch-fundamentalistische Minderheiten: Amish und Hutterer in Amerika
- „Asian Americans" zwischen Internierungslagern (1941 – 1945) und Nobelpreisen
- Völkermord im 20. Jahrhundert: türkische Armeniergräuel, deutscher „Holocaust", kambodschanische „Killing Fields", ruandisch/burundisches Hutu-Tutsi-Massaker

4. Vormoderne multikulturelle Gesellschaften

- Das Römische Reich in der Kaiserzeit: z. B. Sprachmischung, Religions-Synkretismus, Hungeraufstände, „Weltkultur"
- Das Osmanische Reich: z. B. relative Religionsfreiheit, Armenier, die „Katastrophe" der Bildung eines (monokulturellen und monolingualen) türkischen Nationalstaates
- Das maurische Spanien im Mittelalter
- Polen, Juden und Deutsche in Krakau/Tschechen, Juden und Deutsche in Prag
- Schweiz: Vereinzelter Zufall oder systematisches Vorbild?
- Kanada und Belgien: Gemeinsame Geschichte – trennende Sprache – künftige Trennung?
- Siebenbürgen/Transsylvanien
- Die USA: (k)ein „Melting Pot"?

5. Menschenrechte: Die notwendige Kombination von Universalität und Authentizität

- Antike und jüdische Vorläufer des Menschenrechtsdenkens (Sokrates, Stoa, Neues Testament, Missionsgedanke der Erlösungsreligionen)?
- Menschenrechtserklärungen durch Indianermörder, Sklavenhalter, Frauenunterdrücker und Besitzerelite
- Essenzielle Beiträge außereuropäischer Kulturen zur Menschenrechtsdebatte (am Beispiel China)?
- Die Abschaffung der Menschenopfer bei Begräbnissen als früher Triumph humanen Denkens?
- Regression von Menschenrechten zur Volkstums-Verabsolutierung und zum Völkermord: Die „Menschenrechte" in der NS-Zeit und der NS-Theorie?
- Utopischer Entwurf und prozessuale Durchsetzung noch fehlender Menschenrechte

6. Individuelle und kollektive Identitätsbildungsprozesse

- Kindheiten in verschiedenen Gesellschaften und die Ausprägung von abweichenden Charaktertypen durch spezifische Sozialisationstechniken (z. B. Indianer, China, Indien)
- Die Erfindung des Nationenkonzepts

17.1 Migration

Migration ist als ein grenzüberschreitendes und zeitübergreifendes Phänomen ein wichtiges Beispiel für interkulturelle Kontakte und kulturellen Austausch. Wanderungsbewegungen und die damit einhergehende Begegnung zwischen Menschen aus unterschiedlichen Kulturkreisen können als Teil einer Menschheitsgeschichte bezeichnet werden. So definiert der Historiker Jochen Oltmer Migration sogar als „Normalfall in der Geschichte" und hält fest: „Sie finden weltweit keine Epoche, in der Sesshaftigkeit Normalität gewesen wäre. Jedes Land wird von Wanderungen durchzogen."[346] Gleichzeitig ist festzuhalten, dass in der heutigen globalisierten Welt, die von einer gestiegenen Mobilität geprägt ist, Wanderungsbewegungen zunehmend wichtiger werden und Migration ein „weltweites Zukunftsthema bleibt"[347]. Diesem Befund diametral entgegengesetzt suggeriert der vorherrschende „Migrations- und Integrationsdiskurs, dass Migration eine Abweichung von der Norm ist, die durch Migrations- bzw. Integrationspolitik geregelt werden kann und muss"[348]. Diese Haltung findet ihren Niederschlag auch in Schulbüchern: „Migration und Integration werden in den Sozialkunde- und Geschichtsschulbüchern, teilweise auch in Geografieschulbüchern, als konfliktträchtige Phänomene dargestellt, die mit gesellschaftlich kontroversen Positionen gegenüber Migration einhergehen."[349] Der inter- und transkulturelle Geschichtsunterricht muss daher fragen, wie Migration sich bei vergangenen Gesellschaften gestaltete, wie die Gegenwart sich als ein Produkt von Migrationsbewegungen präsentiert und welche Prozesse und Mechanismen charakteristisch für Migration sind.

Migration ist ein äußerst komplexer Prozess: So können Migrationsbewegungen in ganz unterschiedlichen Ausprägungen stattfinden; es lassen sich z.B. zahlreiche Gründe bzw. Auslöser, die zur Migration geführt haben, unterscheiden. Der Entschluss zur Migration basiert meist auf einem komplexen Geflecht von „Push"- und „Pull"-Faktoren zwischen Ausgangs- und Empfängergesellschaft. Unterschiede lassen sich auch in der Art der Durchführung finden: Migration kann als Einzel- oder Gruppenwanderung, freiwillig oder erzwungen stattfinden. Als eine wichtige Sonderform kann die Arbeitsmigration betrachtet werden. Oltmer nimmt folgende für den Geschichtsunterricht ebenfalls hilfreiche Kategorisierung von Migration vor:[350]

Hintergrund	• Chancen wahrnehmen, Handlungsmacht erschließen (z. B. Arbeits-, Siedlungs- oder Bildungswanderungen) • Gewalt (Flucht, Vertreibung, Deportation, politisch und weltanschaulich bedingt oder Folge von Kriegen) • Katastrophen (z. B. Abwanderung aufgrund von Natur- und Umweltkatastrophen)
Raum	• intraregional (Nahwanderungen) • interregional (mittlere Distanz) • grenzüberschreitend (muss keine großen Distanzen umfassen, der Grenzübertritt hat aber in der Regel erhebliche rechtliche Konsequenzen für das Individuum) • interkontinental (große Distanzen, in der Regel mit relativ hohen Kosten verbunden)
Richtung	• unidirektional (Wanderung zu einem Ziel) • etappenweise (Zwischenaufenthalte werden eingelegt, vor allem um Geld für die Weiterreise zu verdienen) • zirkulär (mehr oder minder regelmäßiger Wechsel zwischen zwei Räumen) • Rückwanderung
Dauer des Aufenthalts	• saisonal • mehrjährig • Arbeitsleben • Lebenszeit und intergenerationell

Die Geschichte der Migration war immer auch zu großen Teilen von Gewaltmigration geprägt; diese konnte durch politische Verfolgung, Kriege, ein politisches Unrechtsregime oder Diskriminierung ethnischer bzw. religiöser Gruppen, aber auch Naturkatastrophen, Hunger und Armut ausgelöst werden. Zu diesen Formen der Gewaltmigration gehören die Deportation (= räumliche Mobilisierung durch Gewalt), die Evakuierung (= Zwangsmaßnahme in einer unmittelbaren Notlage), die Flucht (= Ausweichen vor einer lebensbedrohenden Zwangslage), die Umsiedlung (= Zwangsmaßnahme zur Verlagerung von Siedlungen größerer Minderheitengruppen) und die Vertreibung (= räumliche Mobilisierung durch Gewalt ohne Maßnahmen zur Wiederansiedlung).[351]

In der Folge führt Migration meist zu intensiven Kulturkontakten und zu vielschichtigen Prozessen der gegenseitigen kulturellen Neuorientierung – dies hat einen nachhaltigen Einfluss auf Individuum und Gesellschaft. Je nach Intensität interethnischer Kontakte befinden sich Migranten oftmals zwischen Assimilation, Akkulturation, Rückbesinnung auf ihre Wurzeln und der Pflege kultureller Bindungen zum

Heimatland, sodass Migrationsgeschichte vor allem eine „Interakti-onsgeschichte zwischen den Räumen, die zueinander in Beziehung ge-setzt werden"[352], ist. Migration bedeutet damit ein Aufeinandertreffen verschiedener Kulturen und ein sich daran anschließendes Aushandeln des Zusammenlebens zwischen Migranten und aufnehmenden Gesell-schaften – es wird weniger als eine lineare Wanderungsbewegung ver-standen. Insofern ist es interessant, die „Communitys", d.h. die sozia-len Netzwerke von Personen der gleichen Herkunftskultur, innerhalb derer eine gemeinsame kulturelle Identität gepflegt werden kann, ge-nauer zu betrachten. Bassam Tibi unterscheidet drei grundsätzliche Formen des Integrierens von Migranten in eine neue kulturelle Ge-meinschaft[353]:

Exklusivität	In der Fremde formieren Migranten eine Parallelgesellschaft und pflegen eine exklusive religiös-ethnische Identität.
Hybridität	Hierbei verbinden in der Fremde lebende Menschen eigensoziali-sierte Muster mit solchen, die sie aus der Kultur der Aufnahmege-sellschaft – bewusst oder unbewusst – entnehmen; das Ergebnis ist eine hybride Identität.
Assimilation	Das heißt totale Anpassung als Identifikation.

Wenig berücksichtigt wurden im bisherigen Geschichtsunterricht Mechanismen von kulturellen Austausch- und Kontaktprozessen, die nach dem vollzogenen Akt der Migration zwischen Ausgangs- und Empfängergesellschaften fortbestehen oder neu initiiert werden. So gibt es die prinzipielle Möglichkeit zur Rückwanderung für den Emi-granten, aber auch Informations- und Mittelrückflüsse oder auch das Einsetzen einer Kettenwanderung.[354] Deshalb sind die Remigration, die Ausbildung von Netzwerken zwischen Herkunfts- und Zielgebie-ten sowie die Entstehung von Migrationsnetzwerken am Zielort, aber auch Fragen nach der Selbst- und Fremdwahrnehmung von Migran-ten von Bedeutung für den interkulturellen Geschichtsunterricht. Gleichzeitig gilt es, Reaktionen der Aufnahmegesellschaften in den Blick zu nehmen und sich z.B. die Frage zu stellen, inwiefern man mit Ängsten bzw. in Form einer kulturellen Selbstvergewisserung auf das Fremde reagiert. Daran knüpft sich die Frage, inwiefern bei Migran-ten und Aufnahmegesellschaften kulturelle Abgrenzungsstrategien ihre Anwendung finden. Es zeigt sich, dass eine intersektional-inter-kulturelle Migrationsperspektive unter dem Thema weit mehr als den unilinearen Prozess des Auswanderns versteht.

Indem sich die Schülerinnen und Schüler im Geschichtsunterricht mit Migration auseinandersetzen, erfahren sie grundlegende, immer wieder kehrende Situationen, die auf elementaren, heute noch gültigen Gesetzmäßigkeiten fußen. Daher muss es bei der Behandlung von Migration im Geschichtsunterricht darum gehen, Analogien zu bilden, aber auch spezifische Charakteristika zu erkennen. Eine Beschäftigung mit diesem Thema kann nicht zuletzt auch den Blick auf die in Deutschland lebenden Einwanderergruppen – z. B. auf türkische und russlanddeutsche Migranten – und ihre Migrationserfahrungen lenken.

Migration und Heimat sind zwei Seiten einer Medaille: In einer Welt, die von Globalisierung, Migration und Mobilität geprägt ist, gewinnt Heimat zunehmend eine neue Bedeutung. Der Begriff „Heimat" mutet zwar zunächst etwas altmodisch an und es mag angestaubt wirken, den Ort, mit dem man sich sehr verbunden fühlt, als Heimat zu bezeichnen. Insbesondere gegen Ende der 1960er Jahre hatte der Begriff „Heimat" zunehmend eine reaktionäre Bedeutungskomponente erhalten. Diesem Klischee zum Trotz hat er in den vergangenen Jahren ein wahres „Revival" und eine beachtliche mediale Präsenz erlebt. Wie ist das zu erklären? Im 21. Jahrhundert kann Heimat zu einer Konstante werden für das Individuum, das sich Fragen nach soziokultureller Verwurzelung und Zugehörigkeit stellt; gleichzeitig ist sie aber auch nicht statisch, sondern einem steten Wandel unterworfen. Hinzu kommt eine gestiegene Sensibilisierung dafür, dass Heimat keineswegs ortsgebunden sein muss, d. h. sich auf einen realen Raum beziehen muss, oder nur im Singular gedacht werden kann. Vielmehr kann sie in einer erweiterten – transkulturellen – Definition die Zugehörigkeit zu Familie, Freunden oder anderen sozialen Milieus bedeuten und auch hybriden Identitätsentwürfen gerecht werden.

Erst indem die Fremde bzw. das Fremde erfahren wird und damit als Bezugsrahmen fungiert, gewinnt „Heimat" an Kontur. Die Schülerinnen und Schüler können sich mit unterschiedlichen Definitionen und mit ihrem eigenen, ganz persönlichen Heimatbegriff auseinandersetzen. Gleichzeitig sensibilisiert interkultureller Geschichtsunterricht die Jugendlichen dafür, dass „Heimat" ein in der deutschen Geschichte belasteter Begriff ist und lange mit einem übersteigerten Nationalismus in Bezug gesetzt wurde. Schließlich können Schülerinnen und Schüler erörtern, inwiefern sich im Zeitalter der Globalisierung eine neue „Sehnsucht nach Heimat" entwickelt hat und inwiefern eine mediale Inszenierung des Heimatbegriffs stattfindet.

Beispiel: Die deutsche Amerika-Auswanderung

Während Deutschland nicht zuletzt auch im Kontext der Flüchtlings-
krise immer mehr als Einwandererland wahrgenommen wird, präsentiert sich das Deutschland des 19. Jahrhunderts eher als ein Auswan-
dererland. In den 1830er Jahren entwickelte sich die Auswanderung
in die USA zu einer regelrechten Massenbewegung, die Mitte der
1850er Jahre ihren Höhepunkt finden sollte, sodass Mitte des 19. Jahrhunderts Iren und Deutsche die stärksten Einwanderungsgruppen in
die USA darstellten. Gerade durch die Ideale der amerikanischen Revolution bot die USA z.B. den deutschen Achtundvierzigern als Exil
ein großes Identifizierungspotenzial.

Die Briefe von Christian Kirst, der 1881 im Alter von 54 Jahren
mit seiner Familie aus der Gegend von Trier nach Pittsburgh auswan-
derte, bieten Jugendlichen – auch im Rahmen des bilingualen Unterrichts – einen vielseitigen und recht authentischen Einblick in die
zahlreichen Herausforderungen, mit denen sich die eingewanderten
Deutschen im angloamerikanisch geprägten Nordamerika konfrontiert sahen. Im Gegensatz zu vielen Auswandererbriefen, wie sie übli-
cherweise in Schulbüchern eingesetzt werden, stehen hier Reflexionen
zu Ausgangs- und Empfängergesellschaft im Fokus. Besonders deutlich wird, dass der Erwerb der Sprache des Ziellandes als ein integraler Bestandteil eines erfolgreichen Integrationsprozesses betrachtet
wird.

M15 Briefe von Christian Kirst

Pittsburg, November 29th, 1881

Dear brothers and sisters and daughter Carolina,

I hereby let you know that yesterday on Nov. 28th I deposited 10 dollars
in the bank here in Birmingham as a Christmas present for you. […]

Over there [in Germany] they say the language isn't important, you can
get along everywhere what with so many Germans there, that isn't true,
it is the absolute worst if you can't speak the language, then many Germans get double-crossed or cheated and stand around and have no idea
what's going on. […]

Now I want to write you why the Germans don't like it here: 1, the language, 2, change of occupation, 3, you don't get to know people as easily here as over there, here you're always an outsider, you work all week,
Sundays everything is closed, bars and shops, over there it is customary
to go out, here you stay at home, over there they say the miners earn 4
to 5 dollars a day but they don't mention the bad things, here there are

all private mines and factories and if a man has an accident he doesn't get a pension, if you're sick you don't get any sick pay, the miners only work in the winter when the water is high and the ships can run, but in the summer when it isn't then they use up what they've earned in winter, it's like that in all of the factories today they hire 50 men tomorrow they fire them. […]

The government is trying to give women the vote, whether that will go through is not yet certain. […]

Pittsburg, July 16th, 1882

Dear brothers and sisters,

Things here are quite different from over there, here it doesn't matter who you are, here everybody's equal, here the banker knows the beggar. […]

Pittsburg, July 16, 1882

Dear Peter Arend Müller!

[…] It's hard to give anyone advice for or against since no one likes it here at first – you have to decide on your own since if you don't know the language you can't understand anyone, that's the hardest thing to go through, the children learn it very easily but it's hard for the old folks – I know people here who have been here for 10 – 12 years and still can't speak perfect English. If a man comes here who has some means he can do a good business, here it isn't like over there, here you can do what you want, here it is a free country, […]. I've already saved more here and lead a better life with my family than even the best is able to over there, […].

Pittsburgh, May 20, 1883

Dear brothers and sisters,

I can't help writing to you again, for you don't forget the old homeland, no matter how it was back there. The Germans in this country are always homesick, I am doing quite well and have enough money, […]. I've been hoping every day for a letter, but in vain, here you always want to hear something from the old country, when Germans get together they only talk about the old country. Here there are people from all the nations on earth how can you learn the English language when each speaks his own language.

Aus: Kamphoefner, Walter D. u. a. (Hg.) 1991: News from the Land of Freedom. German Immigrants Write Home. Ithaca, S. 471 – 473, 477 – 479.

Bei diesen Briefausschnitten zeigt sich bei Kirst die Suche nach einer kulturellen Balance im Kontext von Migration. Neben Nationalität und Migrationsstatus berücksichtigt Kirst das Alter, das Geschlecht, die Klasse und die Dauer des Aufenthalts als Differenzkategorien in seinen Briefen. Schülerinnen und Schüler können …

- in Form einer tabellarischen Übersicht herausarbeiten, wie die „neue" Heimat – im Vergleich zur „alten" Heimat – skizziert wird und inwiefern ein Wandel in der Wahrnehmung vorliegt.
- „Stolpersteine" für deutsche Amerikaauswanderer charakterisieren.
- überprüfen, an welchen Stellen im Brief sich zeigt, dass Kirst auf Identitätssuche ist.
- den Grad der Integration bei Kirst beurteilen.
- einen Ratgeber für ausreisewillige Deutsche Ende des 19. Jahrhunderts gestalten.
- Stärken und Schwächen von Auswandererbriefen als Quellengattung erörtern.

17.2 Kulturkontakte

Kulturelle Kontaktsituationen erzeugen interessante Zwischenräume, d.h. „innovative Schauplätze der Kommunikation und Kooperation, wo Identitäten entstehen und kulturelle Werte verhandelt werden"[355]. Indem z.B. kulturelle Konfliktsituationen im Geschichtsunterricht aufgegriffen werden, können Handlungsoptionen reflektiert werden, kann eine prinzipielle Ergebnisoffenheit von Kontaktsituationen festgehalten und die gemeinsame Gestaltungsaufgabe für die Zukunft bewusst gemacht werden. Folgende Fragestellungen fungieren als Leitperspektiven bei der Behandlung von Kulturkontakten:

- Wie sieht ein Aufeinandertreffen der Kulturen aus?
- Wie wird mit kulturellen Unterschieden umgegangen?
- Werden Kulturen auf andere kulturelle Räume transferiert?
- Wie ist ein Verstehen des kulturell Fremden möglich?
- Wird der kulturelle Kontakt von den Beteiligten unterschiedlich wahrgenommen?
- Worin gründen sich Kulturkonflikte? Was befördert ein für beide Seiten bereicherndes kulturelles Miteinander?
- Ergibt sich aus der historischen kulturellen Konfliktsituation eine besondere Verantwortung für Gegenwart und Zukunft?

So gewinnbringend die Analyse kultureller Kontaktsituationen auch sein mag, sie liefert uns kaum eine prozesshaft gestaltete Beziehungsgeschichte der Kulturen.

Beispiel: Kulturelle Kontaktsituationen in Bildern

Das Aufeinandertreffen und die gegenseitige Wahrnehmung des Fremden bzw. Anderen lässt sich im Geschichtsunterricht gut im Rahmen der Entdeckungen und der Eroberung der Neuen Welt illustrieren. Jedoch ist die Perspektive der indigenen Bevölkerung beim kulturellen Aufeinandertreffen kaum überliefert: Die Entdeckten sind eine weitestgehend stumme Gruppe. Bildmedien spielten eine wichtige Rolle in der Verbreitung von Amerika-Vorstellungen in Europa, indem sie vor allem einen „Blick in die Innenwelt europäischen Bewusstseins" vermitteln. Mit der Fremdheit in Amerika verbanden die Europäer oftmals eine Sehnsucht nach Wiederherstellung eines idealen ursprünglichen Gesellschaftszustandes; gleichzeitig sah man sich durch die vorgefundene Fremdheit dazu veranlasst, die angeblich barbarische indigene Bevölkerung zu zivilisieren und zu christianisieren[356], was aus einem Gefühl der kulturellen Überlegenheit heraus geschah. Den Schülerinnen und Schülern zeigt sich, wie verlockend und faszinierend Fremdes sein kann, dass es andererseits aber auch Berührungsängste hervorruft. Darin besteht die grundsätzliche Ambivalenz im Kontakt mit dem Fremdem. Eine Bildinterpretation im Kontext von kulturellen Kontaktsituationen sollte klar die Intention des jeweiligen Bildes herausarbeiten.

M16 Illustration aus dem Brief des Kolumbus über die Entdeckung Amerikas an Luis Santagel (1493)

Die indigene Bevölkerung zeigt sich dem Betrachter hier nicht nur als sexuell freizügig, sondern auch als aktiv praktizierende Kannibalen. Durch eine solche Darstellungsweise des Fremden konnten sich die Europäer ihrer Überlegenheit vergewissern. Der Kontakt mit dem Fremden ruft Abscheu bei den Europäern hervor, was eine Höherbewertung der eigenen Kultur impliziert und woraus ein europäischer Zivilisationsauftrag abgelesen wurde.

M17 Niederländische Entdeckungsreisende in Patagonien, Theodor de Bry (1602)

Zum Bildvergleich eignet sich ein Kupferstich von Theodor de Bry, bei dem die indigene Bevölkerung in der Verkörperung einer schönen, nackten Frau, die sich liebevoll um ihre Kinder kümmert, präsentiert wird. Die Frau befindet sich inmitten einer paradiesischen Landschaft, die eine Freiheit von Zwängen suggeriert und sich eine Ursprünglichkeit bewahrt hat. Gleichzeitig erfährt die indigene Frau eine Sexualisierung. Auch dieser Kupferstich gibt eine europäische Sicht der Dinge wieder; das Fremde wird hier jedoch als Idyll gezeichnet und die Naturverbundenheit der indigenen Bevölkerung betont. Die dargebotenen Lebensverhältnisse stellen eine Alternative zur eigenen Lebenswelt dar, woraus sich eine zivilisationskritische Sichtweise des Künstlers ablesen lässt. Als weiterer Arbeitsauftrag können Schülerinnen und Schüler einen Dialog aus der heutigen Perspektive von Vertretern der Ureinwohner Amerikas, die beide Bilder im Rahmen einer Ausstellung betrachten, gestalten.

M18 Felipe Guaman Poma de Ayala: Begegnung zwischen Francisco Pizarro und dem Inkakönig Atahualpa (16. Jahrhundert)

Die Chronik von Felipe Guaman Poma de Ayala (1532–1615) ist ein umfassendes Werk von ca. 1.200 Seiten, das aber erst Anfang des 20. Jahrhunderts wiederentdeckt wurde. Dadurch, dass dieses Werk von einem indigenen Schriftsteller stammt und uns damit die Perspektive der Eroberten – wenn auch mit gewissen Einschränkungen – liefert, ist es von unschätzbarem Wert. Die Chronik, die die Situation der Inka nach der Landung der Spanier beschreibt, ist eine Kombination von Text und Bildern. Im Zentrum des ausgewählten Bildes thront der Inka-Herrscher Atahualpa, der auf den vor ihm knienden Pizarro herabblickt. Rechts vorne ist der Mönch Vicente de Valverde abgebildet, der Atahualpa die Bibel überreicht. Rechts dahinter ist Felipe Guaman Poma de Ayala, Sohn einer adligen Inka-Familie, der im spanischen Dienst stand, selbst zu sehen; als Übersetzer nimmt er eine wichtige Position ein.

Bei allen drei bildlichen Darstellungen zeigt sich, dass die Konstruktion von Fremdheit Projektionsfläche eigener Wünsche, Bedürfnisse und Ängste ist. Die Schülerinnen und Schüler können im Rahmen einer Bildinterpretation und eines Bildervergleichs erkennen, wie bei der Darstellung der Anderen der eigene Standort eine wichtige Rolle spielt sowie Fremd- und Selbstdarstellungen Hand in Hand gehen.

17.3 Grenzräume

Durch Grenzen weisen sich Gruppen ihre eigenen Räume zu. So lassen sich auf einer räumlichen Ebene ethnisch-kulturelle Grenzräume definieren[357] – sie sind gleichsam interkulturelle Kontakt- und Austauschzonen, „zentrale Transfer- und Kommunikationsräume der europäischen Geschichte"[358], aber auch ein kulturelles Konstrukt. Grenzen bzw. Grenzräume sind in der Geschichtsdidaktik von großer Bedeutung, da sie von interkulturellen Begegnungen und einem Nebeneinander von Vielsprachigkeit geprägt sind und sich dort oftmals multi-ethnische, mitunter auch multi-religiöse Gesellschaften herausgebildet haben. Grenzräume können dadurch zu bi- und multikulturellen Bereichen und zu Interaktionsräumen werden.[359] Daran knüpft sich die Frage, inwiefern Grenzen sowohl trennen als auch verbinden und in welchem Maße Grenzziehungen und Grenzbefestigungen interkulturelle Kontakte möglich gemacht oder sogar befördert haben. Im Rahmen der Bildung von Nationalstaaten im 19. Jahrhundert wurden Grenzgebiete eher zu Konfliktzonen bzw. zu einem „Zankapfel", wie sich am Beispiel von Elsass-Lothringen zeigt. Ungeklärte Fragen der Grenzziehung konnten zu lange andauernden Spannungen zwischen Nachbarn führen. Charakteristisch für viele Grenzregionen ist außerdem eine Pluralität der Erinnerungskulturen. Mögliche Themengebiete für den Geschichtsunterricht sind z. B.:

- Nationale und ethnische Minderheiten in Polen und im Baltikum
- Der deutsch-französische Grenzraum: Zwischen Kulturverflechtung und Kulturzusammenstoß?[360]
- Der deutsch-polnische Grenzraum: Eine Problemzone?/Die Oder-Neiße-Linie: Lange ein Tabu-Thema?
- Die Diaspora der europäischen Juden: Chancen und Herausforderungen
- Ein gemeinsames Miteinander von Christen und Muslimen in Andalusien: Ein Mythos?
- Die deutsche Ostsiedlung im Mittelalter: Zivilisierung oder Unterdrückung?/Die deutsche Ostsiedlung: Schwierige Erinnerungskulturen?
- Der „German Belt" in den Vereinigten Staaten im 19. Jahrhundert: Abgrenzen oder integrieren?
- Stadt und Land im historischen Querschnitt: Gegensatz oder zunehmende Diffusion?
- Der Limes: Grenze zwischen Römern und Germanen oder Kontaktzone zweier Kulturen?
- Der Mauerbau: Teilung oder Trennung zwischen Ost- und Westdeutschland?/Deutsch-deutsche Netzwerke: Trotz Mauer?
- Der Fall der Mauer: Das Fortleben einer Mauer in den Köpfen?

Beispiel: Die Mauer

Kann deutsch-deutsche Geschichte Teil des interkulturellen Geschichtsunterrichts sein? Briefmarken sowie Titelbilder von Zeitschriften wie dem *Spiegel* können aufzeigen, welche Eigenschaften und Funktionen der Mauer zugewiesen wurden, um das Eigene zu definieren und den Anderen zu konstruieren. Dabei wird den Schülerinnen und Schülern exemplarisch aufgezeigt, wie die Errichtung einer Grenze Impulse für die Ausbildung von Identitäten und Gegenidentitäten lieferte und es – anstelle einer allgemein gültigen Meistererzählung – zu unterschiedlichen Narrationen und Erinnerungskulturen zur Grenzziehung im jeweils „anderen Deutschland" kam.

M19 DDR-Briefmarke zum 25. Jahrestag des Mauerbaus (1986)

M20 Der Spiegel 13/1962

© DER SPIEGEL 13/1962.

Während die DDR die Mauer als „antifaschistischen Schutzwall" stilisierte und ein „anderes" Deutschland konstruierte, betont das Titelblatt des westdeutschen *Spiegels* deren Durchlässigkeit und die vergeblichen Bemühungen der SED-Führung, DDR-Bürger durch dieses Instrument von der Flucht abzuhalten. Als Arbeitsaufträge können die Schülerinnen und Schüler …

- die Briefmarke mit dem Titelblatt vergleichen.
- erläutern, welche Merkmale dem jeweils „anderen" Deutschland zugewiesen werden.
- die Rolle der Mauer in den jeweiligen Abbildungen beurteilen.
- überprüfen, wie einfach die Flucht aus der DDR tatsächlich war.

17.4 Europäische Geschichte: Ein Fall für den interkulturellen Geschichtsunterricht?

Ein zentrales Anliegen des interkulturell sensiblen Geschichtsunterrichts ist es, den Blickwinkel auf die deutsche bzw. europäische Geschichte zu verändern und zu relativieren. Dies kann insbesondere dadurch geschehen, dass globalgeschichtliche Bezüge hergestellt oder Vergleiche von europäischen mit außereuropäischen Kulturen vorgenommen werden. Dadurch wird Europa eher in seiner „transnationalen und interkontinentalen Bedeutung" begriffen und „nicht als geschlossener Raum gleichsam wie ein ‚container'"[361] wahrgenommen. Das Anliegen, europäische Geschichte aus verschiedenen Perspektiven zu betrachten, kann aber auch in weiten Teilen mit einem innereuropäischen Blick realisiert werden. Denn ein europäisierter Blick auf historische Phänomene ist nicht unweigerlich mit einer eurozentrischen Sichtweise oder einer monokulturellen Geschichtsbetrachtung gleichzusetzen.

Wichtig in diesem Zusammenhang ist eine Neuperspektivierung auf die europäische Geschichte. Ein „diversitätssensibles" europäisches Geschichtsbild basiert „auf einem doppelten historischen Erfahrungsfundus": einerseits auf „europäischen Gemeinsamkeiten wie der griechischen Wissenschaft und Philosophie, dem Römischen Recht, dem Christentum, den kulturellen Leistungen von Musik, Kunst, Literatur und Architektur", andererseits aber auch auf „der Erinnerung an Spaltungen, Ausgrenzungen, Feindschaften, Unterdrückung und Ausbeutung"[362]. Dieser Blick auf die Ambivalenzen in der europäischen Geschichte muss trotz didaktischer Reduktionen gewahrt bleiben. Um die europäischen „Errungenschaften" entsprechend relativieren zu können, gehört zu einer Geschichte der europäischen Demokratisierung „auch das andere Gesicht Europas, die zähe und oft gewalttätige Machterhaltung der demokratiefeindlichen politischen Eliten, die Demokratiekrisen, die Diktaturen mit ihrer Beseitigung der Menschenrechte und ihren Völkermorden.“[363]

Oftmals unterliegen die im Geschichtsunterricht und in den Geschichtsbüchern vermittelten Darstellungen europäischer Geschichte bisher noch einer zu großen Homogenisierung, wodurch eine europäische „Meistererzählung“ – ähnlich den nationalen Narrativen – entsteht.[364] So gilt es vielmehr, die in Europa vorhandene Vielfalt – sowohl Formen der Multikulturalität als auch hybride Identitätsentwürfe – stärker zu berücksichtigen und eine größere Binnendifferenzierung innerhalb Europas vorzunehmen. Denn gerade ein Eurozentrismus blendet innereuropäische kulturelle Unterschiede aus und tendiert dazu, sie sogar zu nivellieren. Daher ist es wichtig, herauszustellen, dass sich die Vergangenheit Europas und die damit verbundenen Erinnerungskulturen als pluralistisch gestalten. In diesem Zusammenhang ist z. B. im Besonderen darauf zu achten, die westeuropäische Perspektive aufzubrechen und das östliche Europa gebührend zu berücksichtigen. Nicht zuletzt gilt es auch zu beachten, dass Europa sowohl in räumlicher als auch in zeitlicher Hinsicht keineswegs mit der Europäischen Union gleichzusetzen ist.

In der Praxis des Geschichtsunterrichts geht es nicht um die additive Aneinanderreihung der verschiedenen Geschichtserzählungen europäischer Einzelstaaten, sondern vielmehr um eine Interaktion und eine Interdependenz von europäischen Kulturen, ohne dass den Schülerinnen und Schülern suggeriert wird, dass die Geschichte teleologisch auf die Herausbildung einer europäischen Identität hin verläuft. Unter diesen Voraussetzungen bilden intra-europäische und interkulturelle Geschichte keinen Widerspruch zueinander. Ihr gemeinsames Anliegen muss eine diversitätssensible Geschichtsbetrachtung sein.

Beispiel: 1848 – ein europäischer „Völkerfrühling“?

Mit dem 150. Jubiläum, das im Jahr 1998 begangen wurde, beleuchtete die Geschichtswissenschaft zunehmend die europäische Dimension der Revolution von 1848/49. So kann die Revolution als ein „bemerkenswert internationales Phänomen bezeichnet werden, da keine andere Revolutionswelle mehr Staaten auf dem europäischen Kontinent erfasste“[365]. 1848/49 war „weit stärker als die Revolution von 1789 eine internationale Revolution“, denn sie war „nicht mehr wie noch

1789 eine Revolution in nur einem Land mit großen europäischen Folgen, sondern umgekehrt eine europaweite internationale Revolution, die bisher allerdings meist in ihren nationalen Folgen gesehen wurde"[366]. Auch Arnd Bauerkämper betont, dass in der Geschichtswissenschaft die gesamteuropäische Dimension der Revolution lange vernachlässigt worden sei – dies treffe im Besonderen auf grenzüberschreitende Beziehungsgeflechte und die Rückkopplungseffekte im revolutionären Prozess" zu.[367] Hartmut Kaelble schlussfolgert:

„Trotz aller Komplexität und Vielfalt war 1848/49 ein gemeinsames Ereignis, gab es gemeinsame historische Ursachen, gemeinsame Ziele, eine gemeinsame, in sich verflochtene Trägerschicht, aber auch starke Verflechtungen der Gegner der Revolution, überhaupt eine starke Wechselwirkung zwischen den nationalen Ereignissen, schließlich auch ein gemeinsames, fast gleichzeitiges Scheitern."[368]

Damit ist die Revolution von 1848 mehr als eine Summe von „lokalen Einzelereignissen" – eben ein „wahrhaft europäisches Phänomen" mit ähnlichen Ursachen und Mustern.[369] Dies schließt aus, die Ereignisse von 1848/49 als isoliertes nationales Ereignis zu unterrichten oder nur das deutsche Revolutionsgeschehen in den Blick zu nehmen.

Zahlreiche epochale Wirkungen gingen von 1848/49 aus: Europa wuchs zunehmend zu einem Kommunikations- und Handlungsraum zusammen. 1848/49 wird bis heute in vielen europäischen Ländern als Wiege eines freiheitlich-demokratischen Europas betrachtet und ist damit integraler Bestandteil einer gemeinsamen europäischen Erinnerungskultur. Gleichzeitig war 1848/49 die Wegbereiterin für ein Europa der Nationalstaaten. Die Herausforderung für die didaktische Aufbereitung des Themas besteht darin, dass im Sinne des interkulturellen Lernens die Revolutionen in den einzelnen europäischen Ländern nicht nur miteinander verglichen werden, sondern auch herausgearbeitet wird, wie die verschiedenen lokalen Revolutionsereignisse sich beziehungsgeschichtlich gegenseitig beeinflusst haben. Gleichzeitig muss die Ambivalenz der Ereignisse von 1848/49 gebührend berücksichtigt werden. Die Karikatur mit dem Titel „Rundgemälde von Europa im August MDCCCXLIX", eine Federlithografie, die 1849 in den „Düsseldorfer Monatsheften" veröffentlicht wurde, spiegelt sehr anschaulich und konkret die vergleichbare, aber unterschiedliche Situation in den einzelnen europäischen Ländern im Laufe des Jahres 1849 und das fast gleichzeitige Scheitern der Revolution wider. Durch einen historisch-vergleichenden sowie beziehungsgeschichtlichen Ansatz kann sie im Geschichtsunterricht eingesetzt werden, um Handlungen und Handlungszusammenhänge zu erkennen und zu deuten.

M21 „Rundgemälde von Europa im August MDCCCXLIX" (1849)

Ferdinand Schröder, 1849

Beispiel: Der Kalte Krieg

Spannungen, Konflikte, Annäherung und Zusammenarbeit zwischen dem östlichen und westlichen Europa zur Zeit des Kalten Krieges können im Blickpunkt des interkulturellen Geschichtslernens stehen. So kann einerseits die Phase der Teilung Europas als eine Geschichte der Konfrontation zwischen Ost- und Westeuropa – als politisches und kulturelles Gegeneinander – verstanden werden. Gerade die Phase des Kalten Krieges war andererseits aber auch eine „Geschichte der europäischen Verflechtungen, der europäischen Entspannungspolitiken, der West-Ost-Transfers, der Migrationen und Exilanten im Westen, der Oppositionen gegen die Diktaturen, die sich stark auf die westlichen Öffentlichkeiten stützten [...]"[370]. So kann auch der Umbruch von 1989 bis 1991 als ein „Wendepunkt für Europa als Ganzes" betrachtet werden, da er ein Ausgangspunkt für stärkere Verflechtungen innerhalb Europas wurde.[371]

Mithilfe der folgenden Karikatur zum Ende des Kalten Krieges findet in der Sekundarstufe 1 eine „diversitätssensible" europäische Dimension Eingang in den Geschichtsunterricht. Ähnlich wie im „Rundgemälde von Europa" verdichten sich auch hier in Form eines historischen Querschnitts Entwicklungen in einer Karikatur, wodurch sie gleichsam narrativen Charakter erhält.

M22 Karikatur: „Osteuropäischer Geleitzug im Winter 1988/89" (Dezember 1988)

Osteuropäischer Geleitzug im Winter 1988/89.   Zeichnung: Schoenfeld

Schoenfeld, Tagesspiegel, 29.12.1988

Die Schülerinnen und Schüler können in einem ersten Schritt die unterschiedlichen Situationen der osteuropäischen Länder des Warschauer Paktes anhand der Karikatur beschreiben und dann miteinander vergleichen sowie in einem zweiten Schritt Wechselbeziehungen herausarbeiten. Auf einer handlungsorientierten Ebene können die Schülerinnen und Schüler …

- einen Dialog zwischen Honecker und Gorbatschow verfassen.
- eine Folgekarikatur für das Jahr 1991 zeichnen.

17.5 Der Islam – islamische Gesellschaften: Ein heißes Eisen im interkulturellen Geschichtsunterricht?

Eine Studie des Georg-Eckert-Instituts aus dem Jahr 2010 kommt hinsichtlich der Präsentation islamischer Lebenswelten in europäischen Schulbüchern zu folgenden Ergebnissen:[372]

- Der Kontakt mit dem Islam wird oftmals als Konfliktszenario dargestellt.
- Der Islam wird zu wenig in seinen vielfältigen Ausprägungen wahrgenommen; die intrakulturelle Heterogenität findet noch zu wenig Beachtung. Aufgrund von oftmals unterschiedlichen, mitunter sogar widersprüchlichen Entwicklungen ist es präziser, von „islamischen Welten" zu sprechen und damit die kulturelle Vielfalt zum Ausdruck zu bringen.[373]
- Die Betrachtung des Islams in Schulbüchern gestaltet sich noch recht mittelalterlastig, wodurch nachfolgende Entwicklungen ausgeblendet werden und Darstellungslücken entstehen.
- Der Islam wird kaum als genuiner Teil der europäischen Vergangenheit und Gegenwart betrachtet.
- Kulturelle Verflechtungen mit dem Islam sowie die wechselseitige Beeinflussung von Europa und dem Islam spielen eine eher untergeordnete Rolle.

Durch solch eine Darstellung in Schulbüchern besteht die Tendenz, dass Muslime eine Essenzialisierung als die Anderen erfahren, wodurch nichtmuslimische Schülerinnen und Schüler im Islam vor allem das Trennende wahrnehmen. Jedoch ist vielmehr die europäische Entwicklung als ein Prozess zu verstehen, der in der Auseinandersetzung mit außereuropäischen Anderen und mit Beiträgen der Anderen stattgefunden hat, woraus sich hybride Identitätsstrukturen entwickelt haben.

Muslimische Gesellschaften prägten und prägen seit dem 7. Jahrhundert weite Teile Asiens, Afrikas und Europas. In Schulgeschichtsbüchern wird der Islam – „ob nun in der Gestalt von Arabern, Tartaren oder Türken" – oft als der „gefährlichste und dauerhafteste Feind abgebildet, als Europas Antithese und Negation"[374]. Daher mag es nicht verwundern, dass er bisher im Geschichtsunterricht eher im Kontext von Konfliktsituationen wie z. B. bei den Kreuzzügen, der

Ausdehnung des Osmanischen Reichs, dem Nahostkonflikt und 9/11 Erwähnung findet. Eine derartige Beschäftigung mit dem Islam bleibt nicht nur in weiten Teilen sehr bruchstückhaft, sondern befördert auch ein reichlich undifferenziertes Bild. Daraus resultiert auch die „Wahrnehmung Europas als ein genuin christlicher Kontinent"[375], wobei vernachlässigt wird, dass der Islam Europa in weiten Teilen mitgeprägt hat und zwischen ihm und anderen Religionen und Kulturen wie dem Christentum eine jahrhundertelange Beziehungsgeschichte existiert. Hinzu kommt, dass insbesondere im 21. Jahrhundert die Begegnung mit dem Islam zunehmend als eine Konfliktgeschichte wahrgenommen wird. Durch die omnipräsente multimediale Vermittlung islamistischer Gewaltakte mag er für Schülerinnen und Schüler ein „Problemkind" des 21. Jahrhunderts sein; dies mag adäquate Urteilsbildungen zu Islam-Themen erschweren.

Worin liegen Herausforderungen und Chancen für den Lerngegenstand „Islam" im interkulturellen Geschichtsunterricht? Ziel muss es sein, dass die Schülerinnen und Schüler erfahren, dass Europa islamisch geprägt ist und der Islam damit – auch aus historischer Perspektive – zu Europa gehört. Dies kann z. B. anhand der Ausdehnung des Osmanischen Reichs oder am Miteinander von Muslimen und Christen im maurischen Spanien thematisiert werden. Eine Beschäftigung mit islamischen Welten von einer historischen Warte aus soll das derzeitige klischeebehaftete Bild vom Islam aufbrechen und durch die Auseinandersetzung mit seiner Pluralität ein differenzierteres Denken befördern. Abschließend kann die Frage gestellt werden, wie sich der Islamismus aus dem Islam herausbilden konnte.

Beispiel 1: Kreuzzüge

Die Kreuzzüge gehören zu den „klassischen", wenn auch nicht ausführlich behandelten Themenfeldern im Geschichtsunterricht, indem sie per se unterschiedliche Dimensionen interkulturellen Lernens in sich vereinen. Sie sind ein repräsentatives und ergiebiges Beispiel, um einen Blick auf „kooperative und konfrontative Begegnungen zwischen den Kulturen" in unterschiedlichen Variationen zu werfen:[376]

- Die Kreuzfahrerstaaten präsentieren sich dem heutigen Betrachter als multiethnische und multikulturelle Gemeinschaften. Kriegerische Auseinandersetzungen wechselten sich mit einer friedlichen Phase des Kulturkontakts zwischen Christen, Muslimen und Juden ab. Dadurch begegnet man unterschiedlichen Abstufungen kultureller Kontakte.

- Die Kreuzzüge entpuppen sich als „multinationales, gesamteuropäisches Unternehmen", deren grenzüberschreitende Koordination eine organisatorische Herausforderung bedeutete. Dies lässt sich besonders eindringlich am Beispiel des Kreuzzugs von Kaiser Friedrich II. verdeutlichen.
- Ein Höchstmaß an „Diplomatie auf internationalem Parkett" bildete die Voraussetzung, um den Weg nach Palästina durch die „Transitländer" möglich zu machen.
- Die Kreuzzüge sind bis heute in den Geschichtskulturen vieler Länder und auch in der Alltagswelt der Schülerinnen und Schüler durchaus präsent: sei es in Form von Romanen, Comics, Spielfilmen oder Computerspielen.
- Durch eine entsprechende Gegenüberstellung von Quellen ist eine multiperspektivische Aufbereitung des Themas gut möglich. Dadurch können Schilderungen abendländischer und islamischer Chronisten zur Eroberung Jerusalems und zum Zusammenleben von Christen und Muslimen miteinander verglichen sowie die Beschreibung des jeweils Fremden analysiert werden. Jedoch gilt es, verstärkt islamische Sichtweisen einzubauen, um dem Prinzip der Multiperspektivität gerecht zu werden. Eine weitere Herausforderung liegt darin, dass die Rezeption der Kreuzzüge innerhalb der westeuropäischen Länder nicht homogen, sondern von „konkurrierenden Nationaldiskursen geprägt" ist, denn nicht zuletzt handelt es sich bei diesen um eine „Geschichte des Wetteiferns um das höchste Ansehen in Europa"[377].

Kreuzzüge stellen eine enge und komplexe Verflechtung von religiöser Motivation und machtpolitischen Interessen dar. Dies ist auch einer der Gründe, warum der Begriff „Kreuzzug" eine lange und wechselvolle Rezeptionsgeschichte erfahren hat. Heute wird Kreuzzug zum „Rechtfertigungs- und Kampfbegriff fundamentalistischer Bewegungen"[378] und erfährt bis in die Gegenwart hinein immer wieder eine politische Instrumentalisierung. Der Kreuzzug kann daher nicht nur als eine mittelalterliche, sondern muss auch als eine neuzeitliche Unternehmung – als eine Verquickung von Religion, Politik und Gewalt – verstanden und im Geschichtsunterricht diskutiert werden. Indem eine moralische Überlegenheit proklamiert wird, die Krieg und „heilige Gewalt" zu rechtfertigen scheint, erlangt das Modell des Kreuzzugs eine überzeitliche Bedeutung. Dieses Gefühl der Überlegenheit entsteht daraus, dass kulturelle und religiöse Unterschiede konstruiert und suggeriert werden.[379] Neben dieser transtemporalen Dimension hat die-

ses Modell zudem eine transkulturelle Bedeutung: Denn die Kreuzzüge sind auch als „Heilige Kriege" zu verstehen, worunter auch religiös
begründete Kriege anderer Religionen fallen können. Ein Transfer dieses Themenbereichs in die Gegenwart ist daher gut möglich, indem
man im Geschichtsunterricht folgende Arbeitsaufträge an die Lernenden richtet:

- Erläutere Merkmale von Glaubenskriegen.
- Beurteile, ob Kriege der Neuzeit immer noch Elemente eines
  Kreuzzugs beinhalten.
- Überprüfe das Phänomen „Kreuzzug" auf mögliche Parallelen mit
  dem islamischen Dschihad.

Beispiel 2: „Türkenfurcht" oder Türkenbegeisterung?
Zeiten des Umbruchs und der Veränderungen wurden von Menschen
oft als Gefährdungen des Gewohnten und Tradierten aufgefasst, was
bei vielen Zeitgenossen Widerstände und Ablehnung hervorrief. Seit
der Eroberung Konstantinopels (1453) erfuhr in zahlreichen Türken-
traktaten die „Türkengefahr" eine irrationale Übertreibung – quasi eine mediale Inszenierung. Auf dramatisierende Weise wurde in Form
von Schauergeschichten über vermeintliche Gräueltaten der Türken
berichtet. Durch die fortschreitende Expansion des Osmanischen
Reichs fühlte sich im 15. bis 17. Jahrhundert das christliche Abendland durch den Islam und den türkischen Feind, der als die Verkörperung des Antichristen galt und als das „kulturell Andere" konstruiert
wurde, bedroht und wurde das bevorstehende Weltende prognostiziert.
Diese Vorstellung zeigt sich z.B. in den Wunderzeichenberichten der
illustrierten Flugblätter im 16. und 17. Jahrhundert. Naturereignisse,
aber auch Missgeburten von Mensch und Tier wurden genutzt, um der
Bevölkerung immer wieder aufs Neue diese Gefahr vor Augen zu führen.[380] Nach der Belagerung Wiens (1529) läuteten z.B. täglich um die
Mittagszeit die Kirchenglocken – als Warnung gläubiger Christen vor
der „Türkengefahr". Seit dem 17. Jahrhundert entwickelte sich in Europa aber zunehmend auch eine Faszination für den exotischen Orient; im Zuge der Romantik entstand eine regelrechte „Orientschwär-
merei", was seinen Niederschlag in der Architektur, in Mode und
Musik fand. Mithilfe der beiden folgenden Materialien können Schülerinnen und Schüler exemplarisch den Umgang mit dem Fremden in
seinen unterschiedlichen Ausdrucksformen reflektieren.

M23

Der humanistische Gelehrte Erasmus von Rotterdam schrieb 1530 über die angebliche Bedrohung des christlichen Abendlandes durch die Türken Folgendes:

Eine barbarische Rasse unbekannter Herkunft. Wie viele Massaker haben sie [die Türken] nicht schon unterm Christenvolk angerichtet? Wie viele Städte, wie viele Inseln, wie viele Provinzen haben sie nicht schon dem christlichen Machtbereich entrissen? […] Und schon scheint die Lage sich so verändert zu haben, daß es, falls Gott nicht seine Rechte schützend über uns ausbreitet, zur raschen Besetzung der restlichen christlichen Welt kommt. […] denn davon abgesehen, daß wir diese Unglücksfälle aufgrund unserer gemeinsamen Religion als uns alle betreffend ansehen müssen, ist zu fürchten, daß sie tatsächlich unser aller Schicksal werden. Wenn das Nachbarhaus brennt, sind eure Güter ebenfalls in Gefahr, aber mehr noch ist die ganze Stadt in Gefahr, wenn irgendein Haus in ihr in Flammen steht. Man muß also die Hilfe beschleunigen. […]

Wenn es uns gelingen soll, uns aus dem türkischen Würgegriff zu befreien, müssen wir, bevor wir die abscheuliche Türkenrasse vernichten, aus unserem Herzen Geiz, Ehrgeiz, Herrschsucht, gutes Gewissen, Sinn für Abschweifungen, Wollust, Falschheit, Haß und Begierde verbannen.

Aus: Delumeau, Jean 1989: Angst im Abendland. Die Geschichte kollektiver Ängste im Europa des 14. bis 18. Jahrhunderts. Hamburg, S. 408 f.

Anhand dieser Überlegungen von Erasmus können mithilfe einer textimmanenten Quellenanalyse die plakative Konstruktion des Anderen und des Eigenen herausgearbeitet sowie Prozesse des „Othering" aufgezeigt werden. Die Schülerinnen und Schüler können dann – ausgehend vom Text – Hypothesen über die Konstruktion eines solchen Fremdbildes entwickeln. Eine „kognitive Dissonanz" kann bei den Lernenden in einem nächsten Unterrichtsschritt durch eine Abbildung der sogenannten „Roten Moschee" erzeugt werden. Sie wurde Ende des 18. Jahrhunderts vom Hofarchitekten Nicolas de Pigage im Garten des Schwetzinger Schlosses erbaut. Die Moschee ist Ausdruck einer romantischen Schwärmerei für das Osmanische Reich und den exotisch anmutenden Orient im Allgemeinen.

M24 Die „Rote Moschee" im Schwetzinger Schlossgarten

Andree Stephan, 2008 (CC BY 3.0)

Am Ende der Unterrichtseinheit können die Schülerinnen und Schüler eine Rede schreiben zum Thema: „Der Islam gehört zu Deutschland" bzw. „Der Islam gehört zu Europa".

17.6 Nation und Nationalismus: Formen der Identitätsbildung?

Die Nation, die auch als Gegenmodell zu multikulturell geprägten Vielvölkerreichen bezeichnet werden kann, stellt ein zentrales Moment für die europäische Geschichte des 19. und 20. Jahrhunderts dar. Jedoch neigt die Geschichtsschreibung dazu, Nationen allzu oft als „überzeitliche Phänomene"[381] einzustufen, das Konzept der „Nation" auch auf frühere Zeiten anzuwenden oder nationale Kategorien auf außereuropäische Kulturräume zu projizieren; dies wäre ein anachronistischer Trugschluss. Die Themenfelder „Nation" und „Nationalismus" werfen zentrale Fragestellungen zu soziokulturellen Zugehörigkeiten und Identitätsstiftung auf. Mit der kulturwissenschaftlichen Wende setzte man sich in der Geschichtswissenschaft zunehmend mit Fragen zur Konstituierung von Nationen und zur Konstrukthaftigkeit dieser gesellschaftlichen Einheit auseinander und wies die Vorstellung zurück, dass die Nation eine natürliche Grundform menschlicher Existenz ist. Vielmehr sei sie – im Sinne von Benedict Anderson – eine „imagined community"[382].

Welche Berechtigung hat das Thema „Nation" im interkulturellen Geschichtsunterricht? Die Nation kann als ein „überaus erfolgreiches soziales Mobilisierungs- und Integrationskonzept, allerdings mit einem Hang zur Übersteigerung und Verabsolutierung"[383] bezeichnet werden: Oftmals macht ein stark ausgeprägter Nationalismus die Anderen bzw. Fremden für Krisen unterschiedlicher Art verantwortlich. Nationalismus kann dadurch zu einem „Ordnungsmuster zur Einteilung der Menschen in *In*- und *Out*-Gruppen, in Berechtigte, Minderberechtigte und Unberechtigte" werden.[384] Die *In*-Gruppe entwickelt dabei ein Überlegenheitsbewusstsein, indem sie die kulturelle Zugehörigkeit zur Nation regelt und gegenüber den Mitgliedern der *Out*-Gruppe, zu denen z.B. nationale Minderheiten oder äußere „Erbfeinde" gezählt werden, klar aufzeigt. Diese Vorstellung der Nation setzt einen Prozess der Homogenisierung nach innen voraus, was auf Kosten der kulturellen Pluralität geschieht. Nationale Symbole, Rituale, Feste und Denkmäler sollen diesen Prozess der nationalen Identitätsbildung unterstützen.

Ein kultursensibler Ansatz setzt sich mit dem Spannungsfeld von Inklusion, Nivellierung und Homogenisierung innerhalb von Nationen auf der einen Seite und Prozessen der kulturellen und gesellschaftlichen Diversifizierung und Exklusion auf der anderen Seite auseinander. In diesem Zusammenhang kann den Schülerinnen und Schülern vor Augen geführt werden, wie in der Homogenisierung von Kultur und im konfliktträchtigen Dominanzverhalten einer spezifischen Kultur sich auch die „Janusköpfigkeit" von Nationalismus zeigt und welche Gefahren „nationale Einbahnstraßen-Interpretationen"[385] beinhalten. Im Geschichtsunterricht kann außerdem diskutiert werden, inwiefern das 21. Jahrhundert das Ende des Nationalismus eingeläutet hat, wie die Herausbildung einer supranationalen europäischen Identität, die Globalisierung, aber auch die zunehmende Identifizierung mit

Regionen suggerieren mag. Entsprechend wird für das 21. Jahrhundert oft eine Relativierung des „Nationalismus" proklamiert; so ist z. b. die Rede von einem „Pluralismus von Identitäten", d. h. das Individuum bildet eine übernationale „multiple Identität" aus.[386] Gleichzeitig sind aktuell jedoch auch in einigen europäischen Ländern unterschiedlich starke Renationalisierungstendenzen zu beobachten.

Beispiel: Der Funktionswandel von Nationalismus im 19. Jahrhundert
Anhand des folgenden Historikertextes von Dieter Langewiesche können die Schülerinnen und Schüler der Sekundarstufe 2 den Nationalismus in Deutschland vor und nach den 1870er Jahren miteinander vergleichen, einen Lexikonartikel zum Begriff „Radikalnationalismus" verfassen und – ausgehend vom Vergleich – allgemein gültige Merkmale von „Nationalismus" ableiten. Dies sensibilisiert sie für die Gratwanderung zwischen Patriotismus und Nationalismus.

M25 Langewiesche: Nationalismus im Wandel

Es wäre unzulässig vergröbert, den Nationalismus vor der Gründung des Nationalstaates als durchweg demokratisch, egalitär und progressiv zu bezeichnen, um vor dieser hellen Folie scharf eine zweite Phase mit einem nach außen und innen aggressiven Nationalismus abzuheben. Ausgrenzungen aus der Nation hatte es auch zuvor schon gegeben. Aber erst im Vorfeld der Nationalstaatsgründung erreichten sie ein Ausmaß, das einen beginnenden Funktionswandel des Nationalismus anzeigt. […] Einen dramatischen Einschnitt auf diesem gleitenden Weg des Nationalismus nach rechts bilden die späten 1870er Jahre, als die ‚liberale Ära' des jungen Nationalstaates endete.

Angebahnt hatte sie sich schon in der ersten Jahrhunderthälfte, verstärkt seit der Revolution von 1848/49. Doch erst in den siebziger Jahren lösten sich die konservativen Nationalisten vom Einzelstaat und akzeptierten den deutschen Nationalstaat, dessen Schöpfung sie zuvor als einen verwerflichen revolutionären Akt empfunden hatten. Sie okkupierten, was sie nicht geschaffen und nicht gewollt hatten. Diese konservative Inbesitznahme der ‚Nation' schritt nun rasch voran und erreichte in der wilhelminischen Ära einen Höhepunkt. Ablesbar ist dies unter anderem an der politischen Symbolik. Wurde in den 1850er Jahren noch die Tradition des kulturellen Nationaldenkmals fortgesetzt, so dokumentierte sich in der Denkmalswelle seit den 90er Jahren die Entliberalisierung und eine gewisse Entbürgerlichung des Nationalismus. Etwa 400 Denkmäler für Kaiser Wilhelm I. entstanden nach dessen Tod 1888, und über 300 Bismarckvereine errichteten über 700 Denkmäler ihres Idols.

Der neue Radikalnationalismus war entliberalisiert, militarisiert, antisemitisch und insofern entbürgerlicht, als er sich nun staatskonform gab und mit staatlicher Hilfe in der Öffentlichkeit, im Militär, in der Schule propagiert wurde und auch in der Kirche, vor allem in der evangelischen, Rückhalt fand. Aber es wäre völlig irreführend, ihn als nur ein Ergebnis staatlicher Manipulation verstehen zu wollen. Er war in der Gesellschaft verankert, und er hatte seine überlegene Fähigkeit, die Gesellschaft zu mobilisieren und auch zu integrieren, nicht eingebüßt. Die nationalistischen Massenverbände, die nun entstanden, beweisen es. Der neue Radikalnationalismus verschob nicht nur das massenwirksame Leitbild ‚Nation' ins Konservative, er veränderte auch den Konservativismus, indem er ihn sozial und politisch den Bedingungen der modernen ‚Massengesellschaft' anpaßte. Indem sich der Konservativismus ‚nationalisierte', konnte er populistisch werden. Er sog den Partizipationswillen auf, der immer zum Nationalismus gehört hatte, nicht aber dessen Freiheits- und Humanitätserbe.

Langewiesche, Dieter 2000: Nation, Nationalismus, Nationalstaat in Deutschland und Europa. München, S. 209 – 211. Verlag C.H. Beck.

17.7 Der Genozid: Produkt eines übersteigerten Nationalismus?

Der Genozid bedeutet eine Negierung jeglicher Heterogenität und ist eine Form der „ethnischen Säuberung", wodurch eine Trennung verschiedener ethnischer Gruppen in radikaler Form herbeigeführt wird. Diese Trennung soll durch die massenweise Tötung von Angehörigen einer bestimmten Gruppe, die als kulturell anders konstruiert wird, erreicht werden. Der Genozid ist ein Negativbeispiel des kulturellen Aufeinandertreffens, denn er mündet in eine zivilisatorische Katastrophe.

Im Zuge einer Globalisierung, einer „Universalisierung" bzw. einer „cosmopolitanization"[387] des Holocaust-Gedenkens wird der Blick zunehmend auf andere Formen des Genozids im 20. Jahrhundert geworfen. Bei der Beschäftigung damit im Geschichtsunterricht kann die Stoßrichtung jedoch nicht darin liegen, z.B. eine Gleichsetzung des Genozids an den Herero mit der Judenvernichtung im Zweiten Weltkrieg und damit eine Relativierung oder gar Verharmlosung des Holocaust vorzunehmen. So unterscheidet sich dieser von anderen Genoziden durch seine Größenordnung, durch die „angestrebte Vollständigkeit der Opfer" sowie durch die angewendeten Mittel[388] und nimmt eine Singularität innerhalb der Geschichte ein.

Beispiel 1: Der Genozid an den Herero

Zwischen der deutschen und der namibischen Geschichte bestehen enge Verflechtungen: Spuren kolonialer Herrschaft findet man im ehemaligen Deutsch-Südwestafrika bis heute und so gilt Namibia seit der Kolonialzeit als traditionelles Einwanderungsland für Deutsche. Erst recht verspätet setzte jedoch in Deutschland eine allmähliche Auseinandersetzung mit der deutschen Kolonialgeschichte im Allgemeinen und mit dem Genozid an den Herero im Besonderen ein. Der Völkermord an den Herero kann als eine Zuspitzung des interkulturellen Konflikts – als eine „Katastrophe des kulturellen Kontakts"[389] – bezeichnet werden. Inzwischen besteht innerhalb der Geschichtswissenschaft weitestgehend Konsens darüber, dass die deutsche Vernichtung der Herero als „the first genocide of the 20th century"[390] zu bezeichnen ist, da sie zum Ziel hatte, „to physically exterminate the Herero population"[391]. Während der Völkermord in Namibia im Zentrum eines gesellschaftlichen Diskurses steht und immer noch Teil des öffentlichen Gedenkens ist, hat das Thema bisher kaum Eingang in eine deutsche Erinnerungskultur der Gegenwart gefunden und bleibt ein „blinder Fleck" im deutschen kollektiven Gedächtnis. Bei der Unterrichtsplanung ist es unerlässlich, im Hinblick auf Kolonialpolitik und koloniale Gewalt das „Besondere wie das Allgemeingültige des Herero-Krieges […] im Hinterkopf zu behalten"[392].

Ein handlungs- und zukunftsorientierter sowie geschichtskultureller Zugriff auf das Thema ist über die Gestaltung eines Denkmals und das Schreiben einer Rede möglich. Das folgende Praxismodul ist dem bilingualen Geschichtsunterricht entnommen.

M26 Ways of commemorating the German genocide: A group activity

In your group, think of ways to commemorate the German genocide. Use the information you have learned about.

Step 1: Design a monument that is to be erected in a central position in Berlin and is to commemorate the African victims of the Herero genocide.

How to design a monument

1. Discuss historical and political messages that your monument is supposed to convey to the viewer. Which aspects are of special importance to your group?

2. Brainstorm possible symbols, figures, icons and shapes that you may use for your monument in order to convey your message.
3. Decide whether your monument has an inscription or a commemorative plaque.
4. Draw the monument as viewed from the front or from the side.
5. Create a name for your monument.
6. Note your ideas behind some of the monument's details.

Step 2: Write a speech for the inauguration of the monument. Imagine that you are the Governing Mayor of Berlin.

How to write a speech

1. Prepare an outline of your ideas by organising your arguments logically. Explain the artists' ideas behind the monument and the message the piece of art wants to convey.
   - Refer to some of the monument's details.
   - Connect the artistic realisation with the historical background of the Herero genocide.
   - Refer to the dedication and the name of the monument.
2. Address your audience directly at the beginning of your speech and try to attract your listeners' attention. Outline the structure of your speech right at the beginning.
3. Link the different parts of your speech. Make use of the following connectives: besides, further, furthermore, too, moreover, in addition/additionally, then, firstly/secondly/thirdly, finally, to sum up, as a result, accordingly, as a consequence, consequently, thus, for this reason, because of this, however, nevertheless, on the one hand … on the other hand, on the contrary, in spite of this
4. Sum up your main points in the ending.

Gentner, Elisabeth 2016: German Colonial Rule in Namibia. In: RAABits Bilingual Geschichte 2016, S. 30. © Ernst Klett Verlag GmbH.

Beispiel 2: „Ethnische Säuberungen" in den „Jugoslawienkriegen"
Eine Vielzahl von Gründen spricht dafür, die „Jugoslawienkriege" der 1990er Jahre – im Gegensatz zur bisherigen Praxis – fest im interkulturell sensiblen Geschichtsunterricht zu verankern:

- In Deutschland leben seit den „Jugoslawienkriegen" Migranten aus den verschiedenen Teilrepubliken des ehemaligen Jugoslawiens. Deren Geschichte ist mit der deutschen Geschichte verwoben. Insbesondere Schülerinnen und Schülern mit kroatischem, serbischem oder bosnischem Migrationshintergrund bietet dieses Thema die Gelegenheit, sich intensiver mit ihrer eigenen Geschichte und der ihrer Eltern auseinanderzusetzen. Im Gegenzug haben Jugendliche außerdem die Möglichkeit, die Geschichte von Teilen unserer Migrationsgesellschaft näher kennenzulernen.

- Das transkulturelle Phänomen von Bürgerkriegsflüchtlingen, das aufgrund des Bürgerkrieges in Syrien eine neue Aktualität erhalten hat, kann exemplarisch anhand der „Jugoslawienkriege" erarbeitet und in einem europäischen Kontext – quasi „vor unserer Haustüre" – verortet werden.
- Das ehemalige Jugoslawien gestaltete sich als ein Vielvölkerstaat, der aufgrund ethnischer Spannungen zerfiel. Zentrale Fragen zu Nationalismus, Bürgerkrieg und „ethnischen Säuberungen", einem interkulturellen Krisenphänomen, werden aufgeworfen.
- Der Genozid, eine Form der kulturellen „Extermination", stellte den grausamen Höhepunkt des Bosnienkrieges dar. Das Massaker von Srebrenica gilt inzwischen als das schlimmste Kriegsverbrechen in Europa seit dem Zweiten Weltkrieg; es wurde vom UN-Tribunal in Den Haag als Völkermord eingestuft.
- In der Gegenwart existieren kulturell divergente Erinnerungskulturen an die Kriege und die „ethnischen Säuberungen" im ehemaligen Jugoslawien; diese reichen bis in deutsche Klassenzimmer hinein und können sich mitunter auch als „heiße Eisen" entpuppen.

Das Tagebuch von Zlata Filipović erweist sich als didaktisch ertragreich, indem es als Vorbereitung für die Behandlung des Massakers von Srebrenica im Geschichtsunterricht dient und die Schülerinnen und Schüler einer Sekundarstufe 1 über einen biographischen Zugang für ethnische Konfliktfelder sensibilisiert. Als elfjähriges Mädchen erlebt Zlata den Kriegsausbruch in Sarajevo und beschreibt die Erlebnisse in ihrem Tagebuch namens „Mimmy", das 1993 als „Ich bin ein Mädchen aus Sarajevo" zunächst in französischer Sprache veröffentlicht wurde. Insbesondere Sarajevo stellte eine Stadt der ethnischen Verwebungen dar; ähnlich ethnisch verflochten gestaltet sich Zlatas eigener familiärer Hintergrund. Durch die Perspektive eines Kindes bzw. einer Jugendlichen zeigt sich besonders stark die Ohnmacht gegenüber den Kriegshandlungen und den „Jungs da oben", was eine Form der intersektionalen Exklusion darstellt. Das Tagebuch vermag es, einer ansonsten marginalisierten Gruppe eine Stimme zu verleihen und Fremdverstehen zu befördern. Mit den folgenden Textausschnitten kann die Belagerung Sarajevos von Schülerinnen und Schülern chronologisch nachverfolgt werden:

M27 Tagebuchausschnitte von Zlata Filipovič

Mittwoch, 23. Oktober 1991

In Dubrovnik ist jetzt wirklich Krieg. Schreckliche Bombenangriffe. Die Leute sind in Schutzräumen, ohne Wasser, ohne Strom, und die Telefonleitungen sind unterbrochen. Im Fernsehen sieht man fürchterliche Bilder. Papa und Mama machen sich große Sorgen, es geht doch nicht, daß man zuläßt, daß eine so wunderschöne Stadt zerstört wird. Sie hängen besonders an ihr. Sie haben dort im Fürstenpalast mit einer Gänsefeder das JAWORT zu ihrem zukünftigen Zusammenleben geschrieben. Mama sagt, daß Dubrovnik die schönste Stadt der Welt ist und daß sie auf keinen Fall zerstört werden darf!

Wir machen uns Sorgen um Onkel Srdjan (er arbeitet und lebt in Dubrovnik, aber seine ganze Familie ist in Sarajevo) und auch um seine Eltern. Wie halten sie das aus, was da passiert? Sind sie überhaupt noch am Leben? Über Funkamateure haben wir versucht, sie zu erreichen, ohne Erfolg. Bokica (Srdjans Frau) ist am Verzweifeln. Wir machen alles, um etwas zu erfahren, aber es kommt nichts dabei heraus. Dubrovnik ist von der Welt abgeschnitten. […]

Samstag, 4. April 1992

Dear Mimmy,

heute ist Bajram [ein großes moslemisches Fest]. Es sind nicht viele Leute auf den Straßen. Bestimmt aus Angst, wegen dieser Geschichten über Bombenangriffe. Sarajevo ist nicht bombardiert worden. […] Gott sei Dank!

In Liebe, Zlata

Samstag, 18. April 1992

Dear Mimmy,

Bombenangriffe, Granaten. Es ist wirklich KRIEG. Papa und Mama machen sich große Sorgen; gestern abend sind sie spät ins Bett gegangen und haben sich lange unterhalten. Sie überlegen, was zu tun ist, aber es ist schwer, einen klaren Kopf zu behalten. Sollen wir weggehen und uns trennen oder alle zusammen hierbleiben? […] Mit dem Frieden ist es vorbei. Plötzlich ist der Krieg in unsere Stadt gekommen, in unser Haus, in unsere Köpfe, in unser Leben. Es ist schrecklich. Genauso schrecklich wie Mama zuzugucken, wie sie meinen Koffer packt.

In Liebe, Zlata

Montag, 29. Juni 1992

Dear Mimmy,

ICH HALTE DIESEN KANONENDONNER NICHT MEHR AUS!!! DIE GRANA-
TEN, DIE STÄNDIG VOM HIMMEL FALLEN!!! DIE VIELEN TOTEN!! UNSERE
VERZWEIFLUNG!! DEN HUNGER!! DAS ELEND!! DIE ANGST!!

Nur aus diesen Dingen besteht mein Leben! Man kann doch einer un-
schuldigen elfjährigen Schülerin nicht vorwerfen, daß sie lebt!! Einer
Schülerin, die keine Schule mehr hat, keine Freude, sich überhaupt nicht
mehr wie ein Kind vorkommt. Ein Kind, das nicht mehr spielt, das ohne
Freunde, ohne Sonne, ohne Vögel, ohne Natur, ohne Obst, ohne Schokolade, ohne Bonbons ist und nur ein wenig Milchpulver hat. Ein Kind,
das – kurz gesagt – keine Kindheit mehr hat. Ein Kriegskind. Jetzt kapier
ich wirklich, daß ich mitten im Krieg lebe, daß ich einen schmutzigen,
widerlichen Krieg erlebe. Ich und auch Tausende anderer Kinder in dieser Stadt, die langsam zerstört wird, die weint, klagt und auf Hilfe hofft,
die nicht kommen wird. Mein Gott, wird das alles eines Tages aufhören,
werd ich je wieder in die Schule gehen können und wieder ein Kind werden, das froh ist, ein Kind zu sein? Man hat mir einmal gesagt, die Kindheit wäre die schönste Zeit im Leben. Ich war ein glückliches Kind, aber
dieser Krieg hat mir alles genommen. Warum nur? Ich bin traurig. Ich
möchte weinen. Ich weine.

Deine Zlata

Mittwoch, 30. September 1992

Dear Mimmy,

es gibt keinen Strom, und wahrscheinlich wird das eine ganze Weile so
weitergehen. Die Batterien sind leer. Papa hat eine Batterie aus dem Au-
to geholt und das Radio drangeschlossen. So können wir die Nachrich-
ten hören, aber keine Musik, denn wir müssen sparsam sein.

Im Radio haben sie gerade gesagt, daß eine Menge Moslems und Kroaten aus Grbavica vertrieben worden sind. Wir warten auf Mamas Ver-
wandte, Nedos Eltern und Lalo, einen Freund von uns.

Zlata

Donnerstag, 19. November 1992

Dear Mimmy,

von der Politik gibt's nichts Neues. Sie verabschieden Resolutionen, die
„Jungs da oben" diskutieren und verhandeln, und in der Zwischenzeit
sterben wir, frieren wir, verhungern wir, weinen wir, verabschieden wir
uns von unseren liebsten Freunden. [...] Ich hab den Eindruck, daß die
Politik bedeutet: Serben, Kroaten und Moslems. Das sind aber doch al-

les Menschen. Alle sind gleich. Einer ist wirklich wie der andere. Daß alle Arme, Beine und einen Kopf haben, daß sie laufen, sprechen, aber jetzt will man sie unbedingt anders machen als die anderen.

Unter meinen Schulkameraden und Freunden und in meiner Verwandtschaft gibt es Serben, Kroaten und Moslems. Wir sind also eine ganz gemischte Gruppe Leute, und ich hab mir nie überlegt, wer Serbe, Kroate oder Moslem ist. Und jetzt hat sich die Politik da hineingemischt. Sie hat den Serben ein „S", den Moslems ein „M" und den Kroaten ein „K" umgehängt. Sie will sie auseinanderbringen. Und sie hat diese Buchstaben mit einem Stift geschrieben, der so schwarz ist wie der Tod. Es ist der Stift des Krieges, der nur Unglück und Grauen schreiben kann. Warum macht uns die Politik so unglücklich, warum will sie uns voneinander trennen, wo wir doch auch ohne sie wissen, wer gut und wer schlecht ist? Mit den guten Menschen sind wir zusammmen, mit den schlechten nicht. Unter den Guten gibt's Serben, Kroaten und Moslems. Und auch unter den Schlechten gibt es alle drei. […] Ich bin so froh, daß ich Dich habe, daß ich Dir schreiben kann.

In Liebe, Zlata

Donnerstag, 2. September 1993

Dear Mimmy,

[…] Mein Land liegt in Schutt und Asche, meine Stadt ist zerstört, meine Freunde sind als Flüchtlinge über die ganze Welt zerstreut … aber zum Glück, Mimmy, hab ich Dich und Deine Zeilen, die die ganze Zeit über geduldig, ohne etwas zu sagen, darauf warten, daß ich sie mit meinen traurigen Geständnissen fülle. […]

Deine Zlata

Filipovič, Zlata ³1994: Ich bin ein Mädchen aus Sarajevo. Bergisch Gladbach, S. 11, 32, 38, 64 f., 88, 100 f., 173. Bastei Lübbe.

Zu einzelnen Tagebucheinträgen können die Schülerinnen und Schüler Standbilder in Kleingruppen entwerfen bzw. die Textausschnitte (ohne Datierung) in die richtige chronologische Reihenfolge bringen. Ebenso können Ursachen und Folgen des Bosnienkrieges mithilfe der Textausschnitte erarbeitet und in einem Tafelbild festgehalten werden. Anhand des Tagbucheintrags vom 30. September und 19. November 1992 können sich die Schülerinnen und Schüler sogar exemplarisch mit dem Prozess des „Othering" auseinandersetzen und z.B. eine Skizze des Vorher-Nachher-Zustands erstellen. Durch das „Othering" wird eine Wir-Gruppe konstruiert, die sich gegenüber der Gruppe der

Anderen als höherwertig sieht und eine eigene Identität aufzubauen versucht. Ethnizität entwickelt sich zur primären Differenz zwischen den dort lebenden Menschen. Abschließend kann die Lerngruppe den besonderen Quellenwert des Tagebuchs diskutieren.

17.8 Imperien: Beispiele multikultureller Gesellschaften?

Imperien zeichnen sich im Allgemeinen durch ihre Größe aus und bedeuten in der Regel eine Herrschaft über mehrere Völker, indem sie eine multiethnische politische Einheit mit einer multikulturell geprägten Gesellschaft bilden. Damit vereinen sie verschiedene politische und kulturelle Traditionen in sich. Nach Hans-Heinrich Nolte sind sie außerdem in der Regel durch folgende Merkmale gekennzeichnet:[393]

1. monarchische Spitze
2. Zusammenarbeit von Thron und Altar (Staatsreligion)
3. umfangreiche Bürokratie
4. Schriftlichkeit
5. zentral eingezogene Abgaben oder Steuern
6. Vielfalt der Provinzen
7. geringe Partizipation der Bürger

Für John Darwin sind Imperien in der Geschichte ein „Grundmodell politischer Organisation" und „imperiale Macht" stellte „im Grunde der Normalfall" dar.[394] Dadurch, dass imperialen Organisationen „kulturübergreifende Grundmerkmale" zu eigen sind, sind sie Teil einer transnationalen Geschichte.[395] Darin liegt auch ein Unterschied zur „Nation" begründet. Im interkulturell sensiblen Geschichtsunterricht kann die europäisch geprägte Kategorie „Nation" relativiert werden, indem der Blick auf das Ordnungsmodell „Imperium" geweitet wird und grundlegende Überlegungen zu gesellschaftlichen Organisationsformen angestellt werden. Es geht aber nicht darum, das Zusammenleben in diesen multikulturellen Gesellschaften zu romantisieren; denn oftmals herrschten soziale und wirtschaftliche Ungleichheit und eine hohe Gewaltbereitschaft.[396]

Für den inter- und transkulturellen Geschichtsunterricht sind folgende Fragestellungen, die wir an Imperien stellen können, ergiebig:

- Wie erfolgte und gestaltete sich eine Herrschaftsdurchdringung und eine Herrschaftssicherung? D.h. wie wurde eine imperiale Ordnung geschaffen?
- Wie lebten die unterschiedlichen Völker in einer so multiethnisch geprägten Gesellschaft zusammen?

- Welche identitäts- und integrationsstiftenden Elemente und Mechanismen gab es, um einen Zusammenhalt zwischen Zentrum und Peripherie zu gewährleisten und zu einer gesellschaftlichen Integration beizutragen? Gab es Formen der Geschichtsklitterung?
- Wie gestaltete sich der Übergang von Imperium zu Nationalstaat?
- Gibt es in der Gegenwart Formen neo-imperialer Entwicklungen?

In diesem Zusammenhang kann es lohnenswert sein, exemplarisch Russland, China oder die Türkei als ehemalige Imperien näher zu beleuchten bzw. ihren Übergang von Imperium zu Nationalstaat genauer „unter die Lupe zu nehmen". Nicht zuletzt ist aktuell immer wieder die Rede von neo-imperialen Charakterzügen, z. B. im Hinblick auf die Rolle der USA, die Entwicklung der Europäischen Union, das neo-osmanische Selbstverständnis der Türkei oder revisionistische Bestrebungen in Russland.

17.9 Die Geschichte des Osmanischen Reiches und der Türkei: Ein Übergang von Imperium zu Nationalstaat

Die Beziehungsgeschichte zwischen dem Osmanischen Reich bzw. der modernen Türkei und Europa findet in den Curricula bisher kaum Berücksichtigung. Dies steht in einem diametralen Gegensatz zu der Tatsache, dass das Osmanische Reich über Jahrhunderte hinweg in wirtschaftlichen, politischen und kulturellen Beziehungen zu europäischen Gegnern und Verbündeten stand[397] und ein multiethnisches Imperium, dessen zentrales Merkmal eine Diversität war, verkörperte. Dadurch konnte das Osmanische Reich über lange Zeit eine Schlüsselrolle zwischen Orient und Okzident einnehmen. Eine „Marginalisierung" im Geschichtsunterricht ist „deshalb nicht haltbar, weil das Osmanische Reich in der europäischen Machtpolitik und im Konzert der Großmächte dauerhaft eine sehr wichtige Rolle spielte, nicht nur rund um das Mittelmeer, sondern bis nach Wien und Mitteleuropa hinein"[398]. Die zentrale Bedeutung der osmanisch-türkischen Geschichte zeigt sich außerdem darin, dass die Osmanen „seit dem Mittelalter als das wohl wichtigste ‚Andere' der Europäer bzw. der lateinischen Christen wahrgenommen und konstruiert"[399] wurden; damit bildete das Osmanische Reich eine fortwirkende Antithese zu den europäischen Christen und nahm eine identitätsstiftende Funktion ein.

Viele direkte Berührungspunkte zwischen der deutschen und der osmanischen bzw. türkischen Geschichte sind den Schülerinnen und

Schülern in deutschen Klassenzimmern sicherlich nicht präsent. So gelangten im Rahmen der deutsch-osmanischen Wirtschaftsbeziehungen bereits im Kaiserreich türkische Arbeiter nach Deutschland. Deutsche und türkische Arbeiter waren gemeinsam am Bau der Bagdadbahn beteiligt. Einen gleichermaßen „weißen Fleck" im Geschichtsbewusstsein der Schülerinnen und Schüler stellt sicherlich auch die Emigration deutscher Wissenschaftler in die Türkei während der nationalsozialistischen Verfolgung dar.[400] Heutzutage bilden mit ca. drei Millionen türkische Zuwanderer die größte Migrantengruppe in Deutschland. Damit ist die osmanische bzw. türkische Geschichte eng mit der deutschen verwoben. Mitunter wird dabei aus dem Blick verloren, dass es sich bei den in Deutschland lebenden türkischen Migranten keineswegs um eine in sich homogene Gruppe handelt; vielmehr zeichnet sich die türkische Migrantengruppe durch ein hohes Maß an Heterogenität und kultureller Hybridität aus, abhängig von der jeweiligen Zeit der Ankunft in Deutschland, den Gründen für die Migration sowie dem jeweiligen ethnischen und religiösen Hintergrund.[401] Nicht zuletzt ist zu beachten, dass das Osmanische Reich bzw. die Türkei ein „Mosaik verschiedener Völker und Kulturen"[402] war bzw. ist. Ziel des interkulturellen Geschichtsunterrichts muss generell sein, dass die Schülerinnen und Schüler als Angehörige einer Mehrheitsgruppe mehr über die Geschichte einer in Deutschland lebenden Minderheitengruppe erfahren, die im Gegenzug die Möglichkeit erhält, ihre ethnisch-kulturellen Wurzeln kennenzulernen und zu reflektieren. Kenntnisse über die osmanische bzw. türkische Geschichte und Kultur sind eine wichtige Voraussetzung für den respektvollen Umgang zwischen deutschen und türkischstämmigen Jugendlichen.

In jüngster Vergangenheit wurde auch die provokante Frage aufgeworfen: „Was haben deutsche Schulen falsch gemacht, dass Deutsche mit türkischem Migrationshintergrund für Erdogan sind?"[403] Die Journalistin Canan Topçu sieht den Grund insbesondere im allzu westlich orientierten Geschichtsunterricht an deutschen Schulen: So beschäftige man sich in den Geschichtsbüchern mit dem Merkantilismus Frankreichs, aber nicht auch kritisch mit der Geschichte der Länder, aus der eine Mehrheit der Migranten in den Klassen stammt.[404] Dadurch fehle an vielen Schulen ein Forum der Selbstreflexion. Deshalb müssten dringend Möglichkeiten geschaffen werden, um eine andere Perspektive auf die Geschichte des Osmanischen Reiches bzw. der Türkei einnehmen und Geschichte als einen Aushandlungsprozess verstehen zu können. Gründe gibt es also viele, die osmanische bzw.

türkische Geschichte zum Pflichtkanon der deutschen Bildungspläne zu erklären.

Beispiel 1: Die Türkei – in der kulturellen Orientierung zwischen Ost und West?

1923 erfolgte die Ausrufung der Türkischen Republik, deren neuer Präsident Mustafa Kemal Atatürk wurde. Eine intensivere Auseinandersetzung mit den kemalistischen Reformen, in deren Zentrum Nationalismus, Republikanismus, Populismus, Etatismus, Reformismus und Laizismus als „sechs Pfeiler" stehen, kann aus mehrerlei Gründen gewinnbringend im Rahmen eines interkulturell sensiblen Geschichtsunterrichts sein. Zum einen sind diese westlich orientierten Reformen ein Beispiel für die jahrzehntelange soziokulturelle Orientierung der Türkei am Westen; dies muss vor dem Hintergrund betrachtet werden, dass das Osmanische Reich bzw. die Türkei über Jahrhunderte hinweg ein Kulturraum zwischen Ost und West gewesen ist: „Ein Blick in den Alltag der Türken zeigt das Nebeneinander von westlicher Lebensweise und islamischer Tradition" – „ein Leben zwischen dem Halbmond und dem kemalistischen Laizismus"[405]. Bis heute sind die Reformen Atatürks für die Türkei identitätsstiftend und Atatürk ist in der türkischen Gesellschaft omnipräsent und fungiert als ein Referenzpunkt – in Form von Denkmälern, auf Plakaten und Bildern. Gleichzeitig ist aktuell in manchen Bereichen eine deutliche Abkehr von Prinzipien des Kemalismus zu verzeichnen, indem sich z. B. viele Türken offensiv zum Islam als Grundlage einer modernen Gesellschaft bekennen. Die Türkei nimmt dabei eine kulturelle Zwitterrolle ein – nach innen durch das Aufeinandertreffen westlich und islamisch orientierter Lebensweisen und nach außen als mögliche Brückenfunktion zwischen Ost und West. Als Einstieg für Atatürks Reformprogramm kann der folgende kurze Redeausschnitt dienen, der bereits von 1907 stammt und in dem er seine Vision einer zukünftigen Türkei skizziert:

M28 Rede von Atatürk (1907)

Es wird der Tag kommen, an dem ich die Reformen, die Sie alle für Illusionen halten, zum Erfolg führen werde. Die Nation, der ich angehöre, wird mir glauben.

Das Sultanat muss zerstört werden. Die Struktur des Staates muss auf einer homogenen Grundlage beruhen. Religion und Staat müssen voneinander getrennt werden. Wir müssen uns der östlichen Zivilisation entziehen und der westlichen zuwenden. Wir müssen die Unterschiede zwischen Mann und Frau aufheben und so eine neue soziale Ordnung gründen. Wir müssen die Schrift, die uns hindert, an der westlichen Zivilisation teilzunehmen, abschaffen, wir müssen ein Alphabet, das auf der lateinischen Schrift beruht, finden und wir müssen uns in jeder Beziehung, bis hin zu unserer Kleidung, auf den Westen hin ausrichten. Seien Sie ganz sicher, eines Tages werden wir das alles erreichen.

Aus: Atatürk, Kemal 1981: Mustafa Kemal Atatürk aus Reden und Gesprächen. Heidelberg, S. 2.

Ausgehend von diesem Quellenausschnitt kann sich die Lerngruppe Atatürks Reformprogramm erarbeiten und kritisch beurteilen. In einem zweiten Schritt können die Schülerinnen und Schüler aus der Karikatur (2014) Erdogans Ideal eines islamischen Nationalismus, die neo-osmanischen kulturellen Orientierungsversuche sowie den „kulturellen Spagat" der Türkei herausarbeiten und mit Atatürks Reformvorschlägen vergleichen. Abschließend können sie recherchieren und erörtern, ob es in der Gegenwart Formen neo-imperialer Entwicklungen in der Türkei gibt.

M29 Erdogan: Eine neue Richtung für die Türkei? (2014)

Peter Schrank

Beispiel 2: Der Genozid an den Armeniern:
Interkulturelle Erinnerungskonflikte?

Am 2. Juni 2016 titelte die *Süddeutsche Zeitung*: „Der Genozid an den Armeniern geht die ganze Welt etwas an"[406]. In diesem Zusammenhang wird Völkermord als ein „derart monströses Verbrechen mit derart katastrophalen Folgen, dass er nicht nur Täter und Opfer, sondern die ganze Welt etwas angeht", beschrieben – er ist quasi ein „Menschheitsverbrechen" und hat transkulturelle Bedeutung erlangt. Mit der Armenien-Resolution vom 2. Juni 2016 erkannte der Deutsche Bundestag nicht nur den „Völkermord an den Armeniern und anderen christlichen Minderheiten in den Jahren 1915 und 1916" an, sondern räumte auch die Mitschuld des Deutschen Reiches ein, das als Verbündeter das Osmanische Reich gewähren ließ.[407] Die deutsche Regierung war durch Berichte deutscher Missionare und Mediziner über die Ausmaße des Völkermords informiert. Dadurch, dass der Genozid unter Duldung der deutschen Armee geschah, ist er unweigerlich Teil einer deutschen Geschichte. Diese deutsche Mitverantwortung am Genozid sollte im interkulturellen Geschichtsunterricht entsprechend mitberücksichtigt werden. Lange Zeit fand das Thema jedoch keinerlei Beachtung im deutschen Geschichtsunterricht.

Der Völkermord an den Armeniern ist ein Beispiel für die Ausgrenzung aus den politischen und soziokulturellen Bereichen der osmanischen Gesellschaft und schließlich die Vernichtung einer ethnischen nicht-muslimischen Minderheit.[408] Diese Diskriminierung, d.h. eine Integration durch Ausgrenzung von Minderheiten, vollzog sich im Zuge einer Nationalstaatswerdung und der Herausbildung einer neuen türkischen Identität. Da die Türkei bis heute das Verbrechen gegen die Armenier offiziell noch nicht als Genozid eingestuft und anerkannt sowie in weiten Teilen noch keine Vergangenheitsbewältigung eingesetzt hat, kann sich die Aufarbeitung des Themas im Geschichtsunterricht in einer Klasse mit türkischstämmigen Schülerinnen und Schülern als prekär erweisen.[409] Je nachdem, welche Geschichtsdeutung in der eigenen Familie tradiert wird, können unterschiedliche geschichtskulturelle Deutungen im Klassenzimmer aufeinandertreffen.

Im interkulturell sensiblen Geschichtsunterricht gilt es, die türkischen Schülerinnen und Schüler dort abzuholen, wo sie sich in ihrem nationalen Selbstverständnis befinden.[410] Da viele türkischstämmige Schülerinnen und Schüler sowie ihre Eltern der offiziellen türkischen Staatsdoktrin folgen, könnten andere Darstellungsformen auf erheblichen Widerstand türkischer Eltern stoßen. Dies mag eine Hemmschwelle für die Unterrichtenden darstellen; eine Herausforderung mag schließlich auch darin liegen, „zwischen den Erinnerungskulturen Brücken zu bauen" und zu einem „transnationalen Konsens [zu] kommen"[411]. Dabei bietet sich in einem ersten Schritt eine quellenorientierte Herangehensweise an, bei der auch die deutsche Mitverantwortung am Genozid klar herausgestellt wird. In einem zweiten Schritt können dann anhand von kontrovers ausgerichteten Sekundärtexten (vgl. M30 und M31) die unterschiedlichen Narrative in der heutigen Geschichtskultur thematisiert und beurteilt werden.

M30

Bundespräsident Joachim Gauck spricht in einer Gedenkrede im Berliner Dom am 23. April 2015 über den Völkermord an den Armeniern.

In dieser Stunde gedenken wir der Angehörigen des armenischen Volkes, die vor einem Jahrhundert zu Hunderttausenden Opfer von geplanten und systematischen Mordaktionen geworden sind.

Unterschiedslos wurden Frauen und Männer, Kinder und Greise verschleppt, auf Todesmärsche geschickt, ohne jeden Schutz und ohne jede Nahrung in Steppe und Wüste ausgesetzt, bei lebendigem Leibe verbrannt, zu Tode gehetzt, erschlagen und erschossen.

Diese geplante und kalkulierte verbrecherische Tat traf die Armenier aus einem einzigen Grund: weil sie Armenier waren. […]

Mit unserem heutigen Wissen und vor dem Hintergrund politischer und humanitärer Schrecknisse der vergangenen Jahrzehnte steht uns heute klar vor Augen: Das Schicksal der Armenier steht beispielhaft für die Geschichte der Massenvernichtungen, der ethnischen Säuberungen, der Vertreibungen, ja, der Völkermorde, von der das 20. Jahrhundert auf so schreckliche Weise gezeichnet ist.

Im Schatten von Kriegen wurden diese Verbrechen begangen. Der Krieg diente auch als Legitimation für die Untaten. So geschah es im Ersten Weltkrieg den Armeniern – und so geschah es im Laufe des Jahrhunderts auch andernorts und so geschieht es bisweilen bis heute vielen anderen religiösen und nationalen Minderheiten. Als Spione wurden sie bezeichnet, als Handlanger ausländischer Mächte, als Störenfriede der nationalen Einheit, als Klassen- oder Rassenfeinde, als Krankheitsherd im Volkskörper. […]

Es hat seinen tiefen Sinn und seine klare Berechtigung, an den Mord an dem armenischen Volk auch hier bei uns in Deutschland zu erinnern. Unter uns leben Nachfahren von Armeniern und Türken mit ihrer je eigenen Geschichte. Für ein friedliches Miteinander ist es aber wichtig, dass alle sich an den gleichen aufklärerischen Prinzipien bei der Aufarbeitung der Vergangenheit orientieren.

In diesem Fall müssen auch wir Deutsche insgesamt uns noch einmal der Aufarbeitung stellen, wenn es nämlich um eine Mitverantwortung, unter Umständen gar um eine Mitschuld, am Völkermord an den Armeniern geht.

Es waren deutsche Militärs, die an der Planung und zum Teil auch an der Durchführung der Deportationen beteiligt waren. Hinweise von deutschen Beobachtern und Diplomaten, die im Vorgehen gegen die Armenier den Vernichtungswillen genau erkannt hatten, wurden übergangen und ignoriert. Denn das Deutsche Reich wollte die Beziehungen zum osmanischen Verbündeten nicht gefährden. […]

Aus: https://www.bundespraesident.de/SharedDocs/Downloads/DE/Reden/2015/04/150423-Gedenken-Armenier.pdf?__blob=publicationFile

---

M31

In der Frankfurter Allgemeinen Zeitung *ist am 25. April 2015 zu lesen:*

Die Äußerungen von Bundespräsident Joachim Gauck zum „Völkermord" an den Armeniern haben eine diplomatische Krise mit der Türkei ausgelöst. „Das türkische Volk wird dem deutschen Präsidenten Gauck seine Aussagen nicht vergessen und nicht verzeihen", erklärte das Außenministerium in Ankara am späten Freitagabend.

Gauck hatte die Massaker an bis zu 1,5 Millionen Armeniern im Ersten Weltkrieg am Donnerstagabend erstmals klar als Völkermord bezeichnet. Das Staatsoberhaupt setzte sich damit über Bedenken hinweg, dass die Einordnung des damaligen Geschehens als Völkermord die Beziehungen zur Türkei beschädigen könnte. […]

Die Türkei reagierte scharf auf die Worte von Gauck: Dieser habe keine Befugnis, der türkischen Nation eine Schuld anzulasten, die den rechtlichen und historischen Fakten widerspreche, hieß es in der Mitteilung des Außenministeriums. Die Regierung warnte vor „langfristigen negativen Auswirkungen" auf das deutsch-türkische Verhältnis. […]

Der türkische Präsident Recep Tayyip Erdogan sprach den Nachfahren der Opfer sein Beileid aus. „An diesem Tag, der für unsere armenischen Bürger eine besondere Bedeutung hat, gedenke ich aller osmanischen Armenier mit Respekt, die unter den Bedingungen des Ersten Weltkrieges ihr Leben verloren haben", erklärte er. „Ich spreche ihren Kindern und Enkeln mein Beileid aus." Im Zusammenhang mit den Massakern sprach er von „traurigen Ereignissen".

18. Schlussbetrachtung

Interkulturelle Themenfelder haben im Geschichtsunterricht inzwischen durchaus eine gewisse Tradition: Die Take-off-Phase interkulturellen Geschichtslernens kann Mitte der 1990er Jahre verortet werden. Interkulturell sensibler Geschichtsunterricht muss inzwischen zwar als eine Selbstverständlichkeit erachtet werden. Denn ein fast ausschließlich national ausgerichteter Geschichtsunterricht würde zu einer kulturellen Abkapselung der Schülerinnen und Schüler führen und sich im 21. Jahrhundert als äußerst kontraproduktiv erweisen. Jedoch erscheinen eine konsequente Umsetzung im Geschichtsunterricht und eine Neujustierung, die mit einer klareren Akzentuierung einhergeht, notwendig: Eine besondere Beflügelung kann interkulturelles Geschichtslernen durch die Verzahnung mit globalgeschichtlichen Ansätzen aus der Geschichtswissenschaft Anfang des 21. Jahrhunderts erhalten. Denn ein nicht definiertes Nebeneinander interkulturell sensibler und globalgeschichtlicher Ansätze erweist sich in der Unterrichtspraxis als kontraproduktiv. Interkultureller Geschichtsunterricht muss außerdem immer im Kontext eines diversitätsbewussten Lernens gedacht werden und sollte nicht unter kulturalisierenden Vorzeichen stehen. Hierfür wäre eine weitere Didaktisierung der Diversity- und Intersectionality Studies wünschenswert.

Gleichermaßen gilt es zu berücksichtigen, dass interkulturelle und transkulturelle historische Phänomene fließend ineinander übergehen. Da eine strikte Trennung zwischen beiden Ansätzen sich als wenig zielführend erweist, sollte interkultureller Geschichtsunterricht transkulturelle Zugänge und Fragestellungen integrieren und auf einem weit gefassten Kulturbegriff basieren. Interkulturelles Geschichtslernen steht damit am Drehkreuz mit globalgeschichtlichen, diversitätssensiblen und transkulturellen Fragestellungen an die Geschichte: Ein Schubladendenken muss aufgebrochen werden. Zielsetzung ist es, im jeweiligen historischen Kontext das Eigene und das Andere als Konstrukte zu entlarven.

Dem interkulturell sensiblen Geschichtsunterricht ist eine Vielzahl an inhaltlichen Themenfeldern und methodisch-didaktischen Zugängen zu eigen; er wird von einem breiten Repertoire an Primär- und Sekundärquellen begleitet. Deshalb stellt er mit Sicherheit nicht nur eine didaktische Modebewegung dar, sondern enthält ein besonderes fachdidaktisches Potenzial. Interkulturelles Geschichtslernen bedeutet zu einem überwiegenden Teil keine „Neuerfindung" von Geschichtsinhalten. Bei der Definition von Themenbereichen ist es didaktisch ertragreich, sie zu einem großen Teil an die bisherige curriculare Situation „anzudocken" und als Unterrichtsbausteine in den bisherigen Kanon integrieren zu können. Daher geht es nicht darum, wie es oftmals praktiziert wird, interkulturelle Inhalte on top zu setzen. Um eine größere Verbindlichkeit zu schaffen, ist eine konsequentere Integration in die Fachcurricula notwendig. Darüber hinaus ist jedoch eine Ausweitung des bisherigen Themenkanons und der historisch zu betrachtenden geographischen Regionen im Bereich der Geschichte der in Deutschland lebenden Migrantengruppen dringend geboten.

Interkulturelles Geschichtslernen hat einen problemorientierten Geschichtsunterricht zum Ziel. Ein globalgeschichtlich und interkulturell angelegtes Geschichtslernen beweist sich „im Weglassen und problembezogenen Zuspitzen"[412]. Exemplarisches Lernen und didaktische Reduktion sind umso mehr notwendig, um Themenfelder multiperspektivisch zu betrachten und Geschichtscurricula nicht unnötig zu überfrachten. So gilt es, zu unterrichtende Geschichtsinhalte immer wieder aufs Neue zu „durchforsten". Die historische Signifikanz steht in einer Wechselbeziehung mit den sich verändernden gesellschaftlichen und kulturellen Fragestellungen, Herausforderungen und Orientierungsbedürfnissen. Der interkulturell sensible Geschichtsunterricht enthält daher auch ein Plädoyer für die stete Anpassung von Geschichtsinhalten an die Herausforderungen unserer globalisierten Gegenwart und unserer Einwanderungsgesellschaft. Er stellt einen dynamischen Aushandlungsprozess dar und sollte sich immer wieder aufs Neue erfinden, um sich seiner soziokulturellen Rückkoppelung an die Gegenwart sicher zu sein und den Blick auf die Zukunft richten zu können. Indem sich Schülerinnen und Schüler mit einer Vielzahl an Handlungsoptionen auseinandersetzen, werden neue Verständnishorizonte eröffnet.

Literatur

Das Verzeichnis enthält nicht vollständig die behandelte Literatur.

Alavi, Bettina 1998: Geschichtsunterricht in der multiethnischen Gesellschaft. Eine fachdidaktische Studie zur Modifikation des Geschichtsunterrichts aufgrund migrationsbedingter Veränderungen. Frankfurt/M.

Alavi, Bettina/von Borries, Bodo 2000: Geschichte. In: Reich, Hans H. u.a. (Hg.): Fachdidaktik interkulturell. Ein Handbuch. Opladen, S. 55–91.

Alavi, Bettina 2001: Von der Theorie zur Praxis interkulturellen Lernens. Problembereiche bei der Planung und Durchführung von Unterricht. In: Körber, Andreas (Hg.): Interkulturelles Geschichtslernen. Geschichtsunterricht unter den Bedingungen von Einwanderung und Globalisierung. Konzeptionelle Überlegungen und praktische Ansätze. Münster, S. 97–104.

Alavi, Bettina 2001: Von der Theorie zur Praxis interkulturellen Geschichtslernens. In: GWU 52, H. 5/6, S. 325–331.

Alavi, Bettina 2002: Interkulturelles Geschichtslernen. In: ZfGD, S. 123–137.

Alavi, Bettina 2004: Wozu Männergeschichte? Die Teilkategorie Mann im Prozess des historischen Lernens. In: ZfGD, S. 56–70.

Alavi, Bettina/Henke-Bockschatz, Gerhard (Hg.) 2004: Migration und Fremdverstehen. Geschichtsunterricht und Geschichtskultur in der multiethnischen Gesellschaft. Idstein.

Alavi, Bettina [3]2014: Interkulturelles Lernen. In: Mayer, Ulrich u.a. (Hg.): Wörterbuch Geschichtsdidaktik. Schwalbach/Ts., S. 107 f.

Alavi, Bettina/Lücke, Martin (Hg.) 2016: Geschichtsunterricht ohne Verlierer!? Inklusion als Herausforderung für die Geschichtsdidaktik. Schwalbach/Ts.

Al-Zoby, Mazhar Ahmad 2015: Die USA in der arabischen Welt – Moderne Kreuzzüge? In: Hinz, Felix (Hg.): Kreuzzüge des Mittelalters und der Neuzeit: Realhistorie – Geschichtskultur – Didaktik. Hildesheim, S. 87–117.

Anderson, Benedict [2]2005: Die Erfindung der Nation. Zur Karriere eines folgenreichen Konzepts. Frankfurt/M.

Assheuer, Thomas 2016: Die Konterrevolution. In: ZEIT ONLINE (24.2.2016): www.zeit.de/2016/07/rechtpopulismus-pegida-parteien-europa-erfolg

Auernheimer, Georg [8]2016: Einführung in die Interkulturelle Pädagogik. Darmstadt.

Bachmann-Medick, Doris 2016: Cultural Turns. New Orientations in the Study of Culture. Berlin.

Bade, Klaus J. 2013: Anwerbestopp 1973. Als Deutschland zum Einwanderungsland wurde. In: ZEIT ONLINE (24.11.2013): http://www.zeit.de/gesellschaft/zeitgeschehen/2013-11/einwanderung-anwerbestopp.

Baring, Frank 2011: Empathie und historisches Lernen. Eine Untersuchung zur theoretischen Begründung und Ausformung in Schulgeschichtsbüchern. Frankfurt/M.

Baring, Frank ³2014. Empathie. In: Mayer, Ulrich u.a. (Hg.): Wörterbuch der Geschichtsdidaktik. Schwalbach/Ts., S. 51 f.

Barricelli, Michele 2008: „The story we're going to try and tell". Zur andauernden Relevanz der narrativen Kompetenz für das historische Lernen. In: ZfGD, S. 140–153.

Barricelli, Michele ³2014: Fremdverstehen/Alterität: In: Mayer, Ulrich u.a. (Hg.): Wörterbuch Geschichtsdidaktik. Schwalbach/Ts., S. 71 f.

Barricelli, Michele/Sebening, Lena 2015: Subjektorientierung im historischen Lernen zur Zeitgeschichte. Theoretische Erwägungen und ein Unterrichtsbeispiel. In: Ammerer, Heinrich u.a. (Hg.): Subjektorientierte Geschichtsdidaktik. Schwalbach/Ts., S. 319–339.

Barricelli, Michele ⁵2016: Problemorientierung. In: Mayer, Ulrich u.a. (Hg.): Handbuch Methoden im Geschichtsunterricht. Schwalbach/Ts., S. 78–90.

Barricelli, Michele ²2017: Darstellungskonzepte von Geschichte im Unterricht. In: Ders./Lücke, Martin (Hg.): Handbuch Praxis des Geschichtsunterrichts (Bd. 2). Schwalbach/Ts., S. 202–223.

Barricelli, Michele ²2017: Narrativität. In: Ders./Lücke, Martin (Hg.): Handbuch Praxis des Geschichtsunterrichts (Bd. 1). Schwalbach/Ts., S. 255–280.

Barsch, Sebastian 2014: Narrative der Vielfalt: Sonderpädagogische Potenziale für das historische Lernen. In: Ders./Hasberg, Wolfgang (Hg.): Inklusiv – Exklusiv. Historisches Lernen für alle. Schwalbach/Ts., S. 40–59.

Barth, Boris 2006: Genozid. Völkermord im 20. Jahrhundert. Geschichte, Theorie, Kontroversen. München.

Bauerkämper, Arnd 2006: Die Revolution von 1848/49. Gemeinsames Erleben und Scheitern in Europa? In: http://www.europa.clio-online.de/quel le/id/artikel-3284#_ftn1.

Becker, Axel ²2017: Historische Urteilsbildung. In: Barricelli, Michele/Lücke, Martin (Hg.): Handbuch Praxis des Geschichtsunterrichts (Bd. 1). Schwalbach/Ts., S. 316–325.

Bennewitz, Nadja/Burkhardt, Hannes (Hg.) 2016: Gender in Geschichtsdidaktik und Geschichtsunterricht. Neue Beiträge zu Theorie und Praxis. Berlin.

Bergmann, Klaus ²2008: Multiperspektivität. Geschichte selber denken. Schwalbach/Ts.

Bernhardt, Markus ²2010: Das Spiel im Geschichtsunterricht. Schwalbach/Ts.

Bernhardt, Markus 2016: Nation und Nationalismus. In: Geschichte lernen 169, S. 2–8.

Bitterli, Urs ²1991: Die „Wilden" und die „Zivilisierten". Grundzüge einer Geistes- und Kulturgeschichte der europäisch-überseeischen Begegnung. München.

Bösl, Elsbeth 2010: Disability History: Einleitung. In: Dies. (Hg.): Disability History. Konstruktion von Behinderung in der Geschichte. Eine Einführung. Bielefeld, S. 7–10.

Böttcher, Christina ⁷2017: Die Karte. In: Pandel, Hans-Jürgen/Schneider, Gerhard (Hg.): Handbuch Medien im Geschichtsunterricht. Schwalbach/Ts., S. 184–210.

Boldt, Hans 2008: Deutschland: Ein europäischer „Sonderfall"? In: Gusy, Christoph (Hg.): Demokratie in der Krise: Europa in der Zwischenkriegszeit. Baden-Baden, S. 354–370.

Bond, Lucy/Rapson, Jessica 2014: Introduction. In: Dies. (Hg.): The Transcultural Turn. Interrogating Memory Between and Beyond Borders. Berlin.

von Borries, Bodo 2001: Interkulturalität beim historisch-politischen Lernen – Ja sicher, aber wie? In: GWU 52, H. 5/6, S. 305–324.

von Borries, Bodo 2001: Geschichtsdidaktik am Ende des 20. Jahrhunderts. Eine Bestandsaufnahme zum Spannungsfeld zwischen Geschichtsunterricht und Geschichtspolitik. In: Pandel, Hans-Jürgen/Schneider, Gerhard (Hg.): Wie weiter? Zur Zukunft des Geschichtsunterrichts. Schwalbach/Ts., S. 7–32.

von Borries, Bodo 2010: Globalisierung und Geschichtsunterricht. In: Ventzke, Marcus u. a. (Hg.): Geschichte denken statt pauken auf der Sekundarstufe II. 20 Jahre nach der friedlichen Revolution: Deutsche und europäische Perspektiven im gymnasialen Geschichtsunterricht. Radebeul, S. 15–23.

von Borries, Bodo ²2017: Nicht-nur-kognitive Lernziele. In: Barricelli, Michele/Lücke, Martin (Hg.): Handbuch Praxis des Geschichtsunterrichts (Bd. 1). Schwalbach/Ts., S. 422–438.

Brauch, Nicola 2015: Geschichtsdidaktik. Berlin.

Brauer, Juliane 2013: Empathie und historische Alteritätserfahrung. In: Dies./Lücke, Martin (Hg.): Emotionen, Geschichte und historisches Lernen. Geschichtsdidaktische und geschichtskulturelle Perspektiven. Göttingen 2013, S. 75–92.

Breidenbach, Joana/Zukrigl, Ina 2000: Tanz der Kulturen. Kulturelle Identität in einer globalisierten Welt. Hamburg.

Buchsteiner, Martin u. a. 2017: Unterschätzte Prinzipien im Geschichtsunterricht: Personalisierung/Personifizierung und Alterität/Fremdverstehen. Greifswald.

Bühler, Arnold 2006: Zwischen Europa und Orient. Der Kreuzzug Barbarossas – ein Lernfeld für das Fremdverstehen? In: GWU 57, H. 7/8, S. 412 – 426.

Castro Varela, María do Mar/Dhawan, Nikita 2005: Postkoloniale Theorie. Eine kritische Einführung. Bielefeld.

Celestini, Federico/Mitterbauer, Helga 2003: Ver-rückte Kulturen. Zur Dynamik kultureller Transfers. Tübingen.

Chakrabarty, Dipesh 2010: Europa als Provinz. Perspektiven postkolonialer Geschichtsschreibung. Frankfurt/M.

Conrad, Sebastian 2013: Globalgeschichte. Eine Einführung. München.

Conrad, Sebastian/Randeria, Shalini ²2013: Einleitung. Geteilte Geschichten – Europa in einer postkolonialen Welt. In: Dies./Römhild, Regina (Hg.): Jenseits des Eurozentrismus. Postkoloniale Perspektiven in den Geschichts- und Kulturwissenschaften. Frankfurt/M., S. 32 – 70.

Coşan, Leyla 2011: Darstellungsformen der Türkenfurcht in den Wunderzeichenberichten der illustrierten Flugblätter des 16. und 17. Jahrhunderts. In: Ozil, Seyda u. a. (Hg.): Türkisch-deutscher Kulturkontakt und Kulturtransfer. Kontroversen und Lernprozesse. Göttingen, S. 169 – 186.

Dabag, Mihran 2013: Nationale Vision und Gewaltpolitik. Der Völkermord an den Armeniern im Osmanischen Reich 1915/16. In: Geschichte für heute H. 3, S. 22 – 42.

Daniel, Ute 2001: Kompendium Kulturgeschichte. Theorien, Praxis, Schlüsselwörter. Frankfurt/M.

Darm, Ricarda/Lange, Dirk 2018: Mündigkeitsselbstbildung als Referenzpunkt der Demokratiebildung. In: Kenner, Steve/Lange, Dirk (Hg.): Citizenship Education. Konzepte, Anregungen und Ideen zur Demokratiebildung. Schwalbach/Ts., S. 49 – 59.

Darwin, John 2010: Der imperiale Traum. Die Globalgeschichte großer Reiche 1400 – 2000. Frankfurt/M.

Defrance, Corine 2012: Die Meistererzählung von der deutsch-französischen „Versöhnung": http://www.bpb.de/apuz/152064/die-meistererzaehlung-von-der-versoehnung?p=all#footnode20-20

Dehne, Brigitte 2007: Gender im Geschichtsunterricht. Das Ende des Zyklopen? Schwalbach/Ts.

Dehne, Brigitte 2008: „Mit eigenen Augen sehen" oder „Mit den Augen des anderen sehen"? Eine kritische Auseinandersetzung mit den geschichtsdidaktischen Konzepten der Perspektivenübernahme und des Fremdverstehens. In: Bauer, Jan-Patrick u. a. (Hg.): Geschichtslernen – Innovationen und Reflexionen. Geschichtsdidaktik im Spannungsfeld von theoretischen Zuspitzungen, empirischen Erkundungen, normativen Überlegungen und pragmatischen Wendungen. Kenzingen, S. 121 – 144.

Deutsch-israelische Schulbuchkommission (Hg.) 2015: Deutsch-israelische Schulbuchempfehlungen. Göttingen.

Droste, Heiko 2003: Unternehmer in Sachen Kultur. Die Diplomaten Schwedens im 17. Jahrhundert. In: Fuchs, Thomas/Trakulhun, Sven (Hg.): Das eine Europa und die Vielfalt der Kulturen. Kulturtransfer in Europa 1500–1850. Berlin, S. 205–226.

Dunn, Ross E. 2000: Constructing World History in the Classroom. In: Stearns, Peter N. u.a. (Hg.): Knowing, Teaching, and Learning History. New York, S. 121–140.

Eckert, Andreas (2011): Globalgeschichte und Zeitgeschichte: http://www.bpb. de/apuz/59791/globalgeschichte-und-zeitgeschichte?p=all#footnodeid_4-4.

Eckert, Andreas/Wirz, Albert ²2013: Wir nicht, die Anderen auch. Deutschland und der Kolonialismus. In: Conrad, Sebastian u.a. (Hg.): Jenseits des Eurozentrismus. Postkoloniale Perspektiven in den Geschichts- und Kulturwissenschaften. Frankfurt/M., S. 506–525.

Erel, Umut 2004: Paradigmen kultureller Differenz und Hybridität. In: Alavi, Bettina/Henke-Bockschatz, Gerhard (Hg.): Migration und Fremdverstehen. Geschichtsunterricht und Geschichtskultur in der multiethnischen Gesellschaft. Idstein, S. 56–68.

Erll, Astrid/Gymnich, Marion ³2015: Interkulturelle Kompetenzen. Erfolgreich kommunizieren zwischen den Kulturen. Stuttgart.

Esser, Raingard 2003: Migrationsgeschichte und Kulturtransferforschung. In: Fuchs, Thomas/Trakulhun, Sven (Hg.): Das eine Europa und die Vielfalt der Kulturen. Kulturtransfer in Europa 1500–1850. Berlin, S. 69–82.

Essinger, Helmut 1991: Interkulturelle Erziehung in multiethnischen Gesellschaften. In: Marburger, Helga (Hg.): Schule in der multikulturellen Gesellschaft. Ziele, Aufgaben und Wege interkultureller Erziehung. Frankfurt/M., S. 3–18.

Feyerer, Ewald 2016: Allgemeine Qualitätskriterien für einen inklusiven Geschichtsunterricht. In: Kühberger, Christoph/Schneider, Robert (Hg.): Inklusion im Geschichtsunterricht. Zur Bedeutung geschichtsdidaktischer und sonderpädagogischer Fragen im Kontext inklusiven Unterrichts. Bad Heilbrunn, S. 11–30.

Gauger, Jörg-Dieter 2008: Deutsche und Polen im Unterricht. Eine Untersuchung aktueller Lehrpläne/Richtlinien und Schulbücher für Geschichte. Schwalbach/Ts.

Gehler, Michael/Vietta, Silvio 2010: Europa – Europäisierung – Europäistik: Einführende Überlegungen. In: Dies. (Hg.): Europa – Europäisierung – Europäistik. Neue wissenschaftliche Ansätze, Methoden und Inhalte. Wien, S. 9–36.

Geiger, Wolfgang 2014: Das Mittelalter. In: Liepach, Martin/Sadowski, Dirk (Hg.): Jüdische Geschichte im Schulbuch. Eine Bestandsaufnahme anhand aktueller Lehrwerke. Göttingen, S. 39–66.

Geiss, Peter 2009: Vom Nutzen und Nachteil des bilingualen Geschichtsunterrichts für das historische Lernen. In: ZfGD, S. 25–39.

Gemein, Gisbert 2011: Alles „Heilige Kriege"? Heiliger Krieg im alten Israel, Kreuzzugsgedanke in Mittelalter und Gegenwart, Wandel des Dschihad. In: Geschichte für heute H. 4, S. 8–29.

Georg-Eckert-Institut (Hg.) 2011: Keine Chance auf Zugehörigkeit? Schulbücher europäischer Länder halten Islam und modernes Europa getrennt. Braunschweig.

Georgi, Viola B./Ohliger, Rainer 2009 (Hg.): Crossover Geschichte. Historisches Bewusstsein Jugendlicher in der Einwanderungsgesellschaft. Hamburg.

Gies, Horst 2004: Geschichtsunterricht. Ein Handbuch zur Unterrichtsplanung. Köln.

Glaser, Michaela/Rieker, Peter 2006: Interkulturelles Lernen als Prävention von Fremdenfeindlichkeit. Ansätze und Erfahrungen in Jugendbildung und Jugendarbeit. Halle.

Göpfert, Hans 1985: Ausländerfeindlichkeit durch Unterricht. Konzeptionen und Alternativen für Geschichte, Sozialkunde und Religion. Düsseldorf.

Grammes, Tilman [4]2014: Kontroversität. In: Sander, Wolfgang (Hg.): Handbuch politische Bildung. Schwalbach/Ts., S. 266–274.

Greenblatt, Stephen 1998: Wunderbare Besitztümer. Die Erfindung des Fremden: Reisende und Entdecker. Berlin.

Grewe, Bernd-Stefan 2016: Entgrenzte Räume und die Verortung des Globalen. Probleme und Potentiale für das historische Lernen. In: Sauer, Michael u. a. (Hg.): Geschichte im interdisziplinären Diskurs. Grenzziehungen – Grenzüberschreitungen – Grenzverschiebungen. Göttingen, S. 297–320.

Grießinger, Andreas 2014: Europäische Geschichte für europäische Bürger – Vorbereitende Bemerkungen zu einem Konzept für einen europaorientierten Geschichtsunterricht. In: Frech, Siegfried u. a. (Hg.): Europa in der Schule. Perspektiven eines modernen Europaunterrichts. Schwalbach/Ts., S. 90–104.

Gründer, Horst/Graichen, Gisela [4]2005: Deutsche Kolonien. Traum und Trauma. Berlin.

Gülbeyaz, Halil 2003: Mustafa Kemal Atatürk. Vom Staatsgründer zum Mythos. Berlin.

Günther-Arndt, Hilke u. a. 2009: Geschichtsunterricht zur Orientierung in der Welt – Zu einer Didaktik von Globalgeschichte. In: Geschichte für heute H. 3, S. 25–31.

Guth, Stefan 2015: Geschichte als Politik. Der deutsch-polnische Historiker-dialog im 20. Jahrhundert. Berlin.

Hafner, Urs 2013: Die neue Globalgeschichte. Welt 2.0. In: Neue Zürcher Zeitung (5.6.2013): http://www.nzz.ch/feuilleton/buecher/welt-20-1.1809 2994.

Hallet, Wolfgang 1999: Ein didaktisches Modell für den bilingualen Sachfach-unterricht. The Bilingual Triangle. In: Neusprachliche Mitteilungen aus Wissenschaft und Praxis 52 H. 1, S. 23–27.

Hamann, Christoph/Wenzel, Birgit 2016: Inklusion, historisches Lernen und Curriculum. Ein Werkstattbericht aus der Rahmenlehrplan-Entwicklung in Berlin und Brandenburg. In: Alavi, Bettina/Lücke, Martin (Hg.): Geschichtsunterricht ohne Verlierer!? Inklusion als Herausforderung für die Geschichtsdidaktik. Schwalbach/Ts., S. 103–117.

Hannerz, Ulf 1992: Cultural Complexity. Studies in the Social Organization of Meaning. New York.

Hanrath, Jan 2011: Vielfalt der türkeistämmigen Bevölkerung in Deutschland: http://www.bpb.de/apuz/59735/vielfalt-der-tuerkeistaemmigen-bevoel kerung-in-deutschland?p=all.

Hasberg, Wolfgang 2004: Alternative Zugriffe auf das Tagungsthema. Resul-tate – Desiderate – Impulse. In: Alavi, Bettina/Henke-Bockschatz, Ger-hard (Hg.): Migration und Fremdverstehen. Geschichtsunterricht und Geschichtskultur in der multiethnischen Gesellschaft. Idstein, S. 221–234.

Heins, Volker M. 2013: Der Skandal der Vielfalt. Geschichte und Konzepte des Multikulturalismus. Frankfurt/M.

Heitmeyer, Wilhelm u.a. 2012: Das Projekt Gruppenbezogene Menschen-feindlichkeit in Deutschland. Eine 10-jährige Langzeituntersuchung mit einer jährlichen Bevölkerungsumfrage zur Abwertung und Ausgrenzung von schwachen Gruppen. Bielefeld: https://www.uni-bielefeld.de/ikg/pro jekte/GMF/Gruppenbezogene_Menschenfeindlichkeit_Zusammenfas sung.pdf.

Hensel-Grobe, Meike ²2017: Problemorientierung und problemlösendes Den-ken. In: Barricelli, Michele/Lücke, Martin (Hg.): Handbuch Praxis des Geschichtsunterrichts (Bd. 2). Schwalbach/Ts., S. 50–63.

Herbert Quandt-Stiftung 2011: Grußwort. In: Gemein, Gisbert (Hg.): Kul-turkonflikte – Kulturbegegnungen. Juden, Christen und Muslime in Ge-schichte und Gegenwart. Bonn, S. 15–20.

Hinz, Felix 2015: Einleitung. In: Ders. (Hg.): Kreuzzüge des Mittelalters und der Neuzeit: Realhistorie – Geschichtskultur – Didaktik. Hildesheim, S. 7–19.

Hinz, Felix/Meyer-Hamme, Johannes 2016: Geschichte lernen postkolonial? In: ZfGD, S. 131–148.

Höpel, Thomas 2012: Der deutsch-französische Grenzraum: Grenzraum und Nationenbildung im 19. und 20. Jahrhundert. In: Leibniz-Institut für Europäische Geschichte (Hg.): Europäische Geschichte Online (EGO). Mainz: http://www.ieg-ego.eu/hoepelt-2012-de.

Hoerder, Dirk 2005: Menschen, Kulturkontakte, Migrationssysteme. Das weltweite Wanderungsgeschehen im 19. und 20. Jahrhundert. In: GWU 56, H. 10, S. 532–546.

Huneke, Friedrich 2008: „Was ist dir heilig?" – Transkulturelle Kompetenzen in der Geschichtsdidaktik. Das Beispiel der Pilgerfahrt nach Mekka. In: Wagner-Kyora, Georg u.a. (Hg.): Transkulturelle Geschichtsdidaktik. Kompetenzen und Unterrichtskonzepte. Schwalbach/Ts., S. 13–34.

Huntington, Samuel P. ⁴1997: Der Kampf der Kulturen. Die Neugestaltung der Weltpolitik im 21. Jahrhundert. München.

Jonker, Gerdien 2011: Wer ‚wir' nicht ist. Zur Darstellung des Islam in den deutschen Schulbüchern (von 1700 bis 2010). In: Gemein, Gisbert (Hg.): Kulturkonflikte – Kulturbegegnungen. Juden, Christen und Muslime in Geschichte und Gegenwart. Bonn, S. 136–151.

Jordan, Stefan ²2013: Theorien und Methoden der Geschichtswissenschaft. Orientierung Geschichte. Paderborn.

Juterczenka, Sünne/Burschel, Peter 2016. Begegnen, Aneignen, Vermessen. Europäische Expansion als globale Interaktion. In: Dies. (Hg.): Die europäische Expansion. Stuttgart, S. 7–31.

Kaelble, Hartmut 1999: Der historische Vergleich. Eine Einführung zum 19. und 20. Jahrhundert. Frankfurt/M.

Kaelble, Hartmut 2001: Wege zur Demokratie. Von der Französischen Revolution zur Europäischen Union. Stuttgart.

Kaelble, Hartmut 2006: Europäische Geschichte aus westeuropäischer Sicht? In: Budde, Gunilla u.a. (Hg.): Transnationale Geschichte. Themen, Tendenzen und Theorien. Göttingen, S. 105–116.

Kalb, Jürgen 2016: Die Flüchtlingsfrage und der Wandel der politischen Kultur in Deutschland. In: D&E 72 – (Flüchtlinge, Asyldebatte, Fremdenfeindlichkeit), S. 3–7.

Kaschuba, Wolfgang 1995: Kulturalismus: Kultur statt Gesellschaft? In: Geschichte und Gesellschaft H.1, S. 80–95.

Kayser, Jörg/Hagemann, Ulrich 2005: Urteilsbildung im Geschichts- und Politikunterricht. Bonn.

Kocka, Jürgen 1972: Wozu noch Geschichte? Die sozialen Funktionen der historischen Wissenschaften: http://www.zeit.de/1972/09/wozu-noch-geschichte.

Kockel, Ullrich 2016: Europa in der Fremde/an der Grenze suchen: Öko-Eth-nologische Reflexionen über geschichtliche Verortungen. In: Sauer, Michael u. a. (Hg.): Geschichte im interdisziplinären Diskurs. Grenzziehungen – Grenzüberschreitungen – Grenzverschiebungen. Göttingen, S. 261–275.

König, Hans-Joachim 2001: Die Alte und die Neue Welt. (Latein-)Amerika als Feld europäischer Alteritätserfahrungen. In: Schreiber, Waltraud (Hg.): Kontakte – Konflikte – Kooperation. Der Umgang mit dem Fremden in der Geschichte. Neuried, S. 153–203.

Körber, Andreas 2001: Geschichte und interkulturelles Lernen. Begriffe und Zugänge. In: GWU 52, H. 5/6, S. 292–304.

Körber, Andreas 2001: Interkulturelles Lernen im Geschichtsunterricht – eine Einleitung. In: Ders. (Hg.): Interkulturelles Geschichtslernen. Geschichtsunterricht unter den Bedingungen von Einwanderung und Globalisierung. Konzeptionelle Überlegungen und praktische Ansätze. Münster, S. 5–25.

Körber, Andreas u. a. (Hg.) 2007: Kompetenzen historischen Denkens. Ein Strukturmodell als Beitrag zur Kompetenzorientierung in der Geschichtsdidaktik. Darmstadt.

Körber, Andreas/Meyer-Hamme, Johannes 2008: Interkulturelle historische Kompetenz? Zum Verhältnis von Interkulturalität und Kompetenzorientierung beim Geschichtslernen. In: Bauer, Jan-Patrick u. a. (Hg.): Geschichtslernen – Innovationen und Reflexionen. Geschichtsdidaktik im Spannungsfeld von theoretischen Zuspitzungen, empirischen Erkundungen, normativen Überlegungen und pragmatischen Wendungen. Kenzingen, S. 307–334.

Körber, Andreas 2010: Theoretische Dimensionen des interkulturellen Geschichtslernens. In: Ventzke, Marcus u. a. (Hg.): Geschichte denken statt pauken auf der Sekundarstufe II. 20 Jahre nach der friedlichen Revolution: Deutsche und europäische Perspektiven im gymnasialen Geschichtsunterricht. Radebeul, S. 25–48.

Kößler, Reinhart 2015: Namibia and Germany. Negotiating the Past. Münster.

Komlosy, Andrea 2011: Globalgeschichte. Methoden und Theorien. Köln.

Konrad, Felix 2010: Von der ‚Türkengefahr' zu Exotismus und Orientalismus: Der Islam als Antithese Europas (1453–1914)? In: Institut für Europäische Geschichte (IEG) (Hg.): Europäische Geschichte Online (EGO). Mainz: http://www.ieg-ego.eu/konradf-2010-de.

Kotte, Eugen 2008: Cultural turns und Geschichtsdidaktik. Impulse der Neuen Kulturgeschichte zur Erschließung geschichtsdidaktischer Forschungs- und Arbeitsfelder. In: Ders./Joachimsthaler, Jürgen (Hg.): Kulturwissenschaft(en) in der Diskussion. München, S. 18–51.

Krammer, Reinhard 2005: Paradigmenwechsel? Geschichte, Politische Bildung und eine neue Herausforderung: Globalgeschichte. In: Globales Lernen – Politische Bildung. Beiträge zu einer nachhaltigen Entwicklung. Innsbruck, S. 42–54.

Krammer, Reinhard 2007: Theorie für die Praxis? Die Konsequenzen des Konzeptes „Förderung und Entwicklung Reflektierten Geschichtsbewusstseins" für die Praxis des Geschichtsunterrichts. In: Körber, Andreas u.a. (Hg.): Kompetenzen historischen Denkens. Ein Strukturmodell als Beitrag zur Kompetenzorientierung in der Geschichtsdidaktik. Neuried, S. 834–859.

Kreiser, Klaus 2016: Der Staat der Osmanen. Eine erste Annäherung. In: Praxis Geschichte H. 4, S. 4–9.

Kühberger, Christoph/Windischbauer, Elfriede 2008: Kommentar zum Lehrplan der allgemein bildenden höheren Schule (Unterstufe) und Hauptschule in Österreich, Geschichte und Sozialkunde/Politische Bildung. Wien.

Kühberger, Christoph 2010: Europäische Geschichte nach dem spatial turn. Geschichtsdidaktische Erkundungen zu transkulturellen Momenten. In: Gehler, Michael/Vietta, Silvio (Hg.): Europa – Europäisierung – Europäistik. Neue wissenschaftliche Ansätze, Methoden und Inhalte. Wien, S. 353–380.

Kühberger, Christoph 2012: Globalgeschichte als Vernetzungsgeschichte. Geschichtsunterricht im Mehr-Ebenen-System. Hildesheim.

Kühberger, Christoph 2015: Subjektorientierte Geschichtsdidaktik. Eine Annäherung zwischen Theorie, Empirie und Pragmatik. In: Ammerer, Heinrich u.a. (Hg.): Subjektorientierte Geschichtsdidaktik. Schwalbach/Ts., S. 13–47.

Kühberger, Christoph 2016: Fachdidaktische Diagnose als notwendige Voraussetzung im Umgang mit Heterogenität. Subjektorientierte Zugänge für das historische Lernen. In: Kronberger, Silvia u.a. (Hg.): Diversitätskategorien in der Lehramtsausbildung. Ein Handbuch. Innsbruck, S. 299–314.

Kuhn, Bärbel 2009: Geschichte bilingual. Einführung in den Themenschwerpunkt. In: ZfGD, S. 6–11.

Kuhn, Bärbel 2010 u.a. (Hg.): Weltgeschichtliche Perspektiven im Geschichtsunterricht. St. Ingbert.

Kultusministerkonferenz 2015: Darstellung von kultureller Vielfalt, Integration und Migration in Bildungsmedien – Gemeinsame Erklärung der Kultusministerkonferenz, der Organisationen von Menschen mit Migrationshintergrund und der Bildungsmedienverlage, 8. Oktober.

Lamsfuß-Schenk, Stefanie 2010: Inhalt und Sprache – vom Einfluss des Fremdsprachengebrauchs auf das Lernen im Sachfach. In: Doff, Sabine

(Hg.): Bilingualer Sachfachunterricht in der Sekundarstufe. Eine Einführung. Tübingen, S. 213–227.

Lange, Julia/Henderson, Marius 2017: Introduction. In: Dies. (Hg.): Entangled Memories. Remembering the Holocaust in a Global Age. Heidelberg, S. 3–16.

Lehner, Martin 2012: Didaktische Reduktion. Bern.

Lenhard, Philipp u.a. 2015: Von der Sondergeschichte zur integrierten Geschichte. Jüdische Geschichte im Schulunterricht. In: Münchner Beiträge zur jüdischen Geschichte und Kultur H. 1, S. 11–26.

Liepach, Martin/Geiger, Wolfgang 2014: Fragen an die jüdische Geschichte. Darstellungen und didaktische Herausforderungen. Schwalbach/Ts.

Loewenstein, Bedrich 1995: Wir und die Anderen. In: Demandt, Alexander (Hg.): Mit Fremden leben. Eine Kulturgeschichte von der Antike bis zur Gegenwart. München, S. 9–23.

Ludwig, Bastian 2015: Kolonialismus und Imperialismus. Die Deutschen und die Herero. Schwalbach/Ts.

Lücke, Martin (Hg.) 2013: Helden in der Krise. Didaktische Perspektiven auf die Geschichte der Männlichkeiten. Münster.

Lücke, Martin 2014: His-story, her-story, viele Männer und eine halbe Frau. Männlichkeitengeschichte, Geschichtsdidaktik und Geschichtsunterricht. In: GWU 65, H. 1/2, S. 70–82.

Lücke, Martin 2015: Unnatürliche Sünden – lasterhafte Lustknaben. Didaktische Aspekte einer Geschichte von Männlichkeiten und Sexualitäten am Beispiel von Homosexualität und männlicher Prostitution. In: Huch, Sarah/ders. (Hg.): Sexuelle Vielfalt im Handlungsfeld Schule. Konzepte aus Erziehungswissenschaft und Fachdidaktik. Bielefeld, S. 113–150.

Lücke, Martin 2015: Queeres Erinnern, sexuelle Vielfalt und historisches Lernen. Gedanken zum geschichtsdidaktischen Potenzial von queerhistory.de und des „Archivs der anderen Erinnerungen". In: Mildenberger, Florian (Hg.): Die andere Fakultät. Theorie, Geschichte, Gesellschaft. Hamburg, S. 322–334.

Lücke, Martin 2016: Diversität und Intersektionalität als Konzepte der Geschichtsdidaktik. In: Hasberg, Wolfgang/Thünemann, Holger (Hg.): Geschichtsdidaktik in der Diskussion. Grundlagen und Perspektiven. Frankfurt/M., S. 69–86.

Lücke, Martin ²2017: Diversität und Intersektionalität als Konzepte der Geschichtsdidaktik. In: Ders./Barricelli, Michele (Hg.): Handbuch Praxis des Geschichtsunterrichts (Bd. 1). Schwalbach/Ts., S. 136–146.

Lundt, Bea 2008: Die Anfänge der Geschlechtergeschichte in der Didaktik. In: Bauer, Jan-Patrick u.a. (Hg.): Geschichtslernen – Innovationen und

Reflexionen. Geschichtsdidaktik im Spannungsfeld von theoretischen Zuspitzungen, empirischen Erkundungen, normativen Überlegungen und pragmatischen Wendungen. Kenzingen, S. 439–462.

Lundtofte, Henrik 2003: „I believe that the nation as such must be annihilated …" – The Radicalization of the German Suppression of the Herero Rising in 1904. In: Jensen, Steven L.B.: (Hg.): Genocide. Cases, Comparisons and Contemporary Debates. Kopenhagen, S. 15–53.

Maissen, Thomas 2010: Global History – Neue methodische Herausforderungen an die Geschichtswissenschaft. In: Widmaier, Benedikt/Steffens, Gerd (Hg.): Weltbürgertum und Kosmopolitisierung. Interdisziplinäre Perspektiven für die Politische Bildung. Schwalbach/Ts., S. 50–66.

Maletzke, Gerhard 1996: Interkulturelle Kommunikation. Zur Interaktion zwischen Menschen verschiedener Kulturen. Opladen.

Mall, Ram A. 2017: Kulturelle Selbstvergewisserung und die Identitätsproblematik. Zur Konzeption einer im-werden-begriffenen multiplen Identität. In: Völkel, Bärbel/Pacyna, Tony (Hg.): Neorassismus in der Einwanderungsgesellschaft. Eine Herausforderung für die Bildung. Bielefeld, S. 127–144.

Marks, Robert B. 2006: Die Ursprünge der modernen Welt. Eine globale Weltgeschichte. Darmstadt.

Marx, Christoph 2004: Geschichte Afrikas. Von 1800 bis zur Gegenwart. Paderborn.

Maset, Michael 2015: Bilingualer Geschichtsunterricht. Didaktik und Praxis. Stuttgart.

McNeill, William H. 1963: The Rise of the West. A History of the Human Community. Chicago.

Mebus, Edgar/Schildt, Axel 2001: „Identitätsbildung" und „Identitätswandel": Seit wann gibt es Deutschland als Staatsnation? Was waren die „Deutschen" eigentlich, bevor sie „Deutsche" wurden? In: Körber, Andreas (Hg.): Interkulturelles Geschichtslernen. Geschichtsunterricht unter den Bedingungen von Einwanderung und Globalisierung. Konzeptionelle Überlegungen und praktische Ansätze. Münster, S. 205–216.

Metzler, Gabriele (Hg.) 2012: Über Grenzen. 48. Deutscher Historikertag in Berlin 2010. Göttingen.

Meyer-Hamme, Johannes 2013: „I never liked history at school." Identitäten und Emotionen beim historischen Lernen. In: Brauer, Juliane/Lücke, Martin (Hg.): Emotionen, Geschichte und historisches Lernen. Geschichtsdidaktische und geschichtskulturelle Perspektiven. Göttingen, S. 125–137.

Middell, Matthias 2010: Die Verwandlung der Weltgeschichtsschreibung. Eine Geschichte vom Beginn des 21. Jahrhunderts. In: Comparativ H. 6, S. 7–19.

Mütter, Bernd 2011: HisTourismus als pragmatische Raumkonzipierung. Kategorien und Ziele historischen Lernens auf Reisen. In: ZfGD, S. 10–21.

Nolte, Hans-Heinrich 2008: 1., 2., 3. Reich? – Zum Begriff Imperium. In: Ders. (Hg.): Imperien. Eine vergleichende Studie. Schwalbach/Ts., S. 15–18.

Oltmer, Jochen ²2016: Globale Migration. Geschichte und Gegenwart. München.

Osterhammel, Jürgen ²2003: Geschichtswissenschaft jenseits des Nationalstaats. Studien zu Beziehungsgeschichte und Zivilisationsvergleich. Göttingen.

Osterhammel, Jürgen 2005: „Weltgeschichte": Ein Propädeutikum. In: GWU 56, H. 9, S. 452–479.

Osterhammel, Jürgen 2006: Imperien. In: Budde, Gunilla u.a. (Hg.): Transnationale Geschichte. Themen, Tendenzen und Theorien. Göttingen, S. 56–67.

Osterhammel, Jürgen 2008: Alte und neue Zugänge zur Weltgeschichte. In: Ders. (Hg.): Weltgeschichte. Stuttgart, S. 9–32.

Osterhammel, Jürgen 2009: Weltgeschichte: Von der Universität in den Unterricht. In: Geschichte für heute H. 2, S. 5–13.

Osterhammel, Jürgen/Petersson, Niels P. ⁵2012: Geschichte der Globalisierung. Dimensionen, Prozesse, Epochen. München.

Osterhammel, Jürgen 2016: Kulturelle Grenzen in der Expansion Europas. In: Burschel, Peter/Juterczenka, Sünne (Hg.): Die europäische Expansion. Stuttgart, S. 35–68.

Osterhammel, Jürgen ²2016: Die Verwandlung der Welt. Eine Geschichte des 19. Jahrhunderts. München.

Oswalt, Vadim 2014: Die Macht der Visualisierung historischer Räume – Die Karte als Medium der Geschichtskultur in Europa. In: Handro, Saskia/Schönemann, Bernd (Hg.): Raum und Sinn. Die räumliche Dimension der Geschichtskultur. Münster, S. 195–210.

Oswalt, Vadim 2015: Weltkarten – Weltbilder. Zehn Schlüsseldokumente der Globalgeschichte. Stuttgart.

Otto, Albert 1993: „The Night of the Broken Glass". Das komparatistische Prinzip aus Lernpsychologischer Sicht. In: Neusprachliche Mitteilungen aus Wissenschaft und Praxis 46, H. 1, S. 34–39.

Pandel, Hans-Jürgen 2010: Historisches Erzählen. Narrativität im Geschichtsunterricht. Schwalbach/Ts.

Pandel, Hans-Jürgen ⁴2012: Quelleninterpretation. Die schriftliche Quelle im Geschichtsunterricht. Schwalbach/Ts.

Pandel, Hans-Jürgen ³2014: Problemorientierung. In: Mayer, Ulrich u.a. (Hg.): Wörterbuch der Geschichtsdidaktik. Schwalbach/Ts., S. 159f.

Pandel, Hans-Jürgen ²2017: Geschichtsdidaktik. Eine Theorie für die Praxis. Schwalbach/Ts.

Pandel, Hans-Jürgen 2017: Geschichtstheorie. Eine Historik für Schülerinnen und Schüler – aber auch für ihre Lehrer. Schwalbach/Ts.

Patel, Kiran Klaus 2008: Überlegungen zu einer transnationalen Geschichte. In: Osterhammel, Jürgen (Hg.): Weltgeschichte. Stuttgart, S. 67–89.

Pernau, Margrit 2004: Global history – Wegbereiter für einen neuen Kolonialismus? In: Connections. A Journal for Historians and Area Specialists: http://www.connections.clio-online.net/article/id/artikel-572>.

Pernau, Margrit 2012: Transnationale Geschichte. Göttingen.

Piereth, Wolfgang 2013: Die Revolution 1848/49. Ein epochales europäisches Ereignis. In: Praxis Geschichte H. 2, S. 4–9.

Pilzecker, Burghard 1997: Quellenarbeit im bilingualen Geschichtsunterricht. Beispiel: History auf Englisch. In: Praxis des neusprachlichen Unterrichts H. 4, S. 369–375.

Popp, Susanne 2001: Der schwierige Umgang mit der Kategorie „gender". Geschichtsdidaktische Reflexionen zu einer „universalen" Kategorie des Geschichtsunterrichts. In: Pellens, Karl u. a. (Hg.): Historical Consciousness and History Teaching in a Globalizing Society. Frankfurt/M., S. 293–324.

Popp, Susanne 2002: Ein „global orientiertes Geschichtsbewusstsein" als zukünftige Herausforderung der Geschichtsdidaktik? In: Onlinejournal für Sozialwissenschaften und ihre Didaktik H. 1, S. 1–13.

Popp, Susanne 2003: Weltgeschichte im Geschichtsunterricht? Geschichtsdidaktische Überlegungen zum historischen Lernen im Zeitalter der Globalisierung. In: Dies./Forster, Johanna (Hg.): Curriculum Weltgeschichte. Interdisziplinäre Zugänge zu einem global orientierten Geschichtsunterricht. Schwalbach/Ts., S. 68–101.

Popp, Susanne 2005: Antworten auf neue Herausforderungen. Welt- und globalgeschichtliche Perspektivierung des historischen Lernens. In: GWU 56, H. 9, S. 491–507.

Prantl, Heribert: Flüchtlings-Debatte 2015. Das Jahrhundert-Problem. In: Süddeutsche Zeitung (17.8.2015): http://www.sueddeutsche.de/politik/fluechtlinge-jahrhundert-problem-1.2609060.

Preuß, Steffen u. a. 2017: Einleitung. In: Dies. (Hg.): Neorassismus in der Einwanderungsgesellschaft. Eine Herausforderung für die Bildung. Bielefeld, S. 7–33.

Rapport, Mike 2011: 1848. Revolution in Europa. Stuttgart.

von Reeken, Dietmar ⁶2014: Interkulturelles Lernen im Geschichtsunterricht. In: Günther-Arndt, Hilke/Zülsdorf-Kersting, Meik (Hg.): Geschichts-

Didaktik. Praxishandbuch für die Sekundarstufe I und II. Berlin, S. 238–246.

von Reeken, Dietmar/Thießen, Malte 2017: Islamische Welten. Gesellschaftliche Herausforderungen, historische Erkenntnisse und didaktische Perspektiven. In: Geschichte lernen 177, S. 2–11.

Reich, Hans H. u.a. (Hg.) 2000: Fachdidaktik interkulturell. Ein Handbuch. Opladen.

Reiss, Wolfram 2011: Das Bild des Anderen. Die Darstellung Europas und seiner Geschichte in arabischen Geschichtsbüchern. In: Geschichte für heute H. 4, S. 5–16.

Reissen, Markus 2016: Wie machen Sie Ihre Schule fit für interkulturelle Vielfalt? Praxisorientierte Grundlagen für die interkulturelle Öffnung Ihrer Schule. Kronach.

Riekenberg, Michael [5]2016: Der Vergleich. In: Mayer, Ulrich u.a. (Hg.): Handbuch Methoden im Geschichtsunterricht. Schwalbach/Ts., S. 269–285.

Ritz-Müller, Ute 1998: Afrikanisches Geschichtsdenken. Zur rituellen Nachstellung höfischer Geschichte. In: Rüsen, Jörn u.a. (Hg.): Die Vielfalt der Kulturen. Erinnerung, Geschichte, Identität. Frankfurt/M., S. 217–246.

Röder, Dennis 2015: „Wie bei den Hottentotten!" Kritische Auseinandersetzung mit kolonialer und rassistischer Sprache. In: Geschichte lernen 168, S. 28–33.

Rüsen, Jörn 1998: Einleitung: Für eine interkulturelle Kommunikation in der Geschichte. Die Herausforderungen des Ethnozentrismus in der Moderne und die Antwort der Kulturwissenschaften. In: Ders. u.a. (Hg.): Die Vielfalt der Kulturen. Erinnerung, Geschichte, Identität. Frankfurt/M., S. 12–36.

Said, Edward 1994: Kultur und Imperialismus. Einbildungskraft und Politik im Zeitalter der Macht. Frankfurt/M.

Sander, Wolfgang 1993: Vom Fach zum Bildungsbereich. Ein Plädoyer für Grenzüberschreitungen in der politischen Bildung. In: Ders. (Hg.): Konzepte der Politikdidaktik. Aktueller Stand, neue Ansätze und Perspektiven. Hannover, S. 169–186.

Sant, Edda u.a. 2013: How Can We Contribute to Intercultural Education through Teaching History. In: International Journal of Research on History Didactics, History Education, And History Culture. Yearbook of the International Society for History Didactics H. 34, S. 127–146.

Sauer, Michael 2000: Bilder im Geschichtsunterricht. Typen – Interpretationsmethoden – Unterrichtsverfahren. Seelze.

Sauer, Michael 2010: Deutscher Kolonialismus. In: Geschichte lernen 134, S. 2–11.

Sauer, Michael 2013: Selbstzeugnisse als historische Quellen. In: Geschichte lernen 156, S. 2–11.

Sauer, Michael [15]2015. Geschichte unterrichten. Eine Einführung in die Didaktik und Methodik. Seelze.

Schissler, Hanna 2009: Globalisation and Images of the Other. Challenges and New Perspectives for History Teaching in Europe? In: Eckert. Beiträge 1.

Schneider, Gerhard 2009: Transfer. Ein Versuch über das Behalten und Anwenden von Geschichtswissen. Schwalbach/Ts.

Schneider, Gerhard [7]2017: Das Plakat. In: Pandel, Hans-Jürgen/ders. (Hg.): Handbuch Medien im Geschichtsunterricht. Schwalbach/Ts., S. 291–348.

Schörken, Rolf 1980: Geschichtsunterricht in einer kleiner werdenden Welt. Prolegomena zu einer Didaktik des Fremdverstehens. In: Süssmuth, Hans (Hg.): Geschichtsdidaktische Positionen. Bestandsaufnahme und Neuorientierung. Paderborn, S. 315–335.

Schreiber, Waltraud 2001: Beschäftigung mit dem Fremden in der Geschichte – Orientierung in der multikulturellen Gesellschaft von heute? In: Dies. (Hg.): Kontakte – Konflikte – Kooperationen. Der Umgang mit Fremden in der Geschichte. Neuried, S. 317–357.

Schreiber, Waltraud 2004: Die Entwicklung historischer Sinnbildungskompetenzen als Ziel des historischen Lernens mit Grundschülern. In: Dies. (Hg.): Erste Begegnungen mit Geschichte. Grundlagen historischen Lernens. Neuried, S. 15–79.

Schreiber, Waltraud 2005: Durch Vergleiche lernen – vergleichen lernen. In: Dies. (Hg.): Der Vergleich – Eine Methode zur Förderung historischer Kompetenzen. Ausgewählte Beispiele. Neuried, S. 31–59.

Schreiber, Waltraud 2016: Historische Kompetenzen in Theorie, Empirie und Pragmatik. In: Hasberg, Wolfgang/Thünemann, Holger (Hg.): Geschichtsdidaktik in der Diskussion. Grundlagen und Perspektiven. Frankfurt/M., S. 113–151.

Schulz, Raimund 2007: Welt- und Globalgeschichte. Chancen und Chimären eines „neuen" didaktischen Konzeptes. In: Geschichte, Politik und ihre Didaktik 35, H. 3/4, S. 196–205.

Schulz, Raimund 2011: Neue Blicke über alte Grenzen – „Weltgeschichte" als didaktisches Konzept auch für die Vermittlung der Älteren Epochen? In: Zeitschrift für Weltgeschichte H. 1, S. 125–138.

Sefrin, Alexandra 2009: Der bilinguale Unterricht: Herausforderung und Chance für den Geschichtsunterricht – Erfahrungen und Überlegungen aus der Praxis. In: ZfGD, S. 73–86.

Sellin, Gisela 2004: Exil in der Türkei. Deutschsprachige Akademiker zwischen 1933 und 1946. In: Geschichte lernen 98, S. 47–52.

Sen, Amartya 2007. Die Identitätsfalle. Warum es keinen Krieg der Kulturen gibt. München.

Siegrist, Hannes 2003: Perspektiven der vergleichenden Geschichtswissenschaft. Gesellschaft, Kultur, Raum. In: Kaelble, Hartmut/Schriewer, Jürgen (Hg.): Vergleich und Transfer. Komparatistik in den Sozial-, Geschichts- und Kulturwissenschaften. Frankfurt/M., S. 305–339.

Sinemus, Volker 2011: Feldpostbriefe deutscher Soldaten. 1941–1943. Feindbilder, Gewaltbereitschaft und Vernichtungswillen. In: Geschichte lernen 141, S. 40–45.

Singer, Alan J. 2011: Teaching Global History. A Social Studies Approach. New York.

Speitkamp, Winfried 2007: Kleine Geschichte Afrikas. Stuttgart.

Steer, Martina 2006: Einleitung: Jüdische Geschichte und Kulturtransfer. In: Schmale, Wolfgang/dies. (Hg.): Kulturtransfer in der jüdischen Geschichte. Frankfurt/M., S. 10–22.

Sternfeld, Nora 2013: Kontaktzonen der Geschichtsvermittlung. Transnationales Lernen über den Holocaust in der postnazistischen Migrationsgesellschaft. Wien.

Straub, Jürgen 2009: Interkulturelle Kompetenz – eine humanistische Perspektive? In: Rüsen, Jörn/Laass, Henner (Hg.): Interkultureller Humanismus. Menschlichkeit in der Vielfalt der Kulturen. Schwalbach/Ts., S. 300–332.

Struck, Bernhard 2012: Grenzregionen. In: Leibniz-Institut für Europäische Geschichte (Hg.): Europäische Geschichte Online (EGO). Mainz: http://www.ieg-ego.eu/struckb-2012-de.

Stupperich, Martin 2013: Deutschlands Mitverantwortung am Völkermord an den Armeniern. Das Ende des Schweigens in Öffentlichkeit und Schule. In: Geschichte für heute H. 3, S. 44–57.

Stupperich, Martin 2016: Der Völkermord an den Armeniern im Schulunterricht: http://www.bpb.de/geschichte/zeitgeschichte/genozid-an-den-armeniern/218116/der-voelkermord-im-unterricht.

Thomas, Alexander [2]2003: Psychologie interkulturellen Lernens und Handelns. In: Ders. (Hg.): Kulturvergleichende Psychologie. Göttingen, S. 433–486.

Tibi, Bassam 2017: Encountering the stranger. In: SCHÜLER. Wissen für Schüler, S. 52–53.

Ullrich, Marc/Lücke, Martin 2014: Transkultureller Geschichtsunterricht. Neues Leitbild für die Konzeption historischer Lehr- und Lernprozesse? In: Psychosozial 136 H. 2, S. 11–22.

Ullrich, Marc 2015: Transkulturelle Mehrebenenanalyse – Implikationen für Theorie und Praxis des Geschichtsunterrichts in der pluriformen Gesellschaft. In: Henke-Bockschatz, Gerhard (Hg.): Neue geschichtsdidaktische Forschungen. Aktuelle Projekte. Göttingen, S. 29–50.

Völkel, Bärbel 2011: Immer mehr desselben? Einladung zu einer kritischen Auseinandersetzung mit dem chronologischen Geschichtsunterricht. In: GWU 62, H. 5/6, S. 353–362.

Völkel, Bärbel ³2012: Handlungsorientierung im Geschichtsunterricht. Schwalbach/Ts.

Völkel, Bärbel 2014: Themengewinnung im Geschichtsunterricht – Eigentlich doch ganz einfach, oder? In: Lange, Harald/Sinning, Silke (Hg.): Kultur und Gesellschaft. Fachdidaktik und Themenkonstitution in den geistes- und sozialwissenschaftlichen Fächern und Lernbereichen. Baltmannsweiler, S. 13–33.

Völkel, Bärbel 2016: Inhalte oder Kategorien? Erste Annäherungen an eine inklusive Geschichtsdidaktik. In: Alavi, Bettina/Lücke, Martin (Hg.): Geschichtsunterricht ohne Verlierer!? Inklusion als Herausforderung für die Geschichtsdidaktik. Schwalbach/Ts., S. 34–57.

Völkel, Bärbel 2017: Schattenseiten des Nationalstaates. Menschen ‚mit‘ (und ‚ohne‘) Geschichte in Einwanderungsgesellschaften. In: Dies./Pacyna, Tony (Hg.): Neorassismus in der Einwanderungsgesellschaft. Eine Herausforderung für die Bildung. Bielefeld, S. 89–126.

Völkel, Bärbel ²2017: Handlungsorientierung im Geschichtsunterricht. In: Barricelli, Michele/Lücke, Martin (Hg.): Handbuch Praxis des Geschichtsunterrichts (Bd. 2). Schwalbach/Ts., S. 37–49.

Völkel, Bärbel 2017: Inklusive Geschichtsdidaktik. Vom inneren Zeitbewusstsein zur dialogischen Geschichte. Schwalbach/Ts.

Wagner-Kyora, Georg 2008: Vom Terror gegen Grenzen zum Terror ohne Grenzen. Eine Unterrichtsreihe über transnationale Zeitgeschichte für die Oberstufe. In: Ders.u.a. (Hg.): Transkulturelle Geschichtsdidaktik. Kompetenzen und Unterrichtskonzepte. Schwalbach/Ts., S. 107–125.

Waldschmidt, Anne 2013: Eine andere Geschichte schreiben? Überlegungen zur Historiografie von ‚Behinderung‘ im Anschluss an die Disability Studies. In: Musenberg, Oliver (Hg.): Kultur – Geschichte – Behinderung. Die kulturwissenschaftliche Historisierung von Behinderung. Oberhausen, S. 101–120.

Wehler, Hans-Ulrich ⁴2011: Nationalismus. Geschichte, Formen, Folgen. München.

Welsch, Wolfgang 2010: Was ist eigentlich Transkulturalität? In: Darowska, Lucyna u.a. (Hg.): Hochschule als transkultureller Raum. Kultur, Bildung und Differenz in der Universität. Bielefeld, S. 39–66.

Welsch, Wolfgang 2017: Transkulturalität. Realität – Geschichte – Aufgabe. Wien.

Wenzel, Birgit ⁵2014. Kreative und innovative Methoden. Geschichtsunterricht einmal anders. Schwalbach/Ts.

Wenzel, Birgit ⁵2016: Gesprächsformen. In: Mayer, Ulrich u.a. (Hg.): Handbuch Methoden im Geschichtsunterricht. Schwalbach/Ts., S. 289–307.

Werner, Michael/Zimmermann, Bénédicte 2002: Vergleich, Transfer, Verflechtung. Der Ansatz der histoire croisée und die Herausforderung des Transnationalen. In: Geschichte und Gesellschaft H. 4, S. 607–636.

Wernstedt, Rolf 2016: Gedanken eines Politikers zur politischen, organisatorischen und geistigen Bewältigung der Flüchtlingsfrage. In: Quentmeier, Manfred u.a. (Hg.): Vertrieben, geflohen – angekommen? Das Thema Flucht und Vertreibung im Geschichts- und Politikunterricht. Schwalbach/Ts., S. 10–25.

White, Hayden 1991: Auch Klio dichtet oder die Fiktion des Faktischen. Studien zur Tropologie des historischen Diskurses. Stuttgart.

Wilczek, Jens 2008: „Ich habe den Deutschen Kaiser noch nie in seinem Leben und er hat mich noch nie gesehen". Afrikanisch-deutsche Begegnungen in kolonialer Zeit. In: Wagner-Kyora, Georg u.a. (Hg.): Transkulturelle Geschichtsdidaktik. Kompetenzen und Unterrichtskonzepte. Schwalbach/Ts., S. 79–90.

Wildhage, Manfred 2002: Von Verstehen und Verständigung. Möglichkeiten und Grenzen des bilingualen Geschichtsunterrichts. In: Praxis Geschichte H. 1, S. 4–11.

Wimmer, Franz Martin 2004: Interkulturelle Philosophie. Eine Einführung. Wien.

Wolf, Roland 2014: Europa im Geschichtsunterricht – Möglichkeiten zur Förderung eines europäischen Geschichtsbewusstseins. In: Frech, Siegfried u.a. (Hg.): Europa in der Schule. Perspektiven eines modernen Europaunterrichts. Schwalbach/Ts., S. 67–76.

Wolter, Heike 2016: Wie kann der Umgang mit Behinderung in der Geschichte im Geschichtsunterricht Berücksichtigung finden? Zu einer Didaktik der Disability. In: Alavi, Bettina/Lücke, Martin (Hg.): Geschichtsunterricht ohne Verlierer!? Inklusion als Herausforderung für die Geschichtsdidaktik. Schwalbach/Ts., S. 118–131.

Wulf, Christoph 2011: Bildung – eine interkulturelle Aufgabe in Europa. In: Sting, Stephan/Wakounig, Vladimir (Hg.): Bildung zwischen Standardisierung, Ausgrenzung und Anerkennung von Diversität. Wien.

Zeller, Joachim 2008: Bilderschule der Herrenmenschen. Koloniale Reklamesammelbilder. Berlin.

Zeller, Joachim 2010: Weiße Blicke – Schwarze Körper. Afrikaner im Spiegel westlicher Alltagskultur. Bilder aus der Sammlung Peter Weiss. Erfurt.

Zimmerer, Jürgen 2016: Interview. Koloniale Vergangenheit. „Konzept des rassistischen Terrors". In: DER SPIEGEL Geschichte H. 1, S. 56–59.

Anmerkungen

1   Himmelrath, Armin 2016: Lehrer und die Einwanderungsgesellschaft. Überfordert und alleingelassen. In: SPIEGEL ONLINE (6.9.2016): http://www.spiegel.de/lebenundlernen/schule/lehrer-sind-auf-kinder-mit -auslaendischen-wurzeln-miserabel-vorbereitet-a-1110988.html.

2   Interkulturelle Bildung. „In der Schule spiegelt sich die Vielfalt der Gesellschaft wider". (26.4.2013): https://bildungsklick.de/schule/meldung/ in-der-schule-spiegelt-sich-die-vielfalt-der-gesellschaft-wider/.

3   Herbert Quandt-Stiftung 2011: Grußwort. In: Gemein, Gisbert (Hg.): Kulturkonflikte – Kulturbegegnungen. Juden, Christen und Muslime in Geschichte und Gegenwart. Bonn, S. 16.

4   Bildungsplan 2016 Geschichte von Baden-Württemberg: http://www.bil dungsplaene-bw.de.

5   Ebd.

6   Interkulturelle Bildung. „In der Schule spiegelt sich die Vielfalt der Gesellschaft wider". (26.4.2013): https://bildungsklick.de/schule/meldung/ in-der-schule-spiegelt-sich-die-vielfalt-der-gesellschaft-wider/.

7   Interkulturelle Bildung und Erziehung in der Schule (Beschluss der Kultusministerkonferenz vom 25.10.1996 i.d.F. vom 5.12.2013): http://www. kmk.org/fileadmin/Dateien/veroeffentlichungen_beschluesse/1996/ 1996_10_25-Interkulturelle-Bildung.pdf.

8   Glaser, Michaela/Rieker, Peter 2006: Interkulturelles Lernen als Prävention von Fremdenfeindlichkeit. Ansätze und Erfahrungen in Jugendbildung und Jugendarbeit. Halle, S. 5.

9   http://www.dhm.de/ausstellungen/archiv/2016/immer-bunter.html.

10 Bade, Klaus J. 2013: Anwerbestopp 1973. Als Deutschland zum Einwanderungsland wurde. In: ZEIT ONLINE (24.11.2013): http://www.zeit. de/gesellschaft/zeitgeschehen/2013-11/einwanderung-anwerbestopp.

11 Bildungsplan 2016 Geschichte von Baden-Württemberg: http://www.bil dungsplaene-bw.de.

12 Interkulturelle Bildung und Erziehung in der Schule (Beschluss der Kultusministerkonferenz vom 25.10.1996 i.d.F. vom 5.12.2013): http://www. kmk.org/fileadmin/Dateien/veroeffentlichungen_beschluesse/1996/ 1996_10_25-Interkulturelle-Bildung.pdf.

13 Prantl, Heribert 2015: Flüchtlings-Debatte. Das Jahrhundert-Problem. In: Süddeutsche Zeitung (17.8.2015): http://www.sueddeutsche.de/poli tik/fluechtlinge-jahrhundert-problem-1.2609060.

14 http://www.bundespraesident.de/SharedDocs/Reden/DE/Joachim -Gauck/Reden/2016/04/160407-Fluechtling-Symposium.html.

15 Kultusministerkonferenz 2015: Darstellung von kultureller Vielfalt, Integration und Migration in Bildungsmedien – Gemeinsame Erklärung der Kultusministerkonferenz, der Organisationen von Menschen mit Migrationshintergrund und der Bildungsmedienverlage, 8. Oktober.

16 Reissen, Markus 2016: Wie machen Sie Ihre Schule fit für interkulturelle Vielfalt? Praxisorientierte Grundlagen für die interkulturelle Öffnung Ihrer Schule. Kronach.

17 Wolf, Roland 2014: Europa im Geschichtsunterricht – Möglichkeiten zur Förderung eines europäischen Geschichtsbewusstseins. In: Frech, Siegfried u.a. (Hg.): Europa in der Schule. Perspektiven eines modernen Europaunterrichts. Schwalbach/Ts., S. 76.

18 Grießinger, Andreas 2014: Europäische Geschichte für europäische Bürger – Vorbereitende Bemerkungen zu einem Konzept für einen europaorientierten Geschichtsunterricht. In: Frech, Siegfried u.a. (Hg.): Europa in der Schule. Perspektiven eines modernen Europaunterrichts. Schwalbach/Ts., S. 92.

19 http://www.bertelsmann-stiftung.de/fileadmin/files/BSt/Presse/imported/downloads/xcms_bst_dms_30236_30237_2.pdf.

20 Schissler, Hanna 2009: Globalisation and Images of the Other. Challenges and New Perspectives for History Teaching in Europe? In: Eckert. Beiträge H. 1, S. 2.

21 Brauch, Nicola 2015: Geschichtsdidaktik. Berlin, S. 181.

22 UNESCO 2003: Erklärung über interkulturelle Bildung im neuen europäischen Umfeld: http://www.unesco.de/infothek/dokumente/europarat-dokumente/erklaerung-ueber-interkulturelle-bildung.html.

23 UNESCO 2001: Allgemeine Erklärung zur kulturellen Vielfalt: http://www.unesco.de/infothek/dokumente/unesco-erklaerungen/erklaerung-vielfalt.html.

24 Darm, Ricarda/Lange, Dirk 2018: Mündigkeitsselbstbildung als Referenzpunkt der Demokratiebildung. In: Kenner, Steve/Lange, Dirk (Hg.): Citizenship Education. Konzepte, Anregungen und Ideen zur Demokratiebildung. Schwalbach/Ts., S. 54.

25 Kalb, Jürgen 2016: Die Flüchtlingsfrage und der Wandel der politischen Kultur in Deutschland. In: D&E 72 – (Flüchtlinge, Asyldebatte, Fremdenfeindlichkeit), S. 6.

26 Assheuer, Thomas 2016: Die Konterrevolution. In: ZEIT ONLINE (24.2.2016): www.zeit.de/2016/07/rechtpopulismus-pegida-parteien-europa-erfolg.

27 Preuß, Steffen u.a. 2017: Einleitung. In: Dies. (Hg.): Neorassismus in der Einwanderungsgesellschaft. Eine Herausforderung für die Bildung. Bielefeld, S. 10–12.

28 Krammer, Reinhard 2005: Paradigmenwechsel? Geschichte, Politische Bildung und eine neue Herausforderung: Globalgeschichte. In: Globales Lernen – Politische Bildung. Beiträge zu einer nachhaltigen Entwicklung. Innsbruck, S. 46.

29 Sander, Wolfgang 1993: Vom Fach zum Bildungsbereich. Ein Plädoyer für Grenzüberschreitungen in der politischen Bildung. In: Ders. (Hg.):

Konzepte der Politikdidaktik. Aktueller Stand, neue Ansätze und Perspektiven. Hannover, S. 171.

30 Jugendliche im Fokus salafistischer Propaganda. Beispiele und Anregungen für die unterrichtliche und pädagogische Praxis – Teilband 2.1. Stuttgart 2017, S. 99. http://www.lpb-bw.de/fileadmin/lpb_hauptportal/pdf/publikationen/salafismus_bd1_2.pdf.

31 Auernheimer, Georg [8]2016: Einführung in die Interkulturelle Pädagogik. Darmstadt, S. 20.

32 Essinger, Helmut 1991: Interkulturelle Erziehung in multiethnischen Gesellschaften. In: Marburger, Helga (Hg.): Schule in der multikulturellen Gesellschaft. Ziele, Aufgaben und Wege interkultureller Erziehung. Frankfurt/M., S. 17.

33 Auernheimer, Georg [8]2016: Einführung in die Interkulturelle Pädagogik. Darmstadt, S. 135.

34 http://www.bertelsmann-stiftung.de/fileadmin/files/BSt/Presse/imported/downloads/xcms_bst_dms_30236_30237_2.pdf.

35 Reich, Hans H. u.a. (Hg.) 2000: Fachdidaktik interkulturell. Ein Handbuch. Opladen.

36 von Reeken, Dietmar [6]2014: Interkulturelles Lernen im Geschichtsunterricht. In: Günther-Arndt, Hilke/Zülsdorf-Kersting, Meik (Hg.): Geschichts-Didaktik. Praxishandbuch für die Sekundarstufe I und II. Berlin, S. 245.

37 Heins, Volker M. 2013: Der Skandal der Vielfalt. Geschichte und Konzepte des Multikulturalismus. Frankfurt/M., S. 9.

38 Alavi, Bettina 1998: Geschichtsunterricht in der multiethnischen Gesellschaft. Eine fachdidaktische Studie zur Modifikation des Geschichtsunterrichts aufgrund migrationsbedingter Veränderungen. Frankfurt/M.

39 von Borries, Bodo 2001: Interkulturalität beim historisch-politischen Lernen – Ja sicher, aber wie? In: GWU 52, H. 5/6, S. 315.

40 Pandel, Hans-Jürgen [2]2017: Geschichtsdidaktik. Eine Theorie für die Praxis. Schwalbach/Ts., S. 22.

41 Baring, Frank 2011: Empathie und historisches Lernen. Eine Untersuchung zur theoretischen Begründung und Ausformung in Schulgeschichtsbüchern. Frankfurt/M., S. 36.

42 Schreiber, Waltraud 2001: Beschäftigung mit dem Fremden in der Geschichte – Orientierung in der multikulturellen Gesellschaft von heute? In: Dies. (Hg.): Kontakte – Konflikte – Kooperationen. Der Umgang mit Fremden in der Geschichte. Neuried, S. 327 f.

43 Grewe, Bernd-Stefan 2016: Entgrenzte Räume und die Verortung des Globalen. Probleme und Potentiale für das historische Lernen. In: Sauer, Michael u.a. (Hg.): Geschichte im interdisziplinären Diskurs. Grenzziehungen – Grenzüberschreitungen – Grenzverschiebungen. Göttingen, S. 301.

44 Schissler, Hanna 2009: Globalisation and Images of the Other. Challenges and New Perspectives for History Teaching in Europe? In: Eckert. Beiträge H. 1, S. 7.

45 Georgi, Viola B./Ohliger, Rainer 2009 (Hg.): Crossover Geschichte. Historisches Bewusstsein Jugendlicher in der Einwanderungsgesellschaft. Hamburg, S. 7.

46 Sant, Edda u. a. 2013: How Can We Contribute to Intercultural Education through Teaching History. In: International Journal of Research on History Didactics, History Education, And History Culture. Yearbook of the International Society for History Didactics 34, S. 128.

47 Kocka, Jürgen 1972: Wozu noch Geschichte? Die sozialen Funktionen der historischen Wissenschaften: http://www.zeit.de/1972/09/wozu-noch-geschichte.

48 Alavi, Bettina [3]2014: Interkulturelles Lernen. In: Mayer, Ulrich u. a. (Hg.): Wörterbuch Geschichtsdidaktik. Schwalbach/Ts., S. 107.

49 Wimmer, Franz Martin 2004: Interkulturelle Philosophie. Eine Einführung. Wien, S. 17.

50 Völkel, Bärbel 2014: Themengewinnung im Geschichtsunterricht – Eigentlich doch ganz einfach, oder? In: Lange, Harald/Sinning, Silke (Hg.): Kultur und Gesellschaft. Fachdidaktik und Themenkonstitution in den geistes- und sozialwissenschaftlichen Fächern und Lernbereichen. Baltmannsweiler, S. 22, 26.

51 von Borries, Bodo 2001: Geschichtsdidaktik am Ende des 20. Jahrhunderts. Eine Bestandsaufnahme zum Spannungsfeld zwischen Geschichtsunterricht und Geschichtspolitik. In: Pandel, Hans-Jürgen/Schneider, Gerhard (Hg.): Wie weiter? Zur Zukunft des Geschichtsunterrichts. Schwalbach/Ts., S. 26.

52 Pandel, Hans-Jürgen [2]2017: Geschichtsdidaktik. Eine Theorie für die Praxis. Schwalbach/Ts., S. 6.

53 Loewenstein, Bedrich 1995: Wir und die Anderen. In: Demandt, Alexander (Hg.): Mit Fremden leben. Eine Kulturgeschichte von der Antike bis zur Gegenwart. München, S. 15.

54 Maletzke, Gerhard 1996: Interkulturelle Kommunikation. Zur Interaktion zwischen Menschen verschiedener Kulturen. Opladen, S. 16.

55 Mall, Ram A. 2017: Kulturelle Selbstvergewisserung und die Identitätsproblematik. Zur Konzeption einer im-werden-begriffenen multiplen Identität. In: Völkel, Bärbel/Pacyna, Tony (Hg.): Neorassismus in der Einwanderungsgesellschaft. Eine Herausforderung für die Bildung. Bielefeld, S. 134 f.

56 Ullrich, Marc/Lücke, Martin 2014: Transkultureller Geschichtsunterricht. Neues Leitbild für die Konzeption historischer Lehr- und Lernprozesse? In: Psychosozial 136 H. 2, S. 17.

57 Popp, Susanne 2003: Weltgeschichte im Geschichtsunterricht? Geschichtsdidaktische Überlegungen zum historischen Lernen im Zeitalter der Globalisierung. In: Dies./Forster, Johanna (Hg.): Curriculum Weltge-schichte. Interdisziplinäre Zugänge zu einem global orientierten Ge-schichtsunterricht. Schwalbach/Ts., S. 71.

58 Welsch, Wolfgang 2017: Transkulturalität. Realität – Geschichte – Auf-gabe. Wien, S. 2.

59 Bond, Lucy/Rapson, Jessica 2014: Introduction. In: Dies. (Hg.): The Trans-cultural Turn. Interrogating Memory Between and Beyond Borders. Ber-lin, S. 9.

60 Welsch, Wolfgang 2010: Was ist eigentlich Transkulturalität? In: Darows-ka, Lucyna u. a. (Hg.): Hochschule als transkultureller Raum. Kultur, Bil-dung und Differenz in der Universität. Bielefeld, S. 40 – 45.

61 Steer, Martina 2006: Einleitung: Jüdische Geschichte und Kulturtransfer. In: Schmale, Wolfgang/dies. (Hg.): Kulturtransfer in der jüdischen Ge-schichte. Frankfurt/M., S. 19.

62 Ullrich, Marc 2015: Transkulturelle Mehrebenenanalyse – Implikationen für Theorie und Praxis des Geschichtsunterrichts in der pluriformen Ge-sellschaft. In: Henke-Bockschatz, Gerhard (Hg.): Neue geschichtsdidak-tische Forschungen. Aktuelle Projekte. Göttingen, S. 37.

63 Wagner-Kyora, Georg u. a. 2008: Transkulturelle Fachdidaktik Geschich-te. In: Dies. (Hg.): Transkulturelle Geschichtsdidaktik. Kompetenzen und Unterrichtskonzepte. Schwalbach/Ts., S. 8.

64 Kühberger, Christoph 2010: Europäische Geschichte nach dem *spatial turn*. Geschichtsdidaktische Erkundungen zu transkulturellen Momen-ten. In: Gehler, Michael/Vietta, Silvio (Hg.): Europa – Europäisierung – Europäistik. Neue wissenschaftliche Ansätze, Methoden und Inhalte. Wien, S. 356.

65 Schreiber, Waltraud 2004: Die Entwicklung historischer Sinnbildungs-kompetenzen als Ziel des historischen Lernens mit Grundschülern. In: Dies. (Hg.): Erste Begegnungen mit Geschichte. Grundlagen historischen Lernens. Neuried, S. 60 ff.

66 Welsch, Wolfgang 2017: Transkulturalität. Realität – Geschichte – Auf-gabe. Wien, S. 24.

67 Die Kultusministerkonferenz (Hg.) 2017: „Interkulturelle Bildung und Erziehung in der Schule". Berichte der Länder über die Umsetzung des Beschlusses: https://www.kmk.org/fileadmin/Dateien/pdf/Bildung/ AllgBildung/2017-05-11-Berichte_Interkulturelle_Bildung.pdf.

68 Huntington, Samuel P. [4]1997: Der Kampf der Kulturen. Die Neugestal-tung der Weltpolitik im 21. Jahrhundert. München, S. 19 – 20, 52, 92.

69 Sen, Amartya 2007: Die Identitätsfalle. Warum es keinen Krieg der Kul-turen gibt. München, S. 54.

70 Auernheimer, Georg [8]2016: Einführung in die Interkulturelle Pädagogik. Darmstadt, S. 78.

71 Maletzke, Gerhard 1996: Interkulturelle Kommunikation. Zur Interakti-on zwischen Menschen verschiedener Kulturen. Opladen, S. 16.

72   UNESCO 2001: Allgemeine Erklärung zur kulturellen Vielfalt: http://
     www.unesco.de/infothek/dokumente/unesco-erklaerungen/erklaerung
     -vielfalt.html.

73   Hannerz, Ulf 1992: Cultural Complexity. Studies in the Social Organiza-
     tion of Meaning. New York, S. 169.

74   Greenblatt, Stephen 1998: Wunderbare Besitztümer. Die Erfindung des
     Fremden: Reisende und Entdecker. Berlin, S. 185.

75   Osterhammel, Jürgen ²2003: Geschichtswissenschaft jenseits des Natio-
     nalstaats. Studien zu Beziehungsgeschichte und Zivilisationsvergleich.
     Göttingen, S. 60.

76   Celestini, Federico/Mitterbauer, Helga 2003: Ver-rückte Kulturen. Zur
     Dynamik kultureller Transfers. Tübingen, S. 12.

77   Straub, Jürgen 2009: Interkulturelle Kompetenz – eine humanistische Per-
     spektive? In: Rüsen, Jörn/Laass, Henner (Hg.): Interkultureller Humanis-
     mus. Menschlichkeit in der Vielfalt der Kulturen. Schwalbach/Ts., S. 305.

78   Erll, Astrid/Gymnich, Marion ³2015: Interkulturelle Kompetenzen. Er-
     folgreich kommunizieren zwischen den Kulturen. Stuttgart, S. 28.

79   Völkel, Bärbel 2017: Schattenseiten des Nationalstaates. Menschen ‚mit‘
     (und ‚ohne‘) Geschichte in Einwanderungsgesellschaften. In: Dies./Pacy-
     na, Tony (Hg.): Neorassismus in der Einwanderungsgesellschaft. Eine He-
     rausforderung für die Bildung. Bielefeld, S. 110.

80   Erel, Umut 2004: Paradigmen kultureller Differenz und Hybridität. In:
     Alavi, Bettina/Henke-Bockschatz, Gerhard (Hg.): Migration und Fremd-
     verstehen. Geschichtsunterricht und Geschichtskultur in der multiethni-
     schen Gesellschaft. Idstein, S. 60.

81   Breidenbach, Joana/Zukrigl, Ina 2000: Tanz der Kulturen. Kulturelle Iden-
     tität in einer globalisierten Welt. Hamburg, S. 234.

82   Kühberger, Christoph 2012: Globalgeschichte als Vernetzungsgeschich-
     te. Geschichtsunterricht im Mehr-Ebenen-System. Hildesheim, S. 72.

83   Bachmann-Medick, Doris 2016: Cultural Turns. New Orientations in the
     Study of Culture. Berlin, S. 1.

84   Daniel, Ute 2001: Kompendium Kulturgeschichte. Theorien, Praxis,
     Schlüsselwörter. Frankfurt/M., S. 12.

85   Kaschuba, Wolfgang 1995: Kulturalismus: Kultur statt Gesellschaft? In:
     Geschichte und Gesellschaft H. 1, S. 86.

86   Bachmann-Medick, Doris 2016: Cultural Turns. New Orientations in the
     Study of Culture. Berlin, S. 5.

87   Ebd., S. 4.

88   Kotte, Eugen 2008: Cultural turns und Geschichtsdidaktik. Impulse der
     Neuen Kulturgeschichte zur Erschließung geschichtsdidaktischer For-
     schungs- und Arbeitsfelder. In: Ders./Joachimsthaler, Jürgen (Hg.):
     Kulturwissenschaft(en) in der Diskussion. München, S. 51.

89   Körber, Andreas 2001: Interkulturelles Lernen im Geschichtsunterricht –
     eine Einleitung. In: Ders. (Hg.): Interkulturelles Geschichtslernen. Ge-

schichtsunterricht unter den Bedingungen von Einwanderung und Globalisierung. Konzeptionelle Überlegungen und praktische Ansätze. Münster, S. 16.

90 McNeill, William H. 1963: The Rise of the West. A History of the Human Community. Chicago, S. 286, 297, 329 f.

91 Pernau, Margrit 2012: Transnationale Geschichte. Göttingen, S. 19.

92 Patel, Kiran Klaus 2008: Überlegungen zu einer transnationalen Geschichte. In: Osterhammel, Jürgen (Hg.): Weltgeschichte. Stuttgart, S. 75.

93 Werner, Michael/Zimmermann, Bénédicte 2002: Vergleich, Transfer, Verflechtung. Der Ansatz der histoire croisée und die Herausforderung des Transnationalen. In: Geschichte und Gesellschaft H. 4, S. 608.

94 Ebd., S. 609, 614.

95 Said, Edward 1994: Kultur und Imperialismus. Einbildungskraft und Politik im Zeitalter der Macht. Frankfurt/M., S. 30.

96 Werner, Michael/Zimmermann, Bénédicte 2002: Vergleich, Transfer, Verflechtung. Der Ansatz der histoire croisée und die Herausforderung des Transnationalen. In: Geschichte und Gesellschaft H. 4, S. 617, 623.

97 Osterhammel, Jürgen 2014: Rede auf Angela Merkel. In: FAZ (18.7.2014): http://www.faz.net/aktuell/feuilleton/debatten/rede-auf-angela-merkel-sehr-geehrte-frau-bundeskanzlerin-13053093.html.

98 Sebastian Conrad in einem SWR-Interview (12.7.2013) zum Thema „Wozu brauchen wir Globalgeschichte?".

99 Popp, Susanne 2002: Ein „global orientiertes Geschichtsbewusstsein" als zukünftige Herausforderung der Geschichtsdidaktik. In: Onlinejournal für Sozialwissenschaften und ihre Didaktik H. 1, S. 1.

100 Middell, Matthias 2010: Die Verwandlung der Weltgeschichtsschreibung. Eine Geschichte vom Beginn des 21. Jahrhunderts. In: Comparativ H. 6, S. 10.

101 Osterhammel, Jürgen/Petersson, Niels P. ⁵2012: Geschichte der Globalisierung. Dimensionen, Prozesse, Epochen. München, S. 18 f.

102 Ebd., S. 21.

103 Eckert, Andreas 2011: Globalgeschichte und Zeitgeschichte: http://www.bpb.de/apuz/59791/globalgeschichte-und-zeitgeschichte?p=all#footnodeid_4-4.

104 Hafner, Urs 2013: Die neue Globalgeschichte. Welt 2.0. In: Neue Zürcher Zeitung (5.6.2013): http://www.nzz.ch/feuilleton/buecher/welt-20-1.18092994.

105 Conrad, Sebastian 2013: Globalgeschichte. Eine Einführung. München, S. 12.

106 Ebd., S. 22–25.

107 Grewe, Bernd-Stefan 2016: Entgrenzte Räume und die Verortung des Globalen. Probleme und Potentiale für das historische Lernen. In: Sauer, Michael u. a. (Hg.): Geschichte im interdisziplinären Diskurs. Göttingen, S. 301.

108 Marks, Robert B. 2006: Die Ursprünge der modernen Welt. Eine globale Weltgeschichte. Darmstadt, S. 20 f.

109 http://www.zeitenblicke.de/2013/1/Conrad.

110 Schulz, Raimund 2011: Neue Blicke über alte Grenzen – „Weltgeschichte" als didaktisches Konzept auch für die Vermittlung der Älteren Epochen? In: Zeitschrift für Weltgeschichte H. 1, S. 128.

111 Rüsen, Jörn 1998: Einleitung: Für eine interkulturelle Kommunikation in der Geschichte. Die Herausforderungen des Ethnozentrismus in der Moderne und die Antwort der Kulturwissenschaften. In: Ders. u.a. (Hg.): Die Vielfalt der Kulturen. Erinnerung, Geschichte, Identität. Frankfurt/M., S. 15.

112 Conrad, Sebastian 2013: Globalgeschichte. Eine Einführung. München 2013, S. 144 f.

113 Gründer, Horst/Graichen, Gisela ⁴2005: Deutsche Kolonien. Traum und Trauma. Berlin, S. 11.

114 Bitterli, Urs ²1991: Die „Wilden" und die „Zivilisierten". Grundzüge einer Geistes- und Kulturgeschichte der europäisch-überseeischen Begegnung. München, S. 81, 95–96, 130, 161–162, 167.

115 Osterhammel, Jürgen 2016: Kulturelle Grenzen in der Expansion Europas. In: Burschel, Peter/Juterczenka, Sünne (Hg.): Die europäische Expansion. Stuttgart, S. 53.

116 Maissen, Thomas 2010: Global History – Neue methodische Herausforderungen an die Geschichtswissenschaft. In: Widmaier, Benedikt/Steffens, Gerd (Hg.): Weltbürgertum und Kosmopolitisierung. Interdisziplinäre Perspektiven für die Politische Bildung. Schwalbach/Ts., S. 63.

117 Osterhammel, Jürgen 2005: „Weltgeschichte": Ein Propädeutikum. In: GWU 56, H. 9, S. 460, 472.

118 Conrad, Sebastian 2013: Globalgeschichte. Eine Einführung. München 2013, S. 23.

119 Osterhammel, Jürgen 2008: Alte und neue Zugänge zur Weltgeschichte. In: Ders. (Hg.): Weltgeschichte. Stuttgart, S. 9.

120 Popp, Susanne 2005: Antworten auf neue Herausforderungen. Welt- und globalgeschichtliche Perspektivierung des historischen Lernens. In: GWU 56, H. 9, S. 500.

121 Hinz, Felix/Meyer-Hamme, Johannes 2016: Geschichte lernen postkolonial? In: ZfGD, S. 133.

122 Auernheimer, Georg ⁸2016: Einführung in die Interkulturelle Pädagogik. Darmstadt, S. 130.

123 Ullrich, Marc/Lücke, Martin 2014: Transkultureller Geschichtsunterricht. Neues Leitbild für die Konzeption historischer Lehr- und Lernprozesse? In: Psychosozial 136, H. 2, S. 11.

124 Lücke, Martin 2016: Diversität und Intersektionalität als Konzepte der Geschichtsdidaktik. In: Hasberg, Wolfgang/Thünemann, Holger (Hg.): Geschichtsdidaktik in der Diskussion. Grundlagen und Perspektiven. Frankfurt/M., S. 80.

125 Lücke, Martin ²2017: Diversität und Intersektionalität als Konzepte der Geschichtsdidaktik. In: Ders./Barricelli, Michele (Hg.): Handbuch Praxis des Geschichtsunterrichts (Bd. 1). Schwalbach/Ts., S. 143 ff.

126 Heitmeyer, Wilhelm u.a. 2012: Das Projekt Gruppenbezogene Menschenfeindlichkeit in Deutschland. Eine 10-jährige Langzeituntersuchung mit einer jährlichen Bevölkerungsumfrage zur Abwertung und Ausgrenzung von schwachen Gruppen. Bielefeld: https://www.uni-bielefeld.de/ikg/pro jekte/GMF/Gruppenbezogene_Menschenfeindlichkeit_Zusammenfas sung.pdf.

127 Lundt, Bea 2008: Die Anfänge der Geschlechtergeschichte in der Didaktik. In: Bauer, Jan-Patrick u.a. (Hg.): Geschichtslernen – Innovationen und Reflexionen. Geschichtsdidaktik im Spannungsfeld von theoretischen Zuspitzungen, empirischen Erkundungen, normativen Überlegungen und pragmatischen Wendungen. Kenzingen, S. 456.

128 Popp, Susanne 2001: Der schwierige Umgang mit der Kategorie „gender". Geschichtsdidaktische Reflexionen zu einer „universalen" Kategorie des Geschichtsunterrichts. In: Pellens, Karl u.a. (Hg.): Historical Consciousness and History Teaching in a Globalizing Society. Frankfurt/M., S. 293 – 324.

129 Dehne, Brigitte 2007: Gender im Geschichtsunterricht. Das Ende des Zyklopen? Schwalbach/Ts., S. 64.

130 Bennewitz, Nadja/Burkhardt, Hannes (Hg.) 2016: Gender in Geschichtsdidaktik und Geschichtsunterricht. Neue Beiträge zu Theorie und Praxis. Berlin.

131 Dehne, Brigitte 2007: Gender im Geschichtsunterricht. Das Ende des Zyklopen? Schwalbach/Ts., S. 133.

132 Alavi, Bettina 2004: Wozu Männergeschichte? Die Teilkategorie Mann im Prozess des historischen Lernens. In: ZfGD, S. 56 – 70.

133 Lücke, Martin (Hg.) 2013: Helden in der Krise. Didaktische Perspektiven auf die Geschichte der Männlichkeiten. Münster.

134 Lücke, Martin 2015: Unnatürliche Sünden – lasterhafte Lustknaben. Didaktische Aspekte einer Geschichte von Männlichkeiten und Sexualitäten am Beispiel von Homosexualität und männlicher Prostitution. In: Huch, Sarah/ders. (Hg.): Sexuelle Vielfalt im Handlungsfeld Schule. Konzepte aus Erziehungswissenschaft und Fachdidaktik. Bielefeld, S. 115 – 122.

135 Lücke, Martin 2015: Queeres Erinnern, sexuelle Vielfalt und historisches Lernen. Gedanken zum geschichtsdidaktischen Potenzial von queerhistory.de und des „Archivs der anderen Erinnerungen". In: Mildenberger, Florian (Hg.): Die andere Fakultät. Theorie, Geschichte, Gesellschaft. Hamburg, S. 322 – 334.

136 Bösl, Elsbeth 2010: Disability History: Einleitung. In: Dies. (Hg.): Disability History. Konstruktion von Behinderung in der Geschichte. Eine Einführung. Bielefeld, S. 7.

137 Ebd., S. 7.

138 Waldschmidt, Anne 2013: Eine andere Geschichte schreiben? Überlegungen zur Historiografie von ‚Behinderung' im Anschluss an die Disability Studies. In: Musenberg, Oliver (Hg.): Kultur – Geschichte – Behinderung. Die kulturwissenschaftliche Historisierung von Behinderung. Oberhausen, S. 107.

139 Wolter, Heike 2016: Wie kann der Umgang mit Behinderung in der Geschichte im Geschichtsunterricht Berücksichtigung finden? Zu einer Didaktik der Disability. In: Alavi, Bettina/Lücke, Martin (Hg.): Geschichtsunterricht ohne Verlierer!? Inklusion als Herausforderung für die Geschichtsdidaktik. Schwalbach/Ts., S. 130 f.

140 Schulbuchstudie (2015): Migration und Integration: http://www.bundes regierung.de/Content/Infomaterial/BPA/IB/Schulbuchstudie_Migrati on_und_Integration_09_03_2015.pdf?__blob=publicationFile&v=3.

141 Ullrich, Marc/Lücke, Martin 2014: Transkultureller Geschichtsunterricht. Neues Leitbild für die Konzeption historischer Lehr- und Lernprozesse? In: Psychosozial 136, H. 2, S. 20.

142 Sternfeld, Nora 2013: Kontaktzonen der Geschichtsvermittlung. Transnationales Lernen über den Holocaust in der postnazistischen Migrationsgesellschaft. Wien, S. 221.

143 Kühberger, Christoph 2016: Fachdidaktische Diagnose als notwendige Voraussetzung im Umgang mit Heterogenität. Subjektorientierte Zugänge für das historische Lernen. In: Kronberger, Silvia u. a. (Hg.): Diversitätskategorien in der Lehramtsausbildung. Ein Handbuch. Innsbruck, S. 299.

144 Alavi, Bettina u. a. (Hg.) 2019: Handbuch Diversität im Geschichtsunterricht. Zugänge einer inklusiven Geschichtsdidaktik. Frankfurt/M. (in Vorbereitung).

145 Barsch, Sebastian 2014: Narrative der Vielfalt: Sonderpädagogische Potenziale für das historische Lernen. In: Ders./Hasberg, Wolfgang (Hg.): Inklusiv – Exklusiv. Historisches Lernen für alle. Schwalbach/Ts., S. 58.

146 Feyerer, Ewald 2016: Allgemeine Qualitätskriterien für einen inklusiven Geschichtsunterricht. In: Kühberger, Christoph/Schneider, Robert (Hg.): Inklusion im Geschichtsunterricht. Zur Bedeutung geschichtsdidaktischer und sonderpädagogischer Fragen im Kontext inklusiven Unterrichts. Bad Heilbrunn, S. 11, 15.

147 Hierzu liegt folgender Sammelband vor: Alavi, Bettina/Lücke, Martin (Hg.) 2016: Geschichtsunterricht ohne Verlierer!? Inklusion als Herausforderung für die Geschichtsdidaktik. Schwalbach/Ts.

148 Lücke, Martin 2016: Auf der Suche nach einer inklusiven Erinnerungskultur. In: Alavi, Bettina/ders. (Hg.): Geschichtsunterricht ohne Verlierer!? Inklusion als Herausforderung für die Geschichtsdidaktik. Schwalbach/Ts., S. 63.

149 Völkel, Bärbel 2017: Inklusive Geschichtsdidaktik. Vom inneren Zeitbewusstsein zur dialogischen Geschichte. Schwalbach/Ts., S. 41.

150 Hamann, Christoph/Wenzel, Birgit 2016: Inklusion, historisches Lernen und Curriculum. Ein Werkstattbericht aus der Rahmenlehrplan-Entwicklung in Berlin und Brandenburg. In: Alavi, Bettina/Lücke, Martin (Hg.): Geschichtsunterricht ohne Verlierer!? Inklusion als Herausforderung für die Geschichtsdidaktik. Schwalbach/Ts., S. 114.

151 Conrad, Sebastian/Randeria, Shalini [2]2013: Einleitung. Geteilte Geschichten – Europa in einer postkolonialen Welt. In: Dies./Römhild, Regina (Hg.): Jenseits des Eurozentrismus. Postkoloniale Perspektiven in den Geschichts- und Kulturwissenschaften. Frankfurt/M., S. 33.

152 Chakrabarty, Dipesh 2010: Europa als Provinz. Perspektiven postkolonialer Geschichtsschreibung. Frankfurt/M., S. 41, 62.

153 Juterczenka, Sünne/Burschel, Peter 2016. Begegnen, Aneignen, Vermessen. Europäische Expansion als globale Interaktion. In: Dies. (Hg.): Die europäische Expansion. Stuttgart, S. 11, 13.

154 Castro Varela, María do Mar/Dhawan, Nikita 2005: Postkoloniale Theorie. Eine kritische Einführung. Bielefeld, S. 24.

155 Jordan, Stefan [2]2013: Theorien und Methoden der Geschichtswissenschaft. Orientierung Geschichte. Paderborn, S. 206.

156 Conrad, Sebastian/Randeria, Shalini [2]2013: Einleitung. Geteilte Geschichten – Europa in einer postkolonialen Welt. In: Dies./Römhild, Regina (Hg.): Jenseits des Eurozentrismus. Postkoloniale Perspektiven in den Geschichts- und Kulturwissenschaften. Frankfurt/M., S. 39.

157 Wilczek, Jens 2008: „Ich habe den Deutschen Kaiser noch nie in seinem Leben und er hat mich noch nie gesehen". Afrikanisch-deutsche Begegnungen in kolonialer Zeit. In: Wagner-Kyora, Georg u. a. (Hg.): Transkulturelle Geschichtsdidaktik. Kompetenzen und Unterrichtskonzept. Schwalbach/Ts., S. 85.

158 Sauer, Michael 2010: Deutscher Kolonialismus. In: Geschichte lernen 134, S. 6.

159 Interview mit Jürgen Zimmerer 2016: Koloniale Vergangenheit. „Konzept des rassistischen Terrors". In: DER SPIEGEL Geschichte H. 1, S. 56.

160 Eckert, Andreas/Wirz, Albert [2]2013: Wir nicht, die Anderen auch. Deutschland und der Kolonialismus. In: Conrad, Sebastian u. a. (Hg.): Jenseits des Eurozentrismus. Postkoloniale Perspektiven in den Geschichts- und Kulturwissenschaften. Frankfurt/M., S. 509.

161 Speitkamp, Winfried 2007: Kleine Geschichte Afrikas. Stuttgart, S. 9.

162 Eckert, Andreas 2011: Aufbruch Süd. In: ZEIT ONLINE (17.2.2011): http://www.zeit.de/2011/08/Afrozentrismus.

163 Ritz-Müller, Ute 1998: Afrikanisches Geschichtsdenken. Zur rituellen Nachstellung höfischer Geschichte. In: Rüsen, Jörn u. a. (Hg.): Die Vielfalt der Kulturen. Erinnerung, Geschichte, Identität. Frankfurt/M., S. 218.

164 Marx, Christoph 2004: Geschichte Afrikas. Von 1800 bis zur Gegenwart. Paderborn, S. 12.

165 Körber, Andreas 2001: Interkulturelles Lernen im Geschichtsunterricht – eine Einleitung. In: Ders. (Hg.): Interkulturelles Geschichtslernen. Geschichtsunterricht unter den Bedingungen von Einwanderung und Globalisierung. Konzeptionelle Überlegungen und praktische Ansätze. Münster, S. 11.

166 Körber, Andreas/Meyer-Hamme, Johannes 2008: Interkulturelle historische Kompetenz? Zum Verhältnis von Interkulturalität und Kompetenzorientierung beim Geschichtslernen. In: Bauer, Jan-Patrick u. a. (Hg.): Geschichtslernen – Innovationen und Reflexionen. Geschichtsdidaktik im Spannungsfeld von theoretischen Zuspitzungen, empirischen Erkundungen, normativen Überlegungen und pragmatischen Wendungen. Kenzingen, S. 329.

167 Körber, Andreas u. a. (Hg.) 2007: Kompetenzen historischen Denkens. Ein Strukturmodell als Beitrag zur Kompetenzorientierung in der Geschichtsdidaktik. Darmstadt, S. 22–39.

168 Schreiber, Waltraud 2016: Historische Kompetenzen in Theorie, Empirie und Pragmatik. In: Hasberg, Wolfgang/Thünemann, Holger (Hg.): Geschichtsdidaktik in der Diskussion. Grundlagen und Perspektiven. Frankfurt/M., S. 115 f.

169 Barricelli, Michele [2]2017: Narrativität. In: Ders./Lücke, Martin (Hg.): Handbuch Praxis des Geschichtsunterrichts (Bd. 1). Schwalbach/Ts., S. 256.

170 Barricelli, Michele/Sebening, Lena 2015: Subjektorientierung im historischen Lernen zur Zeitgeschichte. Theoretische Erwägungen und ein Unterrichtsbeispiel. In: Ammerer, Heinrich u. a. (Hg.): Subjektorientierte Geschichtsdidaktik. Schwalbach/Ts., S. 322 f.

171 White, Hayden 1991: Auch Klio dichtet oder die Fiktion des Faktischen. Studien zur Tropologie des historischen Diskurses. Stuttgart, S. 102, 104.

172 Barricelli, Michele 2008: „The story we're going to try and tell". Zur andauernden Relevanz der narrativen Kompetenz für das historische Lernen. In: ZfGD, S. 143.

173 Barricelli, Michele [2]2017: Narrativität. In: Ders./Lücke, Martin (Hg.): Handbuch Praxis des Geschichtsunterrichts (Bd. 1). Schwalbach/Ts., S. 255–280.

174 Ebd., S. 271.

175 Beschluss der Kultusministerkonferenz vom 1.12.1989 i.d.F. vom 10.2.2005: https://www.kmk.org/fileadmin/veroeffentlichungen_beschluesse/1989/1989_12_01-EPA-Geschichte.pdf.

176 Becker, Axel [2]2017: Historische Urteilsbildung. In: Barricelli, Michele/Lücke, Martin (Hg.): Handbuch Praxis des Geschichtsunterrichts (Bd. 1). Schwalbach/Ts.

177 Conrad, Sebastian 2013: Globalgeschichte. Eine Einführung. München, S. 25.

178 Göpfert, Hans 1985: Ausländerfeindlichkeit durch Unterricht. Konzeptionen und Alternativen für Geschichte, Sozialkunde und Religion. Düsseldorf, S. 43.

179 Körber, Andreas 2010: Theoretische Dimensionen des interkulturellen Geschichtslernens. In: Ventzke, Marcus u.a. (Hg.): Geschichte denken statt pauken auf der Sekundarstufe II. 20 Jahre nach der friedlichen Revolution: Deutsche und europäische Perspektiven im gymnasialen Geschichtsunterricht. Radebeul, S. 45.

180 Alavi, Bettina 1998: Geschichtsunterricht in der multiethnischen Gesellschaft. Eine fachdidaktische Studie zur Modifikation des Geschichtsunterrichts aufgrund migrationsbedingter Veränderungen. Frankfurt/M., S. 113.

181 Bergmann, Klaus ²2008: Multiperspektivität. Geschichte selber denken. Schwalbach/Ts., S. 27.

182 http://www.bertelsmann-stiftung.de/fileadmin/files/BSt/Presse/imported/downloads/xcms_bst_dms_30236_30237_2.pdf.

183 Völkel, Bärbel ²2017: Handlungsorientierung im Geschichtsunterricht. In: Barricelli, Michele/Lücke, Martin (Hg.): Handbuch Praxis des Geschichtsunterrichts (Bd. 2). Schwalbach/Ts., S. 41.

184 Pandel, Hans-Jürgen 2010: Historisches Erzählen. Narrativität im Geschichtsunterricht. Schwalbach/Ts., S. 186.

185 von Borries, Bodo 2010: Globalisierung und Geschichtsunterricht. In: Ventzke, Marcus u.a. (Hg.): Geschichte denken statt pauken auf der Sekundarstufe II. 20 Jahre nach der friedlichen Revolution: Deutsche und europäische Perspektiven im gymnasialen Geschichtsunterricht. Radebeul, S. 18.

186 Osterhammel, Jürgen 2005: „Weltgeschichte": Ein Propädeutikum. In: GWU 56, H. 9, S. 479.

187 Pandel, Hans-Jürgen 2010: Historisches Erzählen. Narrativität im Geschichtsunterricht. Schwalbach/Ts., S. 136.

188 Grammes, Tilman ⁴2014: Kontroversität. In: Sander, Wolfgang (Hg.): Handbuch politische Bildung. Schwalbach/Ts., S. 272.

189 Körber, Andreas 2001: Geschichte und interkulturelles Lernen. Begriffe und Zugänge. In: GWU 52 H. 5/6, S. 303.

190 Alavi, Bettina 2001: Von der Theorie zur Praxis interkulturellen Geschichtslernens. In: GWU 52, H.5/6, S. 330.

191 Bergmann, Klaus ²2008: Multiperspektivität. Geschichte selber denken. Schwalbach/Ts., S. 53.

192 Wulf, Christoph 2011: Bildung – eine interkulturelle Aufgabe in Europa. In: Sting, Stephan/Wakounig, Vladimir (Hg.): Bildung zwischen Standardisierung, Ausgrenzung und Anerkennung von Diversität. Wien, S. 23.

193 Buchsteiner, Martin u.a. 2017: Unterschätzte Prinzipien im Geschichtsunterricht: Personalisierung/Personifizierung und Alterität/Fremdverstehen. Greifswald, S. 68.

194 Ebd.

195 Thomas, Alexander ²2003: Psychologie interkulturellen Lernens und Handelns. In: Ders. (Hg.): Kulturvergleichende Psychologie. Göttingen, S. 438.

196 Bergmann, Klaus ²2008: Multiperspektivität. Geschichte selber denken. Schwalbach/Ts., S. 13.

197 Alavi, Bettina 1998: Geschichtsunterricht in der multiethnischen Gesellschaft. Eine fachdidaktische Studie zur Modifikation des Geschichtsunterrichts aufgrund migrationsbedingter Veränderungen. Frankfurt/M., S. 56.

198 Sauer, Michael ¹⁵2015. Geschichte unterrichten. Eine Einführung in die Didaktik und Methodik. Seelze, S. 76.

199 Alavi, Bettina/von Borries, Bodo 2000: Geschichte. In: Reich, Hans H. u. a. (Hg.): Fachdidaktik interkulturell. Ein Handbuch. Opladen, S. 61, 71.

200 Dehne, Brigitte 2008: „Mit eigenen Augen sehen" oder „Mit den Augen des anderen sehen"? Eine kritische Auseinandersetzung mit den geschichtsdidaktischen Konzepten der Perspektivenübernahme und des Fremdverstehens. In: Bauer, Jan-Patrick u. a. (Hg.): Geschichtslernen – Innovationen und Reflexionen. Geschichtsdidaktik im Spannungsfeld von theoretischen Zuspitzungen, empirischen Erkundungen, normativen Überlegungen und pragmatischen Wendungen. Kenzingen, S. 127.

201 Alavi, Bettina 1998: Geschichtsunterricht in der multiethnischen Gesellschaft. Eine fachdidaktische Studie zur Modifikation des Geschichtsunterrichts aufgrund migrationsbedingter Veränderungen. Frankfurt/M., S. 78.

202 Hasberg, Wolfgang 2004: Alternative Zugriffe auf das Tagungsthema. Resultate – Desiderate – Impulse. In: Alavi, Bettina/Henke-Bockschatz, Gerhard (Hg.): Migration und Fremdverstehen. Geschichtsunterricht und Geschichtskultur in der multiethnischen Gesellschaft. Idstein, S. 231.

203 Alavi, Bettina 2004: Einführung – Migration interdisziplinär. Migration und Fremdverstehen – eine geschichtsdidaktische Einführung. In: Dies./ Henke-Bockschatz, Gerhard (Hg.): Migration und Fremdverstehen. Geschichtsunterricht und Geschichtskultur in der multiethnischen Gesellschaft. Idstein, S. 29.

204 Zeller, Joachim 2010: Weiße Blicke – Schwarze Körper. Afrikaner im Spiegel westlicher Alltagskultur. Bilder aus der Sammlung Peter Weiss. Erfurt, S. 22.

205 Kühberger, Christoph 2015: Subjektorientierte Geschichtsdidaktik. Eine Annäherung zwischen Theorie, Empirie und Pragmatik. In: Ammerer, Heinrich u. a. (Hg.): Subjektorientierte Geschichtsdidaktik. Schwalbach/ Ts., S. 35, 40.

206 Lücke betont die Bedeutung von Alterität im Hinblick auf die „Möglichkeit zu einem Nachdenken über alternative Männlichkeitskonzepte". Vgl. hierzu: Lücke, Martin 2014: His-story, her-story, viele Männer und eine halbe Frau. Männlichkeitengeschichte, Geschichtsdidaktik und Geschichtsunterricht. In: GWU 65, H. 1/2, S. 79.

207 Alavi, Bettina/von Borries, Bodo 2000: Geschichte. In: Reich, Hans H. u. a. (Hg.): Fachdidaktik interkulturell. Ein Handbuch. Opladen, S. 60.

208 Ebd., S. 60.

209 Alavi, Bettina 1998: Geschichtsunterricht in der multiethnischen Gesellschaft. Eine fachdidaktische Studie zur Modifikation des Geschichtsunterrichts aufgrund migrationsbedingter Veränderungen. Frankfurt/M., S. 56.

210 Wulf, Christoph 2011: Bildung – eine interkulturelle Aufgabe in Europa. In: Sting, Stephan/Wakounig, Vladimir (Hg.): Bildung zwischen Standardisierung, Ausgrenzung und Anerkennung von Diversität. Wien, S. 26.

211 Straub, Jürgen 2009: Interkulturelle Kompetenz – eine humanistische Perspektive? In: Rüsen, Jörn/Laass, Henner (Hg.): Interkultureller Humanismus. Menschlichkeit in der Vielfalt der Kulturen. Schwalbach/Ts., S. 313.

212 Meyer-Hamme, Johannes 2013: „I never liked history at school." Identitäten und Emotionen beim historischen Lernen. In: Brauer, Juliane/Lücke, Martin (Hg.): Emotionen, Geschichte und historisches Lernen. Geschichtsdidaktische und geschichtskulturelle Perspektiven. Göttingen, S. 134.

213 Alavi, Bettina 2004: Migration und Fremdverstehen – eine geschichtsdidaktische Einführung. In: Dies./Henke-Bockschatz, Gerhard (Hg.): Migration und Fremdverstehen. Geschichtsunterricht und Geschichtskultur in der multiethnischen Gesellschaft. Idstein, S. 32.

214 von Borries, Bodo [2]2017: Nicht-nur-kognitive Lernziele. In: Barricelli, Michele/Lücke, Martin (Hg.): Handbuch Praxis des Geschichtsunterrichts (Bd. 1). Schwalbach/Ts., S. 436 f.

215 Alavi, Bettina 2002: Interkulturelles Geschichtslernen. In: ZfGD, S. 125.

216 Wernstedt, Rolf 2016: Gedanken eines Politikers zur politischen, organisatorischen und geistigen Bewältigung der Flüchtlingsfrage. In: Quentmeier, Manfred u. a. (Hg.): Vertrieben, geflohen – angekommen? Das Thema Flucht und Vertreibung im Geschichts- und Politikunterricht. Schwalbach/Ts., S. 24.

217 Barricelli, Michele [3]2014: Fremdverstehen/Alterität: In: Mayer, Ulrich u. a. (Hg.): Wörterbuch Geschichtsdidaktik. Schwalbach/Ts., S. 71 f.

218 Baring, Frank 2011: Empathie und historisches Lernen. Eine Untersuchung zur theoretischen Begründung und Ausformung in Schulgeschichtsbüchern. Frankfurt/M., S. 312.

219 Körber, Andreas 2010: Theoretische Dimensionen des interkulturellen Geschichtslernens. In: Ventzke, Marcus u. a. (Hg.): Geschichte denken statt pauken auf der Sekundarstufe II. 20 Jahre nach der friedlichen Revolution: Deutsche und europäische Perspektiven im gymnasialen Geschichtsunterricht. Radebeul, S. 37.

220 Baring, Frank [3]2014: Empathie. In: Mayer, Ulrich u. a. (Hg.): Wörterbuch der Geschichtsdidaktik. Schwalbach/Ts., S. 51.

221 Brauer, Juliane 2013: Empathie und historische Alteritätserfahrung. In: Dies./Lücke, Martin (Hg.): Emotionen, Geschichte und historisches Lernen. Geschichtsdidaktische und geschichtskulturelle Perspektiven. Göttingen 2013, S. 80, 84.

222 Völkel, Bärbel 2016: Inhalte oder Kategorien? Erste Annäherungen an eine inklusive Geschichtsdidaktik. In: Alavi, Bettina/Lücke, Martin (Hg.): Geschichtsunterricht ohne Verlierer!? Inklusion als Herausforderung für die Geschichtsdidaktik. Schwalbach/Ts., S. 53.

223 Pandel, Hans-Jürgen [4]2012: Quelleninterpretation. Die schriftliche Quelle im Geschichtsunterricht. Schwalbach/Ts., S. 58.

224 Gruzinski, Serge 2016: ‚History can no longer be viewed in splendid isolation': What is a global historian? In: The Guardian (21.9.2016): https://www.theguardian.com/books/2016/sep/21/history-can-no-longer-be-viewed-in-splendid-isolation-what-is-a-global-historian.

225 Völkel, Bärbel [3]2012: Handlungsorientierung im Geschichtsunterricht. Schwalbach/Ts., S. 36.

226 Wimmer, Franz Martin 2004: Interkulturelle Philosophie. Eine Einführung. Wien, S. 15.

227 Sauer, Michael [15]2015: Geschichte unterrichten. Eine Einführung in die Didaktik und Methodik. Seelze, S. 77.

228 Becker, Axel [2]2017: Historische Urteilsbildung. In: Barricelli, Michele/Lücke, Martin (Hg.): Handbuch Praxis des Geschichtsunterrichts (Bd. 1). Schwalbach/Ts., S. 320.

229 Kayser, Jörg/Hagemann, Ulrich 2005: Urteilsbildung im Geschichts- und Politikunterricht. Bonn, S. 3.

230 Barricelli, Michele [2]2017: Darstellungskonzepte von Geschichte im Unterricht. In: Ders./Lücke, Martin (Hg.): Handbuch Praxis des Geschichtsunterrichts (Bd. 2). Schwalbach/Ts., S. 217.

231 Schörken, Rolf 1980: Geschichtsunterricht in einer kleiner werdenden Welt. Prolegomena zu einer Didaktik des Fremdverstehens. In: Süssmuth, Hans (Hg.): Geschichtsdidaktische Positionen. Bestandsaufnahme und Neuorientierung. Paderborn u. a., S. 328 f.

232 Lehner, Martin 2012: Didaktische Reduktion. Bern, S. 9.

233 Ebd., S. 10.

234 Gies, Horst 2004: Geschichtsunterricht. Ein Handbuch zur Unterrichtsplanung. Köln, S. 155–157.

235 Lehner, Martin 2012: Didaktische Reduktion. Bern, S. 87 f.

236 Alavi, Bettina 2001: Von der Theorie zur Praxis interkulturellen Lernens. Problembereiche bei der Planung und Durchführung von Unterricht. In: Körber, Andreas (Hg.): Interkulturelles Geschichtslernen. Geschichtsunterricht unter den Bedingungen von Einwanderung und Globalisierung. Konzeptionelle Überlegungen und praktische Ansätze. Münster, S. 104.

237 Conrad, Sebastian 2013: Globalgeschichte. Eine Einführung. München, S. 90.

238 Kühberger, Christoph 2012: Globalgeschichte als Vernetzungsgeschichte. Geschichtsunterricht im Mehr-Ebenen-System. Hildesheim, S. 153.

239 Singer, Alan J. 2011: Teaching Global History. A Social Studies Approach. New York, S. 11.

240 Osterhammel, Jürgen 2009: Weltgeschichte: Von der Universität in den Unterricht. In: Geschichte für heute H. 2, S. 8.

241 Krammer, Reinhard 2007: Theorie für die Praxis? Die Konsequenzen des Konzeptes „Förderung und Entwicklung Reflektierten Geschichtsbewusstseins" für die Praxis des Geschichtsunterrichts. In: Körber, Andreas u.a. (Hg.): Kompetenzen historischen Denkens. Ein Strukturmodell als Beitrag zur Kompetenzorientierung in der Geschichtsdidaktik. Neuried, S. 855 f.

242 Kühberger, Christoph/Windischbauer, Elfriede 2008: Kommentar zum Lehrplan der allgemein bildenden höheren Schule (Unterstufe) und Hauptschule in Österreich, Geschichte und Sozialkunde/Politische Bildung. Wien, S. 4.

243 Pandel, Hans-Jürgen ³2014: Problemorientierung. In: Mayer, Ulrich u.a. (Hg.): Wörterbuch der Geschichtsdidaktik. Schwalbach/Ts., S. 159.

244 Hensel-Grobe, Meike ²2017: Problemorientierung und problemlösendes Denken. In: Barricelli, Michele/Lücke, Martin (Hg.): Handbuch Praxis des Geschichtsunterrichts (Bd. 2). Schwalbach/Ts., S. 54–56; auch: Barricelli, Michele ⁵2016: Problemorientierung. In: Mayer, Ulrich u.a. (Hg.): Handbuch Methoden im Geschichtsunterricht. Schwalbach/Ts., S. 78–90.

245 Vgl. hierzu den folgenden Unterrichtsvorschlag: Röder, Dennis 2015. „Wie bei den Hottentotten!" Kritische Auseinandersetzung mit kolonialer und rassistischer Sprache. In: Geschichte lernen 168, S. 28–33.

246 Die Beauftragte der Bundesregierung für Migration, Flüchtlinge und Integration (Hg.) 2015: Schulbuchstudie Migration und Integration. Berlin.

247 Wenzel, Birgit ⁵2014. Kreative und innovative Methoden. Geschichtsunterricht einmal anders. Schwalbach/Ts., S. 220–223.

248 Osterhammel, Jürgen 2009: Weltgeschichte: Von der Universität in den Unterricht. In: Geschichte für heute H. 2, S. 8.

249 Siegrist, Hannes 2003: Perspektiven der vergleichenden Geschichtswissenschaft. Gesellschaft, Kultur, Raum. In: Kaelble, Hartmut/Schriewer, Jürgen (Hg.): Vergleich und Transfer. Komparatistik in den Sozial-, Geschichts- und Kulturwissenschaften. Frankfurt a.M., S. 312.

250 Kaelble, Hartmut 1999: Der historische Vergleich. Eine Einführung zum 19. und 20. Jahrhundert. Frankfurt/M., S. 10.

251 Ebd., S. 12.

252 Schreiber, Waltraud 2005: Durch Vergleiche lernen – vergleichen lernen. In: Dies. (Hg.): Der Vergleich – Eine Methode zur Förderung historischer Kompetenzen. Ausgewählte Beispiele. Neuried, S. 46 f.

253 Pandel, Hans-Jürgen 2017: Geschichtstheorie. Eine Historik für Schülerinnen und Schüler – aber auch für ihre Lehrer. Schwalbach/Ts., S. 145.

254 Osterhammel, Jürgen [2]2003: Geschichtswissenschaft jenseits des Nationalstaats. Studien zu Beziehungsgeschichte und Zivilisationsvergleich. Göttingen, S. 60.

255 Günther-Arndt, Hilke u. a. 2009: Geschichtsunterricht zur Orientierung in der Welt – Zu einer Didaktik von Globalgeschichte. In: Geschichte für heute H. 3, S. 27.

256 Ebd., S. 27.

257 Wagner-Kyora, Georg 2008: Vom Terror gegen Grenzen zum Terror ohne Grenzen. Eine Unterrichtsreihe über transnationale Zeitgeschichte für die Oberstufe. In: Ders. u. a. (Hg.): Transkulturelle Geschichtsdidaktik. Kompetenzen und Unterrichtskonzepte. Schwalbach/Ts., S. 121.

258 Boldt, Hans 2008: Deutschland: Ein europäischer „Sonderfall"? In: Gusy, Christoph (Hg.): Demokratie in der Krise: Europa in der Zwischenkriegszeit. Baden-Baden, S. 359.

259 Middell, Matthias 2010: Die Verwandlung der Weltgeschichtsschreibung. Eine Geschichte vom Beginn des 21. Jahrhunderts. In: Comparativ H. 6, S. 9.

260 Werner, Michael/Zimmermann, Bénédicte 2002: Vergleich, Transfer, Verflechtung. Der Ansatz der histoire croisée und die Herausforderung des Transnationalen. In: Geschichte und Gesellschaft H. 4, S. 612.

261 Grewe, Bernd-Stefan 2016: Entgrenzte Räume und die Verortung des Globalen. Probleme und Potentiale für das historische Lernen. In: Sauer, Michael u. a. (Hg.): Geschichte im interdisziplinären Diskurs. Grenzziehungen – Grenzüberschreitungen – Grenzverschiebungen. Göttingen, S. 306.

262 Schreiber, Waltraud 2005: Durch Vergleiche lernen – vergleichen lernen. In: Dies. (Hg.): Der Vergleich – Eine Methode zur Förderung historischer Kompetenzen. Ausgewählte Beispiele. Neuried, S. 52.

263 Riekenberg, Michael [5]2016: Der Vergleich. In: Mayer, Ulrich u. a. (Hg.): Handbuch Methoden im Geschichtsunterricht. Schwalbach/Ts., S. 283.

264 Schneider, Gerhard 2009: Transfer. Ein Versuch über das Behalten und Anwenden von Geschichtswissen. Schwalbach/Ts., S. 10.

265 Ebd., S. 15.

266 Sauer, Michael 2013: Selbstzeugnisse als historische Quellen. In: Geschichte lernen 156, S. 2.

267 Osterhammel, Jürgen 2009: Weltgeschichte: Von der Universität in den Unterricht. In: Geschichte für heute H. 2, S. 10.

268 Komlosy, Andrea 2011: Globalgeschichte. Methoden und Theorien. Köln, S. 160.

269 Sauer, Michael [15]2015. Geschichte unterrichten. Eine Einführung in die Didaktik und Methodik. Seelze, S. 79.

270 Ebd., S. 86 f.

271 Esser, Raingard 2003: Migrationsgeschichte und Kulturtransferforschung. In: Fuchs, Thomas/Trakulhun, Sven (Hg.): Das eine Europa und die Vielfalt der Kulturen. Kulturtransfer in Europa 1500–1850. Berlin, S. 72.

272 Kühberger, Christoph 2012: Globalgeschichte als Vernetzungsgeschichte. Geschichtsunterricht im Mehr-Ebenen-System. Hildesheim, S. 198.

273 Pandel, Hans-Jürgen ⁴2012: Quelleninterpretation. Die schriftliche Quelle im Geschichtsunterricht. Schwalbach/Ts., S. 46.

274 Osterhammel, Jürgen/Petersson, Niels P. ⁵2012: Geschichte der Globalisierung. Dimensionen, Prozesse, Epochen. München, S. 76.

275 Sinemus, Volker 2011: Feldpostbriefe deutscher Soldaten. 1941 – 1943. Feindbilder, Gewaltbereitschaft und Vernichtungswillen. In: Geschichte lernen 141, S. 40.

276 Böttcher, Christina ⁷2017: Die Karte. In: Pandel, Hans-Jürgen/Schneider, Gerhard (Hg.): Handbuch Medien im Geschichtsunterricht. Schwalbach/Ts., S. 187.

277 Ebd., S. 185.

278 Oswalt, Vadim 2014: Die Macht der Visualisierung historischer Räume – Die Karte als Medium der Geschichtskultur in Europa. In: Handro, Saskia/Schönemann, Bernd (Hg.): Raum und Sinn. Die räumliche Dimension der Geschichtskultur. Münster, S. 197.

279 Ebd., S. 209.

280 Oswalt, Vadim 2015: Weltkarten – Weltbilder. Zehn Schlüsseldokumente der Globalgeschichte. Stuttgart, S. 47.

281 Ebd., S. 73.

282 Sauer, Michael 2000: Bilder im Geschichtsunterricht. Typen – Interpretationsmethoden – Unterrichtsverfahren. Seelze, S. 62.

283 Ebd., S. 27.

284 Ebd., S. 35 f.

285 Ebd., S. 42.

286 Schneider, Gerhard ⁷2017: Das Plakat. In: Pandel, Hans-Jürgen/ders. (Hg.): Handbuch Medien im Geschichtsunterricht. Schwalbach/Ts., S. 325.

287 Zeller, Joachim 2008: Bilderschule der Herrenmenschen. Koloniale Reklamesammelbilder. Berlin, S. 7.

288 Ebd., S. 7.

289 http://www.bertelsmann-stiftung.de/fileadmin/files/BSt/Presse/imported/downloads/xcms_bst_dms_30236_30237_2.pdf.

290 Sauer, Michael ¹⁵2015. Geschichte unterrichten. Eine Einführung in die Didaktik und Methodik. Seelze, S. 124.

291 Wenzel, Birgit ⁵2016: Gesprächsformen. In: Mayer, Ulrich u.a. (Hg.): Handbuch Methoden im Geschichtsunterricht. Schwalbach/Ts., S. 289.

292 Bernhardt, Markus ²2010: Das Spiel im Geschichtsunterricht. Schwalbach/Ts., S. 96.

293 Pandel, Hans-Jürgen 2017: Geschichtstheorie. Eine Historik für Schülerinnen und Schüler – aber auch für ihre Lehrer. Schwalbach/Ts., S. 230.

294 Susanne Popp in einem SWR-Interview (12.7.2013) zum Thema „Wozu brauchen wir Globalgeschichte?“: https://www.swr.de/swr2/programm/

sendungen/swr2-forum/wozu-brauchen-wir-globalgeschichte/-/id=
660214/did=11737236/nid=660214/j7b36z/index.html.

295 Völkel, Bärbel 2011: Immer mehr desselben? Einladung zu einer kritischen Auseinandersetzung mit dem chronologischen Geschichtsunterricht. In: GWU 62, H. 5/6, S. 355, 361.

296 Schulz, Raimund 2007: Welt- und Globalgeschichte. Chancen und Chimären eines „neuen" didaktischen Konzeptes. In: Geschichte, Politik und
ihre Didaktik 35, H. 3/4, S. 196–205.

297 Kultusministerkonferenz (KMK)/Bundesministerium für wirtschaftliche
Zusammenarbeit und Entwicklung (BMZ) (Hg.) 2015: Orientierungsrahmen für den Lernbereich Globale Entwicklung im Rahmen einer Bildung für nachhaltige Entwicklung: https://www.kmk.org/fileadmin/ver
oeffentlichungen_beschluesse/2015/2015_06_00-Orientierungsrahmen
-Globale-Entwicklung.pdf.

298 http://www.france-allemagne.fr/Das-deutsch-franzosische,1239.html.

299 Deutsch-französisches Geschichtsbuch. „Ein ziemlicher Spagat" (6.5.
2006): http://www.spiegel.de/lebenundlernen/schule/deutsch-franzoesi
sches-geschichtsbuch-ein-ziemlicher-spagat-a-414636.html.

300 Pressemitteilung der „Vereinigung Deutsch-Französischer Gesellschaften
für Europa e.V.": Appell: Das deutsch-französische Geschichtsbuch muss
endlich größere Verbreitung finden (4.10.2010): http://www.vdfg.de/ap
pell-das-deutsch-franzosische-geschichtsbuch-muss-endlich-grosere-ver
breitung-finden/.

301 http://www.france-allemagne.fr/Das-deutsch-franzosische,1239.html.

302 http://deutsch-polnische.schulbuchkommission.de/geschichte.html.

303 Guth, Stefan 2015: Geschichte als Politik. Der deutsch-polnische Historikerdialog im 20. Jahrhundert. Berlin, S. 409 f.

304 http://www.tagesspiegel.de/wissen/erstes-deutsch-polnisches-schulbuch
-gemeinsame-geschichte-in-europa/13772930.html.

305 Rede von Außenminister Frank-Walter Steinmeier zur Vorstellung des
deutsch-polnischen Geschichtsbuchs an der Robert Jungk-Oberschule,
Berlin (22.6.2016): https://www.auswaertiges-amt.de/DE/Infoservice/
Presse/Reden/2016/160622-BM_DEU-POL_Geschichtsbuch.html?nn=
358416.

306 Geiger, Wolfgang 2014: Das Mittelalter. In: Liepach, Martin/Sadowski,
Dirk (Hg.): Jüdische Geschichte im Schulbuch. Eine Bestandsaufnahme
anhand aktueller Lehrwerke. Göttingen, S. 65 f.

307 Lenhard, Philipp u.a. 2015: Von der Sondergeschichte zur integrierten
Geschichte. Jüdische Geschichte im Schulunterricht. In: Münchner Beiträge zur jüdischen Geschichte und Kultur H. 1, S. 11 f.

308 Liepach, Martin/Geiger, Wolfgang 2014: Fragen an die jüdische Geschichte. Darstellungen und didaktische Herausforderungen. Schwalbach/Ts.,
S. 126.

309 Ebd., S. 164.

310 Ebd., S. 126.

311 Deutsch-israelische Schulbuchkommission (Hg.) 2015: Deutsch-israelische Schulbuchempfehlungen. Göttingen, S. 37 f.

312 Gemeinsame Erklärung des Zentralrats der Juden in Deutschland und der Kultusministerkonferenz zur Vermittlung jüdischer Geschichte, Religion und Kultur in der Schule: https://www.kmk.org/fileadmin/Dateien/pdf/PresseUndAktuelles/2016/2016-12-08_KMK-Zentratrat_Gemeinsame-Erklaerung.pdf.

313 http://unesdoc.unesco.org/images/0022/002270/227041e.pdf.

314 Vgl. hierzu auch die Schulbuchstudien von Wolfram Reiss im Rahmen eines Forschungsprojekts der Universität Erlangen-Nürnberg und der Universität Rostock: Reiss, Wolfram 2011: Das Bild des Anderen. Die Darstellung Europas und seiner Geschichte in arabischen Geschichtsbüchern. In: Geschichte für heute H. 4, S. 5 – 16.

315 http://unesdoc.unesco.org/images/0022/002270/227041e.pdf: S. 4.

316 Ebd., S. 5.

317 Ebd., S. 5 – 6.

318 Ebd., S. 9.

319 Maset, Michael 2015: Bilingualer Geschichtsunterricht. Didaktik und Praxis. Stuttgart, S. 12.

320 Sefrin, Alexandra 2009: Der bilinguale Unterricht: Herausforderung und Chance für den Geschichtsunterricht – Erfahrungen und Überlegungen aus der Praxis. In: ZfGD, S. 78.

321 https://www.kmk.org/fileadmin/Dateien/veroeffentlichungen_beschluesse/2013/201_10_17-Konzepte-bilingualer-Unterricht.pdf.

322 Kuhn, Bärbel 2009: Geschichte bilingual. Einführung in den Themenschwerpunkt. In: ZfGD, S. 7.

323 Lamsfuß-Schenk, Stefanie 2010: Inhalt und Sprache – vom Einfluss des Fremdsprachengebrauchs auf das Lernen im Sachfach. In: Doff, Sabine (Hg.): Bilingualer Sachfachunterricht in der Sekundarstufe. Eine Einführung. Tübingen, S. 214.

324 Otto, Albert 1993: „The Night of the Broken Glass". Das komparatistische Prinzip aus lernpsychologischer Sicht. In: Neusprachliche Mitteilungen aus Wissenschaft und Praxis 46, H. 1, S. 35.

325 Körber, Andreas 2001: Geschichte und interkulturelles Lernen: Begriffe und Zugänge. In: GWU 52, H. 5/6, S. 295.

326 Hallet, Wolfgang 1999: Ein didaktisches Modell für den bilingualen Sachfachunterricht. The Bilingual Triangle. In: Neusprachliche Mitteilungen aus Wissenschaft und Praxis 52, H. 1, S. 25 f.

327 Geiss, Peter 2009: Vom Nutzen und Nachteil des bilingualen Geschichtsunterrichts für das historische Lernen. In: ZfGD, S. 35.

328 Pilzecker, Burghard 1997: Quellenarbeit im bilingualen Geschichtsunterricht. Beispiel: History auf Englisch. In: Praxis des neusprachlichen Unterrichts H. 4, S. 372.

329 Wildhage, Manfred 2002: Von Verstehen und Verständigung. Möglichkeiten und Grenzen des bilingualen Geschichtsunterrichts. In: Praxis Geschichte H. 1, S. 7.

330 Mütter, Bernd 2011: HisTourismus als pragmatische Raumkonzipierung. Kategorien und Ziele historischen Lernens auf Reisen. In: ZfGD, S. 17.

331 Übereinkommen zum Schutz des Kultur- und Naturerbes der Welt (1972): http://unesco.de/infothek/dokumente/uebereinkommen/welterbe-konvention.html.

332 https://www.koerber-stiftung.de/geschichtswettbewerb.html.

333 http://www.hdhbw.de/?Schuelerwettbewerb.

334 http://norm.bverwg.de/jur.php?bvfg,96.

335 Popp, Susanne 2002: Ein „global orientiertes Geschichtsbewusstsein" als zukünftige Herausforderung der Geschichtsdidaktik? In: Onlinejournal für Sozialwissenschaften und ihre Didaktik H. 1, S. 8.

336 Pernau, Margrit 2004: Global history – Wegbereiter für einen neuen Kolonialismus? In: Connections. A Journal for Historians and Area Specialists: http://www.connections.clio-online.net/article/id/artikel-572.

337 Kuhn, Bärbel u.a. (Hg.) 2010: Weltgeschichtliche Perspektiven im Geschichtsunterricht. St. Ingbert, S. 7.

338 Sternfeld, Nora 2013: Kontaktzonen der Geschichtsvermittlung. Transnationales Lernen über den Holocaust in der postnazistischen Migrationsgesellschaft. Wien, S. 221.

339 Darauf wies der Afrikawissenschaftler Andreas Eckert in einem Interview mit „ZEIT ONLINE" am 29.9.2010 hin: http://www.zeit.de/wissen/2010-09/historikertag-globalgeschichte-interview.

340 Sauer, Michael [15]2015: Geschichte unterrichten. Eine Einführung in die Didaktik und Methodik. Seelze, S. 79.

341 von Reeken, Dietmar [6]2014: Interkulturelles Lernen im Geschichtsunterricht. In: Günther-Arndt, Hilke/Zülsdorf-Kersting, Meik (Hg.): Geschichts-Didaktik. Praxishandbuch für die Sekundarstufe I und II. Berlin, S. 245.

342 von Borries, Bodo 2001: Interkulturalität beim historisch-politischen Lernen – Ja sicher, aber wie? In: GWU 52, H. 5/6, S. 321.

343 Kühberger, Christoph 2012: Globalgeschichte als Vernetzungsgeschichte. Geschichtsunterricht im Mehr-Ebenen-System. Hildesheim, S. 201.

344 Dunn, Ross E. 2000: Constructing World History in the Classroom. In: Stearns, Peter N. u.a. (Hg.): Knowing, Teaching, and Learning History. New York, S. 134.

345 Alavi, Bettina/von Borries, Bodo 2000: Geschichte. In: Reich, Hans H. u.a. (Hg.): Fachdidaktik interkulturell. Ein Handbuch. Opladen, S. 75–82.

346 https://www.zeitzeichen.net/no_cache/archiv/interview/jochen-oltmer-normalfall-migration/?sword_list%5B0%5D=oltmer.

347 Oltmer, Jochen [2]2016: Globale Migration. Geschichte und Gegenwart. München, S. 7.

348 Beauftragte der Bundesregierung für Migration, Flüchtlinge und Integration (Hg.) 2015: Schulbuchstudie. Migration und Integration, S. 11: http://www.bundesregierung.de/Content/Infomaterial/BPA/IB/Schulbuchstudie_Migration_und_Integration_09_03_2015.pdf?__blob= publicationFile&v=3.

349 Ebd., S. 47.

350 Oltmer, Jochen ²2016: Globale Migration. Geschichte und Gegenwart. München, S. 26.

351 Ebd., S. 35.

352 Pernau, Margrit 2012: Transnationale Geschichte. Göttingen, S. 94.

353 Tibi, Bassam 2017: Encountering the stranger. In: SCHÜLER. Wissen für Schüler, S. 52.

354 Hoerder, Dirk 2005: Menschen, Kulturkontakte, Migrationssysteme. Das weltweite Wanderungsgeschehen im 19. und 20. Jahrhundert. In: GWU 56, H. 10, S. 533.

355 Metzler, Gabriele (Hg.) 2012: Über Grenzen. 48. Deutscher Historikertag in Berlin 2010. Göttingen, S. 158.

356 König, Hans-Joachim 2001: Die Alte und die Neue Welt. (Latein-)Amerika als Feld europäischer Alteritätserfahrungen. In: Schreiber, Waltraud (Hg.): Kontakte – Konflikte – Kooperationen. Der Umgang mit dem Fremden in der Geschichte. Neuried, S. 163.

357 Kockel, Ullrich 2016: Europa in der Fremde/an der Grenze suchen: Öko-Ethnologische Reflexionen über geschichtliche Verortungen. In: Sauer, Michael u.a. (Hg.): Geschichte im interdisziplinären Diskurs. Grenzziehungen – Grenzüberschreitungen – Grenzverschiebungen. Göttingen, S. 261–275.

358 Struck, Bernhard 2012: Grenzregionen. In: Leibniz-Institut für Europäische Geschichte (Hg.): Europäische Geschichte Online (EGO). Mainz: http://www.ieg-ego.eu/struckb-2012-de.

359 Osterhammel, Jürgen ²2016: Die Verwandlung der Welt. Eine Geschichte des 19. Jahrhunderts. München, S. 156 f.

360 Höpel, Thomas 2012: Der deutsch-französische Grenzraum: Grenzraum und Nationenbildung im 19. und 20. Jahrhundert. In: Leibniz-Institut für Europäische Geschichte (Hg.): Europäische Geschichte Online (EGO). Mainz: http://www.ieg-ego.eu/hoepelt-2012-de.

361 Gehler, Michael/Vietta, Silvio 2010: Europa – Europäisierung – Europäistik: Einführende Überlegungen. In: Dies. (Hg.): Europa – Europäisierung – Europäistik. Neue wissenschaftliche Ansätze, Methoden und Inhalte. Wien, S. 36.

362 Grießinger, Andreas 2014: Europäische Geschichte für europäische Bürger – Vorbereitende Bemerkungen zu einem Konzept für einen europaorientierten Geschichtsunterricht. In: Frech, Siegfried u.a. (Hg.): Europa in der Schule. Perspektiven eines modernen Europaunterrichts. Schwalbach/Ts., S. 102.

363 Kaelble, Hartmut 2001: Wege zur Demokratie. Von der Französischen Revolution zur Europäischen Union. Stuttgart, S. 8.

364 Alavi, Bettina/von Borries, Bodo 2000: Geschichte. In: Reich, Hans H. u. a. (Hg.): Fachdidaktik interkulturell. Ein Handbuch. Opladen, S. 61.

365 Piereth, Wolfgang 2013: Die Revolution 1848/49. Ein epochales europäisches Ereignis. In: Praxis Geschichte H. 2, S. 5.

366 Kaelble, Hartmut 2001: Wege zur Demokratie. Von der Französischen Revolution zur Europäischen Union. Stuttgart, S. 45.

367 Bauerkämper, Arnd 2006: Die Revolution von 1848/49. Gemeinsames Erleben und Scheitern in Europa? In: http://www.europa.clio-online.de/quelle/id/artikel-3284#_ftn1.

368 Kaelble, Hartmut 2001: Wege zur Demokratie. Von der Französischen Revolution zur Europäischen Union. Stuttgart, S. 39.

369 Rapport, Mike 2011: 1848. Revolution in Europa. Stuttgart, S. 405 f.

370 Kaelble, Hartmut 2006: Europäische Geschichte aus westeuropäischer Sicht? In: Budde, Gunilla u. a. (Hg.): Transnationale Geschichte. Themen, Tendenzen und Theorien. Göttingen, S. 108.

371 Kaelble, Hartmut 2001: Wege zur Demokratie. Von der Französischen Revolution zur Europäischen Union. Stuttgart, S. 77, 83.

372 Georg-Eckert-Institut (Hg.) 2011: Keine Chance auf Zugehörigkeit? Schulbücher europäischer Länder halten Islam und modernes Europa getrennt. Braunschweig, S. 5 – 9.

373 von Reeken, Dietmar/Thießen, Malte 2017: Islamische Welten. Gesellschaftliche Herausforderungen, historische Erkenntnisse und didaktische Perspektiven. In: Geschichte lernen 177, S. 2 – 11.

374 Jonker, Gerdien 2011: Wer ,wir' nicht ist. Zur Darstellung des Islam in den deutschen Schulbüchern (von 1700 bis 2010). In: Gemein, Gisbert (Hg.): Kulturkonflikte – Kulturbegegnungen. Juden, Christen und Muslime in Geschichte und Gegenwart. Bonn, S. 136.

375 Ebd., S. 136 f.

376 Bühler, Arnold 2006: Zwischen Europa und Orient. Der Kreuzzug Barbarossas – ein Lernfeld für das Fremdverstehen? In: GWU 57, H. 7/8, S. 423, 425.

377 Hinz, Felix 2015: Einleitung. In: Ders. (Hg.): Kreuzzüge des Mittelalters und der Neuzeit: Realhistorie – Geschichtskultur – Didaktik. Hildesheim, S. 16.

378 Gemein, Gisbert 2011: Alles „Heilige Kriege"? Heiliger Krieg im alten Israel, Kreuzzugsgedanke in Mittelalter und Gegenwart, Wandel des Dschihad. In: Geschichte für heute H. 4, S. 23.

379 Al-Zoby, Mazhar Ahmad 2015: Die USA in der arabischen Welt – Moderne Kreuzzüge? In: Hinz, Felix (Hg.): Kreuzzüge des Mittelalters und der Neuzeit: Realhistorie – Geschichtskultur – Didaktik. Hildesheim, S. 117.

380 Coşan, Leyla 2011: Darstellungsformen der Türkenfurcht in den Wunderzeichenberichten der illustrierten Flugblätter des 16. und 17. Jahrhunderts. In: Ozil, Seyda u.a. (Hg.): Türkisch-deutscher Kulturkontakt und Kulturtransfer. Kontroversen und Lernprozesse. Göttingen, S. 179.

381 von Borries, Bodo 2001: Interkulturalität beim historisch-politischen Lernen – Ja sicher, aber wie? In: GWU 52, H. 5/6, S. 318.

382 Anderson, Benedict ²2005: Die Erfindung der Nation. Zur Karriere eines folgenreichen Konzepts. Frankfurt/M.

383 Bernhardt, Markus 2016: Nation und Nationalismus. In: Geschichte lernen 169, S. 4.

384 Ebd., S. 3.

385 Mebus, Edgar/Schildt, Axel 2001: „Identitätsbildung" und „Identitätswandel": Seit wann gibt es Deutschland als Staatsnation? Was waren die „Deutschen" eigentlich, bevor sie „Deutsche" wurden? In: Körber, Andreas (Hg.): Interkulturelles Geschichtslernen. Geschichtsunterricht unter den Bedingungen von Einwanderung und Globalisierung. Konzeptionelle Überlegungen und praktische Ansätze. Münster, S. 214.

386 Wehler, Hans-Ulrich ⁴2011: Nationalismus. Geschichte, Formen, Folgen. München, S. 104.

387 Lange, Julia/Henderson, Marius 2017: Introduction. In: Dies. (Hg.): Entangled Memories. Remembering the Holocaust in a Global Age. Heidelberg, S. 3.

388 Barth, Boris 2006: Genozid. Völkermord im 20. Jahrhundert. Geschichte, Theorie, Kontroversen. München, S. 56.

389 Wilczek, Jens 2008: „Ich habe den Deutschen Kaiser noch nie in seinem Leben und er hat mich noch nie gesehen". Afrikanisch-deutsche Begegnungen in kolonialer Zeit. In: Wagner-Kyora, Georg u.a. (Hg.): Transkulturelle Geschichtsdidaktik. Kompetenzen und Unterrichtskonzept. Schwalbach/Ts., S. 87.

390 Kößler, Reinhart 2015: Namibia and Germany. Negotiating the Past. Münster, S. 15.

391 Lundtofte, Henrik 2003: „I believe that the nation as such must be annihilated … – The Radicalization of the German Suppression of the Herero Rising in 1904". In: Jensen, Steven L. B.: (Hg.): Genocide. Cases, Comparisons and Contemporary Debates. Kopenhagen, S. 16.

392 Ludwig, Bastian 2015: Kolonialismus und Imperialismus. Die Deutschen und die Herero. Schwalbach/Ts., S. 1. Dieses Heft beinhaltet eine repräsentative Materialsammlung zum Herero-Konflikt.

393 Nolte, Hans-Heinrich 2008: 1., 2., 3. Reich? – Zum Begriff Imperium. In: Ders. (Hg.): Imperien. Eine vergleichende Studie. Schwalbach/Ts., S. 14.

394 Darwin, John 2010: Der imperiale Traum. Die Globalgeschichte großer Reiche 1400–2000. Frankfurt/M., S. 35.

395 Osterhammel, Jürgen 2006: Imperien. In: Budde, Gunilla u.a. (Hg.): Transnationale Geschichte. Themen, Tendenzen und Theorien. Göttingen, S. 64.

396 von Borries, Bodo 2001: Interkulturalität beim historisch-politischen Lernen – Ja sicher, aber wie? In: GWU 52, H. 5/6, S. 317.

397 Kreiser, Klaus 2016: Der Staat der Osmanen. Eine erste Annäherung. In: Praxis Geschichte H. 4, S. 4.

398 Grewe, Bernd-Stefan 2016: Entgrenzte Räume und die Verortung des Globalen. Probleme und Potentiale für das historische Lernen. In: Sauer, Michael u. a. (Hg.): Geschichte im interdisziplinären Diskurs. Grenzziehungen – Grenzüberschreitungen – Grenzverschiebungen. Göttingen, S. 299.

399 Konrad, Felix 2010: Von der ‚Türkengefahr‘ zu Exotismus und Orientalismus: Der Islam als Antithese Europas (1453 – 1914)? In: Institut für Europäische Geschichte (IEG) (Hg.): Europäische Geschichte Online (EGO). Mainz: http://www.ieg-ego.eu/konradf-2010-de.

400 Vgl. dazu den Beitrag: Sellin, Gisela 2004: Exil in der Türkei. Deutschsprachige Akademiker zwischen 1933 und 1946. In: Geschichte lernen 98, S. 47 – 52.

401 Hanrath, Jan 2011: Vielfalt der türkeistämmigen Bevölkerung in Deutschland: http://www.bpb.de/apuz/59735/vielfalt-der-tuerkeistaemmigen-be voelkerung-in-deutschland?p=all

402 Gülbeyaz, Halil 2003: Mustafa Kemal Atatürk. Vom Staatsgründer zum Mythos. Berlin, S. 8.

403 Diese Frage wurde in der ZDF-Sendung „maybrit illner" zum Thema „Türken in Deutschland: Spaltet Erdoğan das Land?" vom 23.3.2017 gestellt.

404 Dies äußerte Topçu in der ZDF-Sendung.

405 Gülbeyaz, Halil 2003: Mustafa Kemal Atatürk. Vom Staatsgründer zum Mythos. Berlin, S. 8.

406 Ulrich, Stefan 2016: Der Genozid an den Armeniern geht die ganze Welt etwas an. In: Süddeutsche Zeitung (2.6.2016): http://www.sueddeutsche. de/politik/bundestag-der-genozid-an-den-armeniern-geht-die-ganze -welt-etwas-an-1.3016899.

407 Deutscher Bundestag Drucksache 18/8613 (31.5.2016): http://dip21.bun destag.de/dip21/btd/18/086/1808613.pdf.

408 Dabag, Mihran 2013: Nationale Vision und Gewaltpolitik. Der Völkermord an den Armeniern im Osmanischen Reich 1915/16. In: Geschichte für heute H. 3, S. 23.

409 Alavi, Bettina 2001: Von der Theorie zur Praxis interkulturellen Geschichtslernens. In: GWU 52, H. 5/6, S. 329.

410 Stupperich, Martin 2013: Deutschlands Mitverantwortung am Völkermord an den Armeniern. Das Ende des Schweigens in Öffentlichkeit und Schule. In: Geschichte für heute H. 3, S. 51.

411 Stupperich, Martin 2016: Der Völkermord an den Armeniern im Schulunterricht: http://www.bpb.de/geschichte/zeitgeschichte/genozid-an-den -armeniern/218116/der-voelkermord-im-unterricht.

412 Osterhammel, Jürgen 2009: Weltgeschichte: Von der Universität in den Unterricht. In: Geschichte für heute H. 2, S. 9.

METHODEN HISTORISCHEN LERNENS

Heike Wolter

Forschend-entdeckendes Lernen im Geschichtsunterricht

„Kinder sind keine Fässer, die gefüllt, sondern Feuer, die entzündet werden wollen", schrieb der französische Humanist Rabelais schon vor 500 Jahren. Er berührte damit einen bis heute gültigen Kerngedanken forschend-entdeckenden Lernens: In einem modernen kompetenzorientierten Geschichtsunterricht sollen Schülerinnen und Schüler sich nicht nur Wissen aneignen, sondern lernen, Probleme kreativ zu lösen.

Dieses Buch richtet sich an erfahrene Lehrerinnen und Lehrer ebenso wie an Berufsanfänger, an fachfremd Unterrichtende ebenso wie an neugierige Experimentierer, an Fachdidaktiker wie an allgemeine Pädagogen. Der Band zeigt konkrete unterrichtliche Möglichkeiten zum Forschen und Entdecken mit historischen Quellen auf.

ISBN 978-3-7344-0674-4,
232 S., € 14,90

Markus Bernhardt

Das Spiel im Geschichtsunterricht

Dieser Band zeigt zahlreiche Spiel-
formen und viele unterrichtserprobte
Beispiele, mit deren Hilfe historisches
Lernen befördert werden kann. Zudem
wird durch eine gründliche Analyse
des schillernden Begriffs „Spiel" die
Grundlage dafür gelegt, das an sich
freie und kreative Spiel mit der Strenge
geschichtsdidaktischer Thematik zu
verbinden.

Neben vielen Überarbeitungen und
Aktualisierungen ist in der Neuauflage
vor allem das Feld der Computerspiele
auf einen zeitgemäßen Stand gebracht.
Zudem finden die Herausforderungen,
die die Kompetenzorientierung an den
Geschichtsunterricht stellt, Berücksichtigung.

ISBN 978-3-7344-0621-8,
280 S., € 18,90

WOCHEN SCHAU VERLAG
... ein Begriff für politische Bildung

METHODEN
HISTORISCHEN
LERNENS

Anke John

Lokal- und Regionalgeschichte

Dieses Buch fragt nach dem besonderen Potenzial eines lokal- und regionalgeschichtlichen Zugangs für die Geschichtsbedürfnisse und das Geschichtsbewusstsein Heranwachsender, deren Leben mehr denn je von Ortswechseln geprägt sein wird: Die Konzentration auf einen begrenzten Raum ermöglicht das genaue Hinsehen und damit ein Denken in Alternativen, in komplexen politischen, sozialen und kulturellen Zusammenhängen. So verstandene Lokal- und Regionalgeschichte abseits heimatgeschichtlicher Folklore fördert genau die Kompetenzen, die Schülerinnen und Schüler zur Orientierung in einer globalisierten Welt benötigen. Zahlreiche Unterrichtsvorschläge geben Anregungen für die eigene Unterrichtspraxis.

ISBN 978-3-7344-0550-1,
272 S., € 16,90